ゾーンに入る
EQが導く最高パフォーマンス

ダニエル・ゴールマン
ケアリー・チャーニス
櫻井祐子 訳

OPTIMAL

Daniel Goleman & Cary Cherniss

日本経済新聞出版

ゾーンに入る

ＥＱが導く最高パフォーマンス

はじめに　あなたのオプティマルゾーン

想像してほしい。もしあなたがテニスの2022年全米オープン3回戦に出場するアイラ・トムリャノビッチだったら、どんな気持ちだろう？　対戦相手は、すでに引退を表明しているセリーナ・ウィリアムズ。ウィリアムズが敗れれば、これが彼女にとって現役最後の試合になる。ウィリアムズはグランドスラム大会のシングルス優勝歴23回を誇る、押しも押されもせぬテニス界のレジェンドで、この日は絶好調だ。おまけに世界最大のテニス専用競技場に集まった2万4000人の大観衆は、明らかにウィリアムズに肩入れしている。[*1]

観衆のほぼ全員が「ウィリアムズに熱狂的な声援を送り」、オンラインではさらに数百万人が観戦している。「これほどのざわめきと、ウィリアムズへの地鳴りのような声援、トムリャノビッチがサーブをミスしたときの不作法な喝采、観客席のセレブたち、ウィリアムズに寄せられたビデオメッセージ」を思い浮かべてほしい。

だがトムリャノビッチには秘密兵器がある。彼女の最初のコーチだった父親（ハンドボール元プロ選手でヨーロピアンリーグの優勝経験者）に教わった、集中して心を落ち着かせる方法だ。

「父親が教えたのは、映画『ラブ・オブ・ザ・ゲーム』でケビン・コスナー演じるピッチャーが、完全試合〔野球で打者を一度も塁に出さずに勝利すること〕を狙うために取った方法である。キャッチャーのミットに一点集中し、スタジアムのほかのすべてを頭から追い払うのだ」。トムリャノビッチは父の助言通り、鋭い集中を保った。

彼女は試合後にこう語っている。「コートに入ったその瞬間から、周りを見回すこともほとんどありませんでした。自分の小さな殻に完全に閉じこもっていたんです」。トムリャノビッチはこの強烈な集中を3時間以上も保って、自分史上最高のテニスをし、ウィリアムズを3セットで下したのだ。

彼女の名勝負は、いわゆる「フロー」の実例だ。フローとは、1つのことに極限まで没頭し、最高のパフォーマンスを発揮できる状態をいう。これからくわしく説明していくように、これほどまでに集中すれば、誰でも最高の力を出せる。フローでは精神状態も重要だ。心が乱れていると、意識を集中できない。だからこそ、世界の一流アスリートは、「ゲームは心理戦」だと言うのだ。彼らが戦う相手は技術が横並びのトップアスリートばかりだから、精神状態と集中が勝利のカギを握る。

ただ、「フロー」はふだんの生活にめったに起こらない、「とらえどころのない」とさえ言えるできごとだ。そこで本書では、より現実的で達成しやすい状態をめざしたい。それは、あなたにとって重要な何らかの基準で、生産的な「よい日」を過ごした、と満足できる状態だ。これを「オプティマル（最適）」状態《ゾーン》と呼ぼう。

トムリャノビッチのような圧倒的な偉業にばかり注目すると、誰もが自分なりに満足のいくパフォーマンスを発揮できる、オプティマルゾーンに入るための手がかりや条件——とくに鷹《たか》のような集中——に目が向かなくなってしまうのではないかと、私たちは考える。

可能な限り最高のパフォーマンスを発揮すること——何であれあなたにとってトムリャノビッチのテニスの名試合に相当する偉業を達成すること——を自分に課せば、完璧主義に陥り、疲れ果てて燃え尽きやすくなってしまう。つねに最高のパフォーマンスを発揮し続けるなど、できるはずがない。だがその一方で、つねに「自分なりのベストを尽くす」ことはできる。フローの状態をひたすらめざせば無理をしてしまうが、自分なりのベストを尽くすことは、より現実的な目標になる。

この「オプティマル」方式は、子育てでよくいわれる、「完璧な親をめざさなくていい、自分にできる範囲のことをすればいい」というアドバイスと重なる。フローという理想の状態をめざせば、「完璧主義者のベスト」という、高すぎる基準を自分に課すことになる。これに対して、オプティマルゾーンを基準にすれば、つねに自分に厳しくあたる代わりに、リラックスして楽しみながら仕事ができる。自分を責める頭の声を黙らせて、目の前のタスクに集中できるのだ。

本書の第I部では、数百人の働く人たちが記した、「よい日」を過ごした時の内面の状態を考察した日誌をもとに、オプティマルゾーンとはどういうものかを示したい。続いて、そのような内面の状態が「外からどう見えるか」を、職場パフォーマンスというレンズを通して考えていこう。

私たち著者の2人は心理学者として、確かな研究成果を考えの指針としている。そうした研究をもとに、オプティマルゾーンに欠かせない要素が、自分の感情を知的に活用する能力、すなわち感情的知性〔Emotional Intelligence：EI。日本ではEQと略されることが多いため本書でもそれに倣った〕だと考えるに至った。

私たちにとって大きな発見となったのは、仕事のパフォーマンスを「外から」測る指標が職場で働く人々が報告する「内面」の体験とつり合っていることだった。この発見が、EQが最高のパフォーマンスへの「扉」になる、という気づきにつながった。EQに関連する能力（最近ではいろいろな名称で呼ばれている）は、オプティマルなパフォーマンスのカギを握る――これが私たちの結論である。

本書では、EQに関するここ数十年間の科学的発見をもとに、オプティマルゾーンとはどういうものなのか、なぜその状態でいることが難しいのかを考えていこう。フロー状態の驚異的な至高体験よりも、「満足度の高い日を過ごすこと」が、達成感と充実感を味わい、燃え尽きを避けるためのカギなのである。

ＥＱが、このオプティマルゾーンに入るための能力や資質をさまざまなかたちでもたらすことを見ていきたい。本書では、フローに入るための予測不可能な要因がそろうのを漫然と待つ代わりに、より簡単にオプティマルゾーンに入れる実践的な方法をお教えしよう。

なぜ「今」なのか？

本書は著者の１人であるダン（ダニエル・ゴールマン）が、30年近く前から温めてきた「直感」の集大成であり、裏づけである。その直感とは、「ＥＱはベストな自分になるための指針となる」というものだ。ダンのＥＱに関する5冊目の著作となる本書は、この最初の直感を裏づける多くの研究をもとに書かれている。

ダンともう１人の著者ケアリー・チャーニスは、ＥＱに関する最初の学術論文が１９９０年に発表されると、その数年後に、「組織におけるＥＩ研究コンソーシアム（ＣＲＥＩＯ）」を共同創設し、その後の25年間にわたり２人で共同代表理事を務めた。ＣＲＥＩＯの使命は、企業や組織の実際的なニーズに科学的手法を用いて応えようとする、信頼性の高い学

術研究を振興することにある。[＊2]

CREIOは、企業や学校などの組織でEQを活用しようとする専門家と、そうした試みを方法論的に支援する学術研究者を結びつけることをめざしてきた。

創設から25年以上経った今では、そのような研究が数多く存在する。EQの概念が生まれて間もない頃は、「EQが仕事のパフォーマンスやリーダーシップに与える影響を裏づける証拠はほとんどない」という（正当な）批判もあった。しかし今では数々の研究により、EQがあらゆる状況、とくに自己コントロールや共感、社会的スキル、ストレスからの回《レジ》復力《リエンス》などが求められる状況で、成果を上げるために欠かせないことが示されているのだ。

本書は、そうした数々の研究を紹介し、活用するために書かれた。第Ⅰ部では、優れたパフォーマンスを発揮するときに、私たちの内面では何が起こっているのか、その状態に至るためにEQがどう役に立つのかを見ていこう。

第Ⅱ部では、EQを実際に活用するために必要な能力について、現時点でわかっていることをアップデートしていきたい。ここではEQの4領域である「自己認識」「自己管理」「共感」「人間関係管理」を構成する、EQの基本要素をくわしく説明する。

第Ⅲ部では、私たちの生活のとくに重要な側面である、「最高の状態で働くこと」に焦点を当てる。個人として、リーダーとして、チームの一員として、オプティマルなパフォーマンスを発揮する上で、ＥＱがどう役立つのかを見ていこう。ＥＱはこれらすべての状況でパフォーマンスを高めることがわかっている。そして、研究が明らかにした、ＥＱによって職場パフォーマンスが高まった状態が、オプティマルゾーンと驚くほど似通っていることを示したい。また、誰でもできる、ＥＱ能力を高める方法も合わせて紹介しよう。それから、ＥＱが組織文化のＤＮＡにまで浸透した、「高ＥＱ組織」になるとはどういうことなのかを説明する。

最後の第Ⅳ部では、ＥＱの未来を論じる。ＥＱ能力と、知的能力やその他の感情に関わる能力とを組み合わせることで、私たちを待ち受ける不確実な未来によりよく対応できることを示そう。

現代社会では、ＥＱを正しく活用することがますます急務となっている。一例として、昨今は無礼な言動がウイルスのように蔓延している。機内で乗客が暴れて逮捕された、といった報道が後を絶たず、ＳＮＳではヘイトスピーチが拡散されている。学校では喧嘩やいじめが横行し、生徒や学生が鬱《うつ》や強い不安を感じることが増えている。[*3] 第Ⅲ部で見ていくように、ＥＱのスキルセットは、現代の厳しいビジネス環境における決定的な強みとなる。ＥＱは個人の生活だけでなく、社会全体でかつてないほど必要とされているように思われる。

ゾーンに入る　EQが導く最高パフォーマンス　目次

第Ⅱ部 EQとは何か 45

第Ⅲ部 EQと組織 169

第Ⅳ部 EQの未来 283

第 I 部

EQが開くオプティマル・パフォーマンスへの扉

第1章 完全な集中こそがオプティマルゾーンの入口

あなたが最高の状態だった時のことを思い出してほしい。能力を最大限に活かして最高のパフォーマンスを発揮した時、あなたの内面はどんな状態だっただろう？

こうしたずば抜けたパフォーマンスは、フローのようなごくまれな瞬間から、もっとよくある、「とても満足のいく日が送れた」経験に至るまで、多岐にわたる。そんな時は、あなたにとって重要な意味で満足のいくパフォーマンスを発揮したと感じ、気分が乗り、どんな課題にも立ち向かう心の準備ができていたはずだ。つまり、あなたはオプティマルゾーンに入っていた。[*1]

オプティマルゾーンを見分ける特徴はいくつかある。この状態にある人は、より創造性が高く、新奇かつ有用な解決策を見つけやすい。[*2] 生産性が高く、質の高い仕事を次々とこなす。困難にぶつかってもやる気を失わない。こうした内面の状態は、周りの人への前向きで協力的で明るい態度にも現れる。

またこの状態は、頭がフル回転している、認知的有効性が最大限に高まった状態とも考えられる。そして、認知的に最高の状態でいられるかどうかは、感情の状態にかかっている。能力を最大限に発揮するための脳領域が活性化するのは、心を乱す感情を抑えてエンゲージメント［くわしい説明は第2章に］を高く保っている時だ。

私たちが認知能力を最大限に発揮できるのは、脳の「警報装置」が起動せず、前向きなモチベーションを司《つかさど》る脳回路が活発に機能している時だ。冷静になればなるほど、思考は鋭く明晰になり、能力を目一杯引き出すことができる。

これらの高パフォーマンスの特徴の根底にあるのが、「よい気分」で、それには注意と意欲を高める働きがある。たとえば、よい気分の人は、瑣末なことにとらわれずに大局を見ることができ、より幅広いプロジェクトや課題に取り組む意欲に満ちている。[*3]

マッキンゼーのコンサルタントによる、5000人超の管理職と経営幹部を対象とした調査では、そうしたピークパフォーマンスの状態が全仕事時間に占める割合が50％に上ると答えた人もいれば、10％だけという人もいた。[*4] さらに重要なことに、同じ調査で管理職や経営幹部は、ベストな状態の時は「平均的」な、つまりニュートラルな状態の時に比べて、生産性が平均で5倍も高いと答えている。これは主観的な調査結果であり、科学的証拠にはならないとはいえ、オプティマルゾーンにいる人が、何でもできそうな気分でいることを示している。[*5]

本当によい日を過ごす

とても充実した時間を過ごしている人の内面で起こっていることを具体的に明らかにしたのが、例のハーバード・ビジネススクールの調査研究だ。数百人の働く男女に、その日職場でどんなできごとがあったか、そのときどう感じたか、どんな成果を挙げたかなどを、日誌形式で記録してもらった。[*6] ここで挙げられた「成果」は、たとえばコンピュータプログラミングの複雑な問題を解いた、キッチン用品の新奇かつ有用なアイデアを考案した、ツールの製造・流通を管理した、などの知的成果で、どれも認知的有効性の現れである。

この調査では仕事日の終わりに、その日に起こったできごとを振り返るアンケートに回答してもらった。これら1万2000件近くもの内面的体験の報告という貴重なデータによって、非常に満足度の高い日を過ごすために必要な要素が明らかになったのだ。

調査対象者の全員が、ベストな状態の時は仕事のパフォーマンスが高まった。[*7] もちろん、仕事の生産性を1つの指標で測ることはできないから、1人ひとりが「自分にとって本当に重要なことは何か」を考え、それをもとに自分のモノサシを探した。たとえば大きな目標に向かう「小さな勝利」を挙げることも、その1つ。ソフトウェアのプログラマーにとっては、既存のコードを複製《クローン》する方法を見つけ、グループでの開発プロジェクトに要する時間を大幅に短縮することが、小さな勝利かもしれない。[*8] 非営利団体（NPO）の創設者シャノン・ワッツは、彼女にとって重要な小さな勝利をこんな言葉で表した。

「毎日、勝利を手にしたいんです」と彼女は言う。「それは日によって違いますし、ささいなことに思われるかもしれません。たとえば好意的な論評が出たとか、誰かを説得できたとか」[*9]

そしてこう続けた。「なにも大勝利でなくてもいいんです。大事なのは、全力を尽くしたってこと」

それに、壮大な目標に向かう一歩である必要もない。たんに「あなたにとって重要なこと」がはかどったというだけでいい。たとえばあなたが5人の子持ちなら、洗濯物を畳んだ、子どもの学校劇の衣装を用意した、子どもに宿題をやらせた、といったことも勝利に数えられるだろう。企業の管理職や幹部なら、手元の課題をやり遂げた、KPI（重要業績評価指標）を高めた、組織目標に向けてほんの一歩前進した、といったことで、「勝利した」と感じられる。

調査対象者は「よい日」には、周りの人や所属組織、自分の仕事の内容をより肯定的に評価し、より真剣に仕事に取り組み、問題を創造的な方法で解決できたと感じた。たとえばソフトウェアのプログラマーがついにバグを一掃した、子育て中の親が友人たちと交代で子どもの送り迎えをする約束を取りつけた、など。認知能力がとぎすまされている日には、手元の課題で小さな勝利を挙げやすくなる。

この調査では多くの人が、小さな勝利に励まされたと日誌に書いていた。小さな勝利を挙げたおかげで気分がよくなったのだ。よい日に関する報告の約4分の3に小さな勝利が記され、挫折や失敗が記されることはほとんどなかった（気分が上がれば、挫折や失敗がそれほど気にならなくなるせいかもしれない）。対象者が「最良の日」だと感じたのは、周りの人やできごとに支えられた、つまり周りの人に尊重され、励まされたと感じた時だった。

起こった問題や課題を簡単に解決できれば、当然明るい気分になる。すると何もかもがバラ色に見え、普通の「問題」はやりがいのある課題に思え、周りの人は親切に感じられ、自分自身も周りに親切になる。

逆に、「つらい日」には何もかもが大変に思え、苛立《いらだ》ちや不安、悲しみを覚える。課題をやり遂げるために必要なサポートが得られず、リソースも十分でないと感じる。ストレス下で分泌される神経化学物質が認知能力を妨げることが、脳の研究からわかっている。制御不能なストレスは、注意力を鈍らせ、不適切な言動を抑える能力を阻害する。[*10]

それにもちろん、よい気分は好循環を生み出す。気分がよいと、問題をスイスイ解決できるから、よい日を過ごすことができ、ますます気分がよくなる。達成感は満足感だけでなく、高揚感にもつながる。

逆に機嫌が悪い日は、問題がなかなか解決できず、そのせいで苛立ったり、「自分は不憫《ふびん》だ」「もう嫌だ」などと思ったりする。調査対象者は、「最悪な日」には周りから支援が得られなかったり、めげるできごとがあったりして、やる気を挫《くじ》かれたと記している。喜びがまったく感じられない日は、悔しい挫折があったのかもしれない。挫折や失敗は悲しみや恐れ、苛立ちの感情を引き起こすのだ。

フロー再考

あなたのよい日の中でも、とくにすばらしい成果を挙げた「最良の日」を思い返してみよう。アイラ・トムリャノビッチにとってのセリーナ・ウィリアムズ戦の勝利に相当する、あなたの個人的成功は何だっただろう？

ある神経外科医がとても難しい手術を任され、自分にできるのだろうかと不安だったが、なんとか成功させることができた。手術後、外科医は手術室の片隅に落ちているがれきに気づいた。

「どうしてあんなものがあそこに？」と看護師に尋ねた。

「手術中に天井が崩れたんです」と看護師は答えた。「でも、先生はそれに気づかないくらい、集中しておられました」

このエピソードは、最高のパフォーマンスを発揮できる「フロー」状態という、とらえどころのない現象を初めて紹介した、シカゴ大学の研究グループが収集した数千件のエピソードのうちの1つだ。[*11] フローの瞬間は、手術からバスケットボール、バレエまでのさまざまな専門領域での偉業にスポットライトを当てる。

フローに関する最初の研究は、幅広い人々を対象に、「自分でも信じられないような優れた成果」を挙げた時のことを尋ねた。対象者はチェスの世界王者や外科医、バスケットボール選手、バレエダンサーなど、多岐にわたった。

作品制作に没頭する芸術家、チェスの試合に臨む世界王者、手術中の外科医、難しいシュートを決めるバスケットボール選手、くるくる踊るダンサーなど、どんなすばらしいパフォーマンスを発揮した人も、内面では同じことが起こっていた。この精神状態を、研究者は「フロー」と名づけた。

一般用語としての「フロー」は、ピークパフォーマンス状態の代名詞になっている。最近の企業は、従業員がフローに入りやすい環境を整えることを求められている。[*12] だが、フローには１つ問題がある。フローとは至高のパフォーマンスを発揮できる時、つまり定義上、めったに起こらないできごとなのだ。

フローはすばらしい、奇跡にも近い体験だが、それを当てにすることはできない。フローは、極限の集中状態にあったあの外科医がそうだったように、重要な条件が揃った時に、何の前触れもなく突然やってくるように思われる。だからこそ、本書はフロー状態よりも「オプティマルゾーン」を推したい。オプティマルゾーンなら、自分の努力によって、かつフロー状態よりもずっと頻繁に入ることができるからだ。

めざすべき状態をフロー状態に限定せずに、オプティマルゾーンにまで広げれば、自分により現実的な期待を持つことができる。いつもとびきり最高の自分でいる必要はない。自分の意志で維持することも、ましてや生み出すこともできない至高体験ができないからといって自分を責める代わりに、より大きな目標に向かって着実に自分を高めていけば、よい気分になれる。「よい日を過ごす」とは、心の中で「よくやった」と自分をほめられるほど、よい仕事をするということだ。それはフローとは違って、自慢するほどのことではないが、大きな満足を与えてくれる。

フローvsオプティマル

フローに関する多くの研究が、至高の状態の重要な側面を明らかにしている。だがそうした研究は、フローだけに焦点を当てたために、とびきり最高のできごとだけしかとらえていない（ただし一部のフロー研究には、本書で言う「オプティマルゾーン」も含まれる）。私たちの見るところ、フロー状態とオプティマルゾーンには重要な違いがある。オプティマルゾーンとは、一度きりのまれなできごとではなく、より幅広い範囲に含まれるさまざまな状態をいう。そしてこの範囲それ自体に、満足できるよい日を過ごすための重要な要素が隠れている。

フロー研究によれば、フロー状態には次のような特徴がある。

- 課題と能力が釣り合っている
- 自意識が薄れる
- 時間感覚が変化し、実際よりも短く、または長く感じる
- 高揚感を覚える
- 仕事を楽々とこなせると感じる

だが考えてみれば、こういう状態になるのはまれなフローの瞬間だけではない。これらのどの特徴も、より頻繁に起こるオプティマルゾーンにも見られる。

たとえば「自意識が薄れ」、自分の仕事ぶりや他人の視線を不安に感じなくなる状態を考えてみよう。いつもの「自分、自分」という自意識がなくなる。自分がどう思われているかが気にならなくなり、いつもは自分を弁護し、大きく見せ、守ることに費やしているエネルギーのほとんどが仕事に向かう。

作業に没頭するうちに、自分に注意を向けすぎる自己没入から解放される。目の前の作業に集中して取り組むことで、感情の重荷を手放すことができる――そうしなければ完全に集中できないのだ。そうした集中の瞬間には、普通の思考の流れは気が散る原因になる。未来の不安や過去の記憶、とくに後悔の念をひとまず頭から出して、手元の課題に意識を戻さなくてはならない。

あるロッククライマーによると、クライミングの醍醐味の1つは、自分の一挙手一投足に完全に集中せざるを得ないために、心配事を忘れられることだという。やるべきことや、その日に起こったトラブル、願いや恐れをすべて忘れ、そこに向かっていた注意が解放されるから、目の前の課題に完全に集中できるのだ。

オプティマルゾーンの最も明らかな兆候は、「最高の気分」だろう。研究者はこうした喜ばしい気分を、「自己目的的《オートテリック》」という専門用語で表す。[*13] とてもポジティブな気分になり、自分のやっている活動それ自体に楽しみを感じる（楽しみ自体が報酬になるから、金銭などはそれほど重要なモチベーション要因ではなくなる）。

フローのもう1つの特徴である、「仕事を楽々とこなせるという感覚」を考えてみよう。外からは大変な努力に見えることが、フロー状態にある当人には、何の苦もなくやっているように感じられる。これも、オプティマルゾーンに見られる特徴だ。これはなぜかと言うと、精通したスキルを使っているからだと考えられる。[*14] チェス世界王者やバスケットボール選手など、何らかのスキルに精通した人の脳を調べてみると、面白いことがわかる。彼らがチェスやバスケットボールをプレーしている最中は、たとえば初心者がチェスの「クイーンズ・ギャンビット」の定跡や、ペナルティーラインからのシュートなどを初めて学んでいる時と比べて、脳のエネルギー消費量が少ないのだ。何かのスキルに精通した人がそれを苦もなく行えるのは、脳内に習慣的な手順ができあがり、それに従っているからなのだ。

習慣形成に関する研究によると、このエフォートレスな状態は、神経レベルの変化を表している。一連の行動手順が習慣化して、それを自動的、無意識的に行えるようになったわけだ。習慣化された手順は、脳の底の「大脳基底核」と呼ばれる原始的な部位で形成される。こうして基底核が学習性手順をコントロールするようになると、私たちはその習慣を何も考えずに苦もなく行えるようになる。これは一見フロー状態のようだが、実は磨き抜かれたスキルが実行されている時の状態なのだ。

それに、フローの「完全な集中」という特徴についてはどうだろう？　つまり手元の課題に没頭して、集中がそがれない状態だ。何かに熱中すると時間の感覚が変わり、実際の時間よりも速く感じたり、ゆっくり感じたりする。周りで何が起ころうとも、完全に没頭した状態は乱されない。これからくわしく説明するように、私たちはこの「一点集中」を、初期のフロー理論が提唱するようにフローの「結果」として生じる現象ではなく、オプティマルゾーンに入るための「手段」と考えている。

フローを超えて

これからオプティマルゾーンにいる人の内面の状態を説明するが、私たちはフローの概念を提唱したシカゴ大学の研究者集団が「フローの要素」として挙げたものがすべてそろっている必要はないと考える。また私たちは、オプティマルゾーンに入るための諸要素は、あるかないかの二者択一ではなく、そうした内面の状態には「幅」があると考えている。たとえば本書で言う「よい日」には、よい気分になり、問題をすばやく解決し、手元の作業に完全に集中するが、それはやたらと称賛されているフロー状態というよりは、ただすべてが順調な状態を示している。オプティマルゾーンは、フローに比べて生活のより幅広い場面で起こる。

また、フロー概念の基本的前提のいくつかについても、私たちは疑問を持っている。研究によれば、フロー状態に入るためのカギは、何であれ自分の能力ギリギリの課題に取り組み、スキルを最大限に発揮することにある。またフロー状態の人は、要求がどう変化しようとも臨機応変に対応できる。大事なのは、課題の難易度と能力が釣り合っていることだという。ビジネスや学業で言えば、能力を限界まで引き出さなくてはならない、背伸びした（だが背伸びしすぎない）課題を与えることが重要だ、ということになる。

だが私たちの見方は違う。「能力を最大限に引き出す課題に取り組むことがフローに入るための条件だ」という考え方に対し、私たちは課題と能力が釣り合っているだけではオプティマルゾーンには入れないと考える。なぜなら、能力を限界まで出し切れるかどうかは、内面の状態にもかかっているからだ。課題に関心がない、ストレスが高いなど、心の状態が整っていなければ、どんなポテンシャルの持ち主でも最高の力を出すことはできない。

ある研究で建築学部の学生に、その日の気分と成果を日誌に記録してもらったところ、課題に全力で集中できるかどうかは、課題と能力との釣り合いではなく、ポジティブな気分や、課題への取り組み方を自分で決める自由度と関係していることがわかった。[*15] またフロー研究を検証したあるレビューでは、フローに入れるかどうかは、能力と課題の釣り合いよりも、手元の課題がその人の目標にとって重要かどうかによって決まるとされた。[*16] 私たちの見解では、オプティマルゾーンに入るためには、課題と能力の釣り合いよりも、自分のやっていることに意味があるという感覚と、それをやる方法を自分である程度コントロールできるという感覚によって促される、「完全な集中」の方が重要である。

初期のフロー研究は完全な集中を、フローの結果として起こる現象とみなしたのに対し、私たちは集中（気が散っていない状態）そのものを、オプティマルゾーンに入るための条件と考える。集中するからよい仕事ができるのであって、その逆ではないのだ。自意識の消失等のその他の要因は、手元の課題に完全集中することから生じる、副次的な現象である。こうして「集中の力」というレンズを通してフローをとらえ直せば、偶然やまれな瞬間に頼らずにオプティマルゾーンに入るための方法が明らかになる。

オプティマルゾーンにいる人、つまり最良の日を過ごしている人に見られる主観的な特徴を挙げてみよう。

- 創造性がより高く、障害を乗り越え甲斐のある挑戦とみなす

- 生産性がより高く、質の高い仕事をこなす
- 明るく気分がよい
- 頭が冴え渡り、より大きな目標に向かって小さな勝利を積み重ねる
- 楽観的な見通しを持ち、全力で仕事に取り組む
- 周りの人と支え合う関係にある

オプティマルゾーンに入るという主観的体験の特徴は、「中からの視点」を明らかにする。だが次章で見ていくように、「外から」見たこの状態は、意外にもＥＱのメリットを表しているのだ。

第2章 EQと仕事のパフォーマンス

ＥＱは仕事の成功にどれくらい役立つのだろう？　ダンはＥＱに関する最初の著作『ＥＱ　こころの知能指数』を書いた25年以上前には、この疑問に答えられなかった。当時はまだ、仕事のパフォーマンスやエンゲージメントなどの重要な指標と、ＥＱとの直接的な関係を調べた研究はほとんどなかったのだ。また企業経営者や学術研究者からは、かなり懐疑的な声が聞かれた。だが科学やビジネスでは、懐疑心が役に立つことがある。それをきっかけに、自分の信念の正しさを証明するために奮起することもあれば、確かなデータに照らして信念を放棄することもあるのだから。*1

ビジネスの成功ノウハウの多くは、客観的な研究で検証されることはない。それらは「今月のお勧め」のような一時的流行に過ぎず、新しい流行が現れればすぐに廃《すた》れてしまう。だがさいわい、EQはそうした運命をたどらなかった。私たちの創設した「組織におけるEI研究コンソーシアム（CREIO）」の取り組みや、産学界の多くの人の尽力のおかげで、あの最初の本が出た1990年代半ば以降、着実に研究が進み、今ではEQが組織のあらゆるレベルの人のパフォーマンスを大きく高めることが実証されている。

そうした中でもとくに説得力の高い研究に、アメリカ中西部の大学生を追跡した調査研究がある。[*2] 学生は卒業前にEQ診断を受け、10〜12年後にアンケートに回答した。その結果、追跡調査時の年収を予測する上で、大学時代のEQスコアは、IQや性格特性、大学の成績、性別などよりも説明力が高いことがわかった。

たとえば研究のキャリアなら、研究者の「影響力」は、その人が発表した査読論文の被引用数などで測定される。ここでは頭のよさがモノを言う。大学教授になるためには、修士号や博士号を取得し、研究テーマを決めて、独自の研究を行う必要がある。教授はそうした成果に対して報酬や見返りを得ている。

だがビジネスの世界の原則は、学問の世界とはまったく違う。企業に就職すれば、企業戦略にとって重要なことに力を注ぎ、個人というよりチームの一員として働かなくてはならない。この世界で地位を確保できるかどうかは、定年まで地位が保証される大学の終身教授とは違って、仕事のパフォーマンス（と会社の財務状況）にかかっている。一部の企業は、採用した博士をビジネス界になじめるように再訓練しているほどだ。

給料や年収は、仕事のパフォーマンスよりは「出世」という意味での成功を大まかに示す指標でしかない。高給取りだからといって仕事ができるとは限らない（あなたもきっと目に余る例を挙げられるだろう！）。それでも最近は、ＥＱとパフォーマンスの直接的な関係を調べる研究が多く行われている。

中でも格好の研究対象となっているのが、営業担当者である。なぜなら、売上成績はパフォーマンスの客観的な評価指標である上、営業活動そのものにＥＱスキルが求められるからだ。たとえば大手不動産会社の営業担当者を調べたところ、ＥＱテストで高スコアを挙げた担当者は、スコアの低い担当者に比べて売上成績が高かった。[*3] 保険の営業担当者についても同様に、ＥＱが高い人ほど売上成績と顧客維持率が高かった。

この研究では、ＥＱが営業活動で具体的にどう役立ったかが示されている。たとえば、ＥＱは不安や不満を持つ顧客に冷静に対応する助けになった。また顧客が感情的になった原因を理解し、それをもとにセールストークを変えたり、売り込みを妨げている顧客の感情に対処したりするのにも役立った。つまり、ＥＱ能力である「感情バランス」と「共感」の組み合わせが成果につながった。

この研究から導かれる結論は、不動産や保険の営業以外の多くの分野にも当てはまる。何かを「売り込む」必要がある職業は数え切れないほどある。たとえば、家族を亡くした人の支援プログラムを運営する、マーサを考えてみよう。マーサがプログラム運営組織の事務局長として最も重要な「売り込み」を行ったのは、寄付金集めのイベントのことだった。当時就任したばかりだったマーサは、８歳の時に父親を癌《がん》で亡くした話をした。

マーサがそれを語り始めたとたん、部屋の雰囲気ががらりと変わったという。聴衆はがぜん身を乗り出して、話に聞き入った。涙を浮かべる人もちらほらいた。それにマーサ自身も、プログラムの説明に熱が入った。自分の身の上話をすることが、寄付者と心を通じ合わせる強力な手段になることに、彼女は気づいた。自分と他者の感情を感じ取り、理解し、コントロールする能力、すなわちＥＱが、プログラムへの寄付を集める力を後押ししたのだ。

ＳＴＥＭ分野の職業におけるＥＱ

何らかを売り込む仕事で、ＥＱがオプティマルなパフォーマンスを促すことはすぐわかる。だがそれ以外の多くの分野、たとえば工学系の仕事ではどうだろう？　ケース・ウェスタン・リザーブ大学ウェザーヘッド経営大学院の心理学者リチャード・ボヤツィスは、同校の学生数人とともに、大手自動車メーカーの研究部門で働くエンジニアを対象に調査を行った。[*4] エンジニアとしての有効性を同僚同士で相互評価してもらったところ、エンジニアのEQは有効性の有意な予測因子［将来の結果と関連のある因子］であるのに対し、一般的な知的能力の指標であるIQ（と性格特性）はそうではないことがわかった。

最近ではエンジニアをはじめ、STEM（科学、技術、工学、数学）分野の多くの職業で、EQの重要性が増している。それは、チームで働くことが増えているために、チーム内の人間関係にうまく対処する能力がパフォーマンスのカギを握るからだ。性格や文化的背景、専門分野、仕事のやり方等々が異なる人たちとチームを組んで働くのは、難しい場合がある。だが「感情バランス」「適応力」「共感」「チームワーク」などの感情的、社会的能力は、困難に立ち向かい、厄介な問題を新しい方法で解決する助けになる。

認知的知性はもちろん重要だ。そもそも高度な知性がなければ、エンジニアとして採用されない。だがいったん採用されてしまえば、IQの差はパフォーマンスにあまり影響をおよぼさない。つまり、認知的知性は必要条件だが十分条件ではないのだ。仕事でとりわけ重要なのはEQである。

同じく理系分野のIT関係の仕事を考えてみよう。中規模以上の企業にはほぼ必ず、コンピュータやスマートフォンなどのシステム担当者がいる。この仕事で、EQはどんな意味を持つのだろう？

ケアリーが数年前に勤めていた大学の学部には、システム担当者が2人いた。2人とも能力は申し分なく、とくに1人は高い技術力を持っていた。なのにコンピュータで問題が発生した時に呼ばれるのは、もう1人の方だった。なぜだろう？　その担当者の方が親しみやすく、職員が「機械を壊してしまったのではないか」と慌てていても、「大丈夫ですよ」と安心させてくれたからだ。このEQの高いシステム担当者がいない時、職員はもう1人には頼まずに、自力で問題を解決しようとした。

意外かもしれないが、財務アドバイザリー業務もEQが大きな役割を担う仕事だ。ハリス世論調査によると、ファイナンシャルアドバイザーを選ぶ際に、デジタルリテラシーよりもEQを重視する人が多かった。[*5] この調査を委託したのは、年間成績100万ドルを超える保険営業担当者とファイナンシャルアドバイザーだけが加入できる、「ミリオンダラーラウンドテーブル（MDRT）」だ。

2000人を超える回答者の半数以上が、信頼できるアドバイザーの特徴として、「クライアントのニーズに耳を傾ける」「理解しやすい方法でコミュニケーションを取る」「約束を守る」「クライアントを人間として気にかけていることを示す」の項目を選んだ。[*6]

一方、「ウェブサイトを常時更新している」アドバイザーのアドバイスを信頼すると答えた人はわずか30％、「適切な商品を定期的に勧める」アドバイザーに至ってはたった25％

だった。もちろん、アドバイザーの技術的能力が重要でないとは言わない。だがファイナンシャルアドバイザー選びのカギとなる「信頼」に関する限り、それよりも重視されるのはＥＱである。調査報告書はこう指摘する。「たしかにデジタルリテラシーは、業務効率化や顧客の獲得に役立つが、それだけでは信頼性を伝えることはできない」

こうした調査は説得力があるが、どんな調査もそれ単独では「例外」かもしれない。そこで私たちはより広範な職業や職務について、ＥＱと最適なパフォーマンスとの関係を適格に評価するために、過去に行われた多くの独立した研究の結果を統合する、「メタ分析」と呼ばれる統計的手法を使うことにした。この手法を使えば、結果の測定方法や、調査対象者の特異性、介入の実施方法、それに調査の実施時期といったさまざまな違いに起因する、多数の研究のまちまちな結果を総合的に考察することができる。多様な指標によって多様な側面を評価した多数の研究を、メタ分析で統合することによって、少数の例外的結果の影響が無効化されるからだ。

合計１万７０００人を対象とした99の研究のメタ分析により、ＥＱがパフォーマンスの有意な予測因子であることが示された。[*7] これらの研究でパフォーマンスを測定するために用いられた指標は、上司による評価から、経済的成果、業績評価指標までの多岐にわたった。ＥＱとパフォーマンスの相関性の強さも、職業や業界によって異なった。たとえばＥＱ

はとくに銀行員や警察官にとって、高いパフォーマンスの強力な予測因子だった。

ほかにも少なくとも5件のメタ分析によって、高ＥＱが仕事のパフォーマンスの有意な予測因子であることが一貫して示されている。[*8] 研究者がデータを深掘りしたところ、ＥＱがとくに重要なのは、感情を抑制しなくてはならない仕事や、社会的交流の頻度が高い仕事とわかった。[*9] とはいえそれ以外の仕事についても、ＥＱが高いほどパフォーマンスが高いという関係が見られた。

エンゲージメントの高い従業員

こんなシーンを想像してほしい。個人秘書がパソコンの前に座って、上司が作文したメールを打っている。キー入力が得意な彼は、ほかのこと（たとえば上司への不満など）を考えながらでも十分仕事をこなすことができる。仕事に意欲的に取り組んではいないが、仕事ぶりは申し分ない。

このような、「成果は適切だが、態度や姿勢が不適切」という状況はあまりにも多く見られる。オプティマルなパフォーマンスとは、ただ仕事をうまくやるだけのことではない。もしこの秘書が、能力が高いだけでなく、仕事に対するエンゲージメントが高く、全力で打ち込んでいたらどうだろう？　ある専門家はエンゲージメントを、「仕事に対するポジティブで充実した心理状態であり、活力と献身、没頭によって特徴づけられる」と定義する。[*10] この定義はそっくりそのまま、オプティマルゾーンの説明になる。

高校教師ユージニア・バートンの経験を考えてみよう。彼女は職業教育の授業を楽しみながら教えていたが、何年か経つと少し飽きてしまい、もっと意欲を持って教えられる方法はないかと模索し始めた。そして、「生徒の店」というアイデアを思いついた。彼女の監督下で生徒たちに店を経営させ、ビジネスの仕組みを学ばせるのだ。生徒の店は大成功を収め、生徒たちとこれに取り組む時が、彼女にとって最も充実した時間になった。彼女はこれを、「自分史上最高のアイデア」と呼んでいる。

エンゲージメントは仕事満足度だけでなく、パフォーマンスも高める。あるメタ分析では、従業員エンゲージメントが高いほど、従業員の生産性や顧客満足度、企業業績が高く、従業員の離職率や事故率が低いという相関が見られた。[*11]

残念ながら、従業員エンゲージメントは近年低下の一途をたどっている。調査会社ギャラップによると、エンゲージメントが高い従業員の割合は、世界全体では２０１６年はわずか32％で、２０２２年にはさらに21％に低下した。[*12]

ＥＱが高い従業員はエンゲージメントが高いことが、多くの研究によって示されている。たとえば、２１００人超の看護師を対象とする研究がその１つ。[*13] 同様に、教師のＥＱの高さがエンゲージメントの高さと相関し、それが生徒の成績の高さにつながることを示した研究や[*14]、EQが高い警官はエンゲージメントが高く、離職率が低いことを明らかにした研究もある。[*15]

なぜ高いEQが、エンゲージメントや仕事満足度の上昇につながるのだろう？　その一因は、「自分に合った仕事」を探すのにEQが役立つからだ。感情の自己認識に優れた人は、満足と意義を感じられる仕事を見つけたり、もっとやりがいが感じられるように仕事を工夫したりするのがうまい。

大きな市の法務部で働く、弁護士のマギーを考えてみよう。[*16]彼女は退屈でやりがいのない仕事をしていたが、ある日部内の誰も担当していない、古い倒産案件の束を見つけた。くわしく調べてみると、市が数十万ドルの金額を受け取る権利があることが判明した。マギーはこれらの案件に精力的に取り組み、市に数百万ドルの収入をもたらすスター人材に大化けした。

マギーはほめられて伸びるタイプで、高度な分析力が求められる困難な仕事を好んだ。これらの案件は、それまでの仕事にはない知的刺激に満ちていた。彼女のキャリア最大の大舞台は、連邦巡回裁判所でアメリカ屈指の判事たちに案件を説明した時だった。彼女は紆余曲折の末にとうとう本領を発揮できる仕事を探し当て、オプティマルゾーンに入った。

マギーは仕事満足度もエンゲージメントも高かった。仕事満足度とエンゲージメントは密接に関わっているが、両者はまったく同じではない。仕事に満足しているがエンゲージメントはそれほどでもない、という場合もある。かつてのマギーもそうだった。以前法律扶助事務所で働いていた時も、今の職務でたまたま倒産案件を見つける前も、オプティマルゾーンで働くことはほとんどなかった。

一般にEQが高い人は、仕事満足度とエンゲージメントも高い傾向にある。合計2万9119人の労働者を対象とする120件の研究のメタ分析でも、仕事満足度とEQとの間に高い相関が認められた。[*17]

またこの研究では、EQの低い人ほど離職率が高かった。離職率は企業業績に大きな悪影響をおよぼすことがわかっている。[*18] たった1人の従業員を入れ替えるのにも、膨大なコストがかかる。ギャラップがまとめた職場環境調査によると、「人材の入れ替えにかかるコストは、採用した人材の年収の0・5倍から2倍である。平均年収を5万ドルとすれば、入れ替えコストは1人につき2万5000ドルから10万ドルにも上るのだ[*19]」。幹部クラスとなれば、コストはその何倍にもなるだろう。

そのうえ会社に残った人々も、「自分はこれからどうなるのだろう」という不安から、生産性が下がるかもしれない。ノウハウの喪失という無視できない長期的代償もある。おまけに、従業員が入れ替わると、新しい人材が仕事に慣れるまでの長い間、同僚にしわ寄せが行く。そんなことから、離職率の低さが、企業の投資収益率や資産収益率、利益などの業績の高さにつながるのは不思議ではない。[*20]

従業員の組織コミットメント〔組織に対する帰属意識や愛着〕が低いと、パフォーマンスも低下する。あるメタ分析でも、コミットメントの高い従業員はパフォーマンスが高いこと、そしてEQがコミットメントを高めることが示された。[*21]

同僚は助け合うか？

あなたは最近、職場で誰かに助けられただろうか？　あなたの職場には、ただ親切なだけでなく、助けを必要としている同僚に自分の職務を超えて手をさしのべる人がいるだろうか？

こうした行動は「よき組織市民行動」とも呼ばれる。組織市民行動は、職務の標準的な報酬体系が要求していない、人助けの行動と定義される。[*22]よき組織市民になるとは、自分の職務を超えて、困っている同僚を手助けすることをいう。たとえば、多忙な同僚の仕事を肩代わりする、社内イベントの後で掃除を手伝うなど。こうした行動にもEQが関わっている。そして当然だが、多くの人が進んで人助けをすれば、集団や組織全体のパフォーマンスが向上する。[*23]

１万6000人以上の従業員を対象としたメタ分析では、ＥＱが高い人は組織市民行動を取ることが多いのに対し、[*24] ＥＱの低い人は手抜きやいじめ、遅刻などの問題行動を取りがちなことが示された。[*25]

また、オプティマルゾーンへの入りやすさに、体調がどんな影響をおよぼすかを考えてみよう。あなたはある朝起きるとひどい頭痛がしたが、午前中に大事な会議があり、上司に出す報告書もその日のうちに仕上げなくてはならない。ベッドから這《は》い出て着替えをすませ、朝食抜きで家を出る。どうにかこうにか職場に着き、やらなくてはならない仕事に取りかかる。だがその日はずっと調子が出ず、会議ではほとんど発言できず、報告書の出来もよくなかった。こんな日がひと月に何日もあったらどうなるだろう？

深刻な病気だけでなく、頭痛や不眠、胃の不調なども、最高のパフォーマンスを妨げる。病気や心身の不調や病気にはいろいろな原因があるが、ＥＱとも有意な関連が見られる。[*26] ＥＱに優れた人が健康状態がよいのは、第６章で見ていくように、ＥＱがストレスに対処し、回復力を高めるのに役立つからでもある。[*27]

「自己認識」と「感情の自己抑制」は、ストレスが手に負えなくなる前にいち早く気づき、うまく対処する助けになる。怒りとの向き合い方を教えるアンガーマネジメント講座の多くは、鬱憤《うっぷん》や苛立ちの最初の兆候に気づき、感情が完全に手に負えなくなって爆発する前に抑制する方法を訓練する。

また「自己管理」は、運動や栄養価の高い食事、十分な睡眠などを通して、健康状態を高める働きがある。それに、自己管理ができている人は医師の指示を守りやすい。[*28] 加えて、「共感」や「チームワーク」といったEQ能力の高い人は、さまざまな病気を抑制する効果の高い、強力な社会的支援体制を持っていることが多い。[*29]

EQのメリットの要約

このように、高EQがもたらすさまざまなメリットが研究で示されている。これらの中から「組織にとって重要なこと」を選び出したものを、「外から見たオプティマルゾーンにいる人の状態」とみなしていいだろう。

具体的に挙げてみよう。職場の実証研究によると、高EQの持ち主には相対的に次のような特徴がある。

- 生産性が高く、仕事に前向きに取り組み、どんな仕事のどんな職務でも高いパフォーマンスを発揮する

- 出世する
- あらゆる種類の売り込みに長《た》けている
- 組織に多くの収益をもたらす
- エンジニアリングやITのようなSTEM分野の仕事でも能力を発揮する
- 信頼性が高いとみなされている
- 仕事満足度や仕事への意欲が高い
- 離職率が低い
- 助けを必要とする人に手をさしのべる
- いじめや常習的遅刻、手抜きの傾向が少ない
- 健康状態がよい

私たちはこれらをひっくるめたものを、「外から見たオプティマルゾーンにいる人の状態」と考える。いくつか取り上げてみよう。オプティマルゾーンにいる人の特徴の１つは人間関係が良好なことだが、上記のリストでは、同僚に手をさしのべることに当たる。またオプティマルゾーンの兆候である手元の課題への没頭は、外から見ると仕事への前向きな姿勢という、職場で高く評価される特質に相当する。仕事満足度と仕事意欲の高さも、両

方のリストに含まれる。

当然だが、高ＥＱが職場にもたらすこれらのメリットは、オプティマルゾーンを念頭にリストアップされたものではない。これらは経営者にとって重要な指標を示している。だからこそ、「外から見た高ＥＱの特徴」と、「オプティマルゾーンにいる人の内面の状態」がつり合っているのは、驚くべきことなのだ。

第Ⅱ部では、オプティマルゾーンの有効成分であるＥＱ能力を1つひとつくわしく見ていこう。個人としてのパフォーマンスを最大限に発揮できるこの状態に入り、とどまるのに、ＥＱの各要素がそれぞれ異なる方法で役立つことを説明したい。自己認識は、自分の心の状態をうまくコントロールするための心の土台となる。共感（他者の感情に波長を合わせること）は、人間関係にうまく対処するための基盤である。

第 II 部

EQとは何か

第3章 EQとは何を指すのか

ボビーはダンの何歳か年上の友人で、ボビーの母はダンが小学4年生の時の日曜学校の先生だった。ボビーは一時ダンの人生から消えたが、数十年後の1995年にダンが初めての本『EQ　こころの知能指数』を出して間もなく、親交が再開した。当時ボビーはイスラエルに移住し、名前もルーヴェン・バー＝オンに変えていた。彼はEQと関係のある、ウェルビーイングに関する博士論文を書き終えたと言って、ダンに連絡をくれたのだ。

ルーヴェンは南アフリカ大学でウェルビーイングに関する論文を書いてから、ウェルビーイングを測る指標を、当時個人的・対人的能力の新しい切り口としてもてはやされていたEQの評価指標につくり替えた。ルーヴェンの研究は、EQに対するさまざまな見方の1つを代表しており、彼の開発した指標はほかの指標と同様、数々の研究へと発展している。

そうした綿密かつ詳細な研究のおかげで、今では「EQにどんなメリットがあるのか」という問いへの具体的な答えが示されている。

最近では検索エンジンに「感情的知性」や「EQ」「EI」などと入力すると、何百万件もの検索結果がヒットする。なぜならこれらの用語はすっかり日常用語になり、大ざっぱに使われることも多いからだ。そのせいで用語の意味が曖昧になるとともに、EQに関する多種多様な説が生まれている。そこでこの場を借りて、私たちがこの用語に込める意味をおさらいするとともに、「EQとは正確に何なのか」をめぐる混乱を解消していきたい。

現在EQについては有力なモデルが12以上存在する。これらすべての原点となるのが、イェール大学の心理学者（で後に同大学の学長になった）ピーター・サロヴェイが、当時大学院生だったジョン（ジャック）・メイヤーとともに1990年に発表した、この概念に関する最初の論文である。[*1] サロヴェイたちはその後EQの指標を設計し、それらは今でもEQに関する学術論文で広く用いられている。

ダンはこの論文が出た数年後の、ちょうど『EQ　こころの知能指数』を書き終えようとしていた頃に、ケアリーとともに「組織におけるEI研究コンソーシアム（CREIO）」を創設し、ルーヴェンをはじめ、この分野の多くの専門家の参画を得た。

	知る	行う
自己	自己認識	自己管理
他者	社会認識	社会的交流

図1：EQの全学派にとって許容できる基本モデルは、「自己認識」「自己管理」「社会認識」「社会的交流」の4つの領域からなる。これらの領域にどんな能力を含めるかは、学派によって異なる。

ＣＲＥＩＯはその後の30年近くで、サロヴェイとメイヤーの最初の論文以降に提唱された多様なＥＱモデルを用いる、幅広い専門家や実務家を招き入れている。これほど多くのモデルが存在するため、『ＥＱ』とは一体何を指すのか？」という疑問は当初からあった。研究分野内にはこの問題をめぐる論争はあるものの、いくつかの基本的な点で合意を見ている。[*2]ＥＱの主要学派を代表するＣＲＥＩＯの会員にアンケートを取ったところ、ほとんどの人が図１に示したモデルを許容できるとみなしていた。

図１の４領域からなるモデルは、ＥＱという重要な個人的・対人的スキルを切り取り、分類する、多くの方法の１つだ。「自己認識」とは、自分がどう感じているのか、なぜその感情反応を示しているのか、その反応が自分の思考や感情、衝動にどう影響しているのかをつねに認識する能力を指す。「自己管理」とは、自己認識をもとにして、自分の感情に適切に対処することをいう。つまり、心を乱す感情に行動を妨げられ

ず、ポジティブな気分を高め、動揺から立ち直り、何があっても目標に集中し続け、変わりゆく課題に敏捷に対応することだ。これらの能力は、オプティマルゾーンにとどまる助けになる。

「社会認識」とは、他者の感情に波長を合わせる能力をいう。他者がその場の状況をどうとらえているか、どんな気持ちを持っているかを察知し、思いやる。この能力が、「よい日」を特徴づける良好な人間関係を育む。最後に「社会的交流」とは、人との関係ややりとりにうまく対処し、周囲の人が最高のパフォーマンスを発揮できるように指導し、説得し、鼓舞する能力をいう。メンターやコーチ、優れたチームメンバーとして、対立をあぶり出し、解消する。これらの能力があれば、他者がオプティマルゾーンに入り、とどまるのを手助けできる。

ほとんどのEQモデルは、これら4領域の重要性については一致しているが、各領域にどんな能力を含めるかは、モデルによって大きく異なる。約12のEQモデルとEQの定義（そしてほぼ同数の評価尺度）のそれぞれが、「EQのどの側面を測定対象とするか」という異なる前提に基づいている。[*3] モデルの多さはEQに対する学術的、実務的な関心の高さを示している——これは喜ばしいことだ。

EQはコンピテンシーの1つ

ダンのハーバード大学院時代の恩師であるデイヴィッド・マクレランドは、当時［1973年］革新的とみなされた説を提唱した。人材採用ではほかのどんな能力指標よりも「コンピテンシー」を重視すべきだとする論文を、心理学の主要専門誌に発表したのだ。採用志望者を知能ではなく、コンピテンシーによってテストすべきだ、と彼は説いた。[*4]

マクレランドが言いたかったのはこういうことだ。何かの仕事の最高の人材を見きわめるには、IQや学業成績を見ていてもダメだ。代わりに、その仕事で重視される業績指標で高業績を挙げている、組織内のトップ1割の人材、すなわち最高のコンピテンシーの持ち主を探すべきだ。こうしたハイパフォーマーを平均的なパフォーマーと比較し、体系的に分析して、トップ人材にあって平均的人材にない能力や姿勢、行動特性、すなわちコンピテンシーを特定せよ、と。[*5]

これが、その仕事を行う理想的な人材像、すなわち「コンピテンシーモデル」となる。最近では、優れた人事部門を持つほとんどの組織が、コンピテンシーモデルをもとに採用や昇進の決定を下し、中堅従業員のどの資質を伸ばすべきかを考えている。

コンピテンシーには2種類ある。「基準」コンピテンシーは、その仕事に就く人が全員持っていなくてはならない能力をいう。IQやビジネスの専門知識などの認知能力は、実は主にこの基準コンピテンシーなのだ。仕事に応募する人は、その仕事の認知的複雑さに対処できる知性や経験があることを示さなくてはならない。だがいったん採用されれば、自分と同じくらい頭が切れる人たちと働き、競い合うことになる。ＩＱはその仕事に就くための「フロア」、すなわち必要最低限の能力となる。要するに一部の認知能力は、その職務に就く人が持っていなくてはならない基本的スキルである。

もう１種類は「差別化」コンピテンシーと呼ばれるもの。これが、その仕事のハイパフォーマーを平均的なパフォーマーと差別化する要因だ。組織内で昇進し、スター人材や優秀なリーダーになるために重要なのは（または重要であるべきなのは）、差別化コンピテンシーである。

ダンがグーグルでＥＱのコンピテンシーに関する講演をした時、聴衆から異議の声が上がった。ある幹部は、ダンが挙げた「差別化」コンピテンシーのいくつかが、グーグルではその仕事に就くために必要な「基準」コンピテンシーになっていると指摘した。このことから、ハイパフォーマーに最も求められるコンピテンシーが、組織の規範によって変わることがわかる。

とはいえＥＱのコンピテンシーは、誰にとっても有用な指針になるはずだ。健康診断がコレステロールや中性脂肪などの上限と下限を教えてくれるように、ＥＱ診断は、自分を高めるためにどこに力を入れればいいのかを教えてくれる。これについては12章でくわしく説明しよう。

EQの隠れた役割

ケアリーは大学に入学した最初の学期末に、プラトンの対話に関する授業の最終試験に臨んだ。これは重要な試験だった。その結果によって授業の成績が決まる。難易度も高かった。授業で扱われた8つの対話のうち3つを、一語一句間違えずに書かなくてはならない。

ケアリーは試験勉強をするうちに対話を8つともほぼ覚えていた。ところが3時間の最終試験の問題用紙が配られると、頭が真っ白になって凍りついた。汗が噴き出し、心臓が早鐘を打った。

だが永遠とも思えるような時間（実際にはせいぜい5分ほど）が過ぎると、神経系が徐々に鎮まった。緊張が和らぐと、頭が再び働き始めた。ストレスはまだ感じていたが、理性的に考える力が戻った。1つめの対話の冒頭を思い出すと、それからはスラスラとペンが進んだ。書けば書くほど落ち着きを取り戻し、高成績が取れるという自信が湧いてきた。

ケアリーは心を落ち着かせたおかげで、学んだ知識を思い出すことができた。試験に落ちるどころか、高得点を叩き出した。彼の認知能力が感情の浮き沈みにあれほど左右されたことを考えれば、ＥＱが人生の成功にとっていかに大切かがわかるだろう。

研究者をはじめ、認知能力がモノを言うすべての分野の職業で、感情の自己コントロールが重要である。これは学生時代にはわかりづらいことかもしれない。だがこんな風に考えてほしい。学校の成績には、チームワークやリーダーシップ、それに創造性はほとんどカウントされない。一般に学業成績で評価されるのは、新しい知識を習得する能力（や詰め込む能力）だ。しかし仕事で成功するためには、（学生時代に高く評価される）認知能力は必要にせよ、それだけではリーダーにも、優れたチームメンバーにもなることはできない。

多くの組織が「重要業績評価指標（ＫＰＩ）」と呼ばれる指標で従業員の仕事ぶりを評価している。ＫＰＩは、ビジネスの世界で学業成績に一番近いものだろう。だがＫＰＩの目的は、組織目標を達成するために必要なプロセスが適切に実行されているかを測ることにある。たとえば一定期間中の新規顧客獲得数や、既存顧客の継続数、来店客数と購買率、特定のＵＲＬのクリック数などが、ＫＰＩの例である。

そうした指標で高い成績を上げるためには、一定の認知能力は当然必要だが、ＥＱもさまざまな場面で求められる。そしてキャリアを積むにつれ、ＥＱの重要性は増していくはずだ。たとえば、自社ブランドが顧客にどう受け止められているかを感じ取る能力を考えてみよう。こうした共感力は消費者直販企業の成否を分けるが、今日の典型的なＫＰＩではとらえられていない。

認知能力とEQの相互作用は、一筋縄ではとらえきれない。仕事で成功するためにも、オプティマルゾーンに入るためにも、両方の能力が重要だが、重要性はそれぞれ異なる。一般的知的能力（略称GMA、これもIQや認知能力の別称である）は、学業成績や生涯収入、仕事での一般的な成功を予測するのに最も役立つ因子であることが、くり返し示されている。[*6]だがこれには大きな例外がある。人生や仕事で感情に振り回されるような状況には当てはまらない。もう1つの例外は、共感が重視される、人間関係だ。これらの状況では、自己管理と対人能力も大きな違いを生む。[*7]

IQとEQのスキルセットは、別々の脳回路が担当することがわかっている。認知能力の決め手となるのはワーキングメモリ（作業記憶）や脳の情報処理速度などだが、これらは加齢とともに衰える傾向にある。これに対し、EQは歳を取っても衰えないどころか、高まることさえある。たとえばプラス思考や感情のコントロール、安定性などの能力がそうだ。[*8]

ではここで、EQのスキルセットを構成する基本要素をくわしく見るとしよう。図2は、ダンがケース・ウェスタン・リザーブ大学ウェザーヘッド経営大学院教授のリチャード・ボヤツィスと共同開発したモデルだ。これはEQ能力に関する数十年間の研究をもとに構

	知る	行う
自己	自己認識 • 感情の自己認識	自己管理 • 感情バランス • 適応力 • 達成志向 • プラス思考
他者	社会認識 • 共感 • 組織感覚力	社会的交流 • 影響力 • コーチング（指導・育成） • 対立管理 • 鼓舞激励 • チームワーク

図2：EQの基本領域とそれらに含まれる能力。それぞれのEQ能力は、それが属する領域の能力を土台としている。

築されたもので、ＥＱの４領域のそれぞれに含まれるＥＱ能力を示している。本書ではこの図を使って、ＥＱの過小評価されている側面や、新たに注目を集めている側面、そしてオプティマルゾーンに入るのに役立つ側面を考えていきたい。

　このモデルは、職場のスター人材を平均的人材と区別する、ＥＱ領域内の能力を示している[*9]。これらの能力は、もとは職場のトップ１割の人材を平均的人材から区別する能力のデータから得られたものだが、どんな活動をするどんな人にも役に立つ能力である。

　ＣＲＥＩＯの会員が合意したＥＱの基本モデル（図１）に、各領域に含まれる能力を書き込んだものが、図２になる。

図2に含まれる12のEQ能力は、組織のリーダーに必要な能力とされることが多い。だが本書ではその対象を「リーダー」と呼べるすべての人たちに広げたい。リーダーシップとはつきつめれば、何らかの方法で他者に影響を与えることだ。そう考えれば、誰もが「リーダー」だと言える。どんな人も「影響の輪」を持っている。それは少人数の集団かもしれないし、もっと幅広い人々かもしれない。どんな人も教師や世帯主として、あるいは友人の輪の中で、何らかのかたちでリーダーを務めている。したがって、EQ能力は誰にも必要なのだ。

これからの章で12のEQ能力のそれぞれを、とくに現代社会で最も必要とされる側面に焦点を当てながら見ていこう。EQ能力を新鮮な目でとらえ、過小評価されているメリットについても考えたい。EQ能力の基本を改めて振り返ることは、EQにすでに精通している人にはおさらいになるし、またEQの基本要素が個人やリーダー、チーム、そして組織全体にとって果たす役割を考える機会にもなる。そしてもちろん、これらの能力のそれぞれが、オプティマルゾーンに入るために必要である。

第4章 自己認識——応用編

「アスリートの注目を最も集めているのが、『ゾーン』に入るという考えだ。この精神状態にある人は、最高のパフォーマンスを発揮し、けっしてミスをせず、何が起ころうとつねに一歩先を読む。自意識が消失し、リラックスした状態で集中を保ち、難しいこともたやすく感じる[*1]」

オプティマルゾーンを要約するこの言葉を語るのは、スポーツ心理学者で、NBA（米プロバスケットボール）のシカゴ・ブルズやロサンゼルス・レイカーズなどの一流アスリートを長年指導している、ジョージ・マムフォードだ。マムフォードはオプティマルゾーンに入れると銘打って、アスリートに注意訓練のコースを教えている。

「注意を払えば、その副産物としてゾーンに入れるんです」とマムフォードは言う。「今この瞬間に集中して活動に没頭すれば、ベストな状態でプレーできると教えています」

フローの研究者は、目の前の活動への完全な没頭は、フローの「結果」として生じると考えた。これに対して私たちは、目の前の活動に完全に没頭する能力が、オプティマルゾーンに入るための「手段」だと考える。集中するためには、注意散漫を防ぐ必要がある。集中すればするほど、気が散る思考や感情が減り、何があっても気が散らなくなる。

最高のパフォーマンスを発揮している時の脳は、神経科学で「神経調和」と呼ばれる状態にある。手元の課題に取り組むための神経回路が十分に活性化し、それ以外の回路が相対的に抑制されるため、自分のやっていることに完全に集中できる。このような一点集中を最高のパフォーマンスへの入口と考えるなら、注意散漫（脳内では、手元の課題と無関係な回路の活性化として現れる）は、ゾーンからのすばやい退場ということになる。具体的には、複数の作業を同時並行的に進める「マルチタスキング」（や、さらに悪いのはネットでネガティブなニュースを読み漁る「ドゥームスクローリング（破滅）」）によって、緊急で最重要な課題とは無関係な作業に気を取られるような場合だ。悪くすれば、あたふたして神経をすり減らしてしまう。

たとえば、隕石をかわしながら宇宙空間に漂う結晶を捕まえるビデオゲームに熱中している人の脳をＭＲＩでスキャンしたとしよう。ゲームに没頭すればするほど、脳の特定の反応パターンが強化される。つまり注意回路が活性化して、快楽回路との接続が強化される。[*2] 何かに完全に集中している時は気分がいい。完全な集中には、オプティマルゾーンに入れるほかにもメリットがある。悩みや自己不信に関わる神経回路が鎮まるため、自信が高まり、自意識から解放されるのだ。

さいわい、完全に集中する能力は、練習によって身につけ、高められることが、数十年の研究で示されている。[*3] スポーツのコーチやヨガ行者はもちろん、このことを知っている。ジョージ・マムフォードがＮＢＡの選手に教えたように、集中と冷静を保つ方法を学べば、オプティマルゾーンに入り、最高のパフォーマンスを発揮できる。[*4] ヨガ行者もこうした注意スキルを精神生活で実践している。

マイアミ大学で注意を研究するアミシ・ジャーは、同大学のフットボール選手がシーズン前に（それ自体がストレス要因である）過酷なエアロビクスと筋トレを開始する前に、呼吸集中法を教えた。[*5] この注意を高めるトレーニングに最も時間をかけた選手は、ストレスに満ちたトレーニングが終わった時点で、最も注意力が高く、気分もよかった。これは、適切な練習が集中力などの注意スキルを高めることを示した、数多くの研究のうちの１つに過ぎない。このような練習は、ＥＱの筋トレのようなものと言える。

ＥＱの基礎をなすスキルは、自分の感情を認識し、その感情が自分の思考や知覚、記憶、衝動におよぼす影響を自覚する、「自己認識」である。自己認識を持つためには、自分の内面で起こっていることに注意を払う必要がある。

ある基本定義によると、自己認識とは「自分がどう感じているのか、なぜそう感じているのか、その感情が自分のやろうとしていることにどうプラスまたはマイナスになるかを理解する能力である」。[*6] 自己認識のその他の重要なメリットを挙げると、自分が持っている自己像と他者が思う自己像を折り合わせることができる、自分の強みと限界を正確に認識し、より現実的な自信を持つことができる、自分の目的意識と価値観を明確に知り、自信を持って決断を下すことができる、などがある。

こうした自分自身に向ける注意を、認知科学者は「メタ認識」と呼ぶ。頭に浮かんでは消える考えや思いを客観的に見つめ、自分の注意がどこに向いているのかを意識し、必要に応じて注意を別の対象に移す能力である。注意が向かう対象を意図的にコントロールするのは、精神的スキルだ。心をスポーツジムのようにして注意を訓練すれば、精神的能力を高められる。

前述の通り、フローの研究によれば、フロー状態にある人は100％集中している。「今ここ」に一点集中しているのだ。これほどまでに没頭していることから、自分の集中がどこに向かっているかを監視しコントロールする能力である、メタ認識が働いていることがうかがえる。だが、四六時中一心不乱に集中する必要はない。注意の「筋肉」を鍛えれば、オプティマルゾーンに入りやすくなるのだ。

集中——必要な時に必要な場所に注意を向ける能力——は、数え切れない場面で役に立つ。自分にとって重要なことに意図的に集中できれば、最高のパフォーマンスを発揮できる。逆に注意散漫になると、パフォーマンスが下がる。知性にとっての注意制御力は、体にとっての健康な心血管と同じだ。健康な心臓が身体活動のパフォーマンスを高めるように、完全な集中はあらゆる活動のパフォーマンスを高める。

自己認識を高める方法

・今この瞬間に注意を向ける。 集中を高めるための簡単なマインドフルネスのエクササイズを紹介しよう。多くの人が、とくに職場や学校でこのエクササイズを実践している。まず呼吸に意識を向け、深く息を吸い込み、ちょっと間を置いてから深く息を吐こう。できるだけ長い間、呼吸に意識を集中させよう。これを、今この瞬間に注意を向けながらやってほしい。心がさまよい始めたことに気がついたら（いつか必ずそうなる）、呼吸に意識を戻して、次の呼気か吸気に細心の注意を払おう。この練習を何度もくり返そう。たったそれだけ。とても簡単だろう？

実は、そう簡単ではないかもしれない。練習していると、いつの間にか頭の中で「呼吸」

と「さまよう思考」との間で注意の奪い合いが始まる。呼吸に集中し続けるコツは、心がさまよったことに気づいたその瞬間に、次の呼吸に注意を向け直すことだ。これをするためには自己認識が欠かせない。だから、今この瞬間に注意を向けるエクササイズは、自己認識を働かせる練習になるのだ。

神経科学によれば、何かの動きをくり返せばくり返すほど、それをするための神経回路が強化される。このエクササイズでも、注意を集中させ、さまよう思考を手放す練習をくり返せばくり返すほど、それをするための回路が鍛えられる。*7

•心の状態を確認する。 歯磨きやコンピュータの起動といった日課と一緒に、心の状態を確認することを習慣づけよう。今、心を占める感情を挙げてもいいし、全身の感覚を意識して、どこをケアし、どこをリラックスさせる必要があるかを考えてもいい。*8

•頭の中の独り言をコントロールする。 保健師のサラは、高齢の慢性疾患患者を訪問看護している。ある時患者にこう言われた。「なぜ私に構うんですか、ただ死にたいだけなのに」。ほかの看護師ならこんなことを言われても、患者は落ち込んでいるか、機嫌が悪いのだろうと考え、気にしない。だがサラは自分のせいだと思い込み、「私の何がいけなかったの？　私は何をしてしまったの？　何かまずいことをしてしまったせいに違いない」と、頭の中はそればかりになった。

こういった自己批判を止める簡単な方法がある。もっと現実的な期待を持つのだ。研究によれば、「いつも生徒全員のやる気を引き出せるわけではない」と考える教師や、「敗訴も仕事のうちだ」と考える弁護士の方がずっと成功していた。彼らはそれでも野心的な目標をめざし、成功は可能だと信じていたが、挫折も覚悟していた。

集中の最大の敵は、心を乱す感情である。そうした感情を生み出している考えをおおもとから否定すれば、心を乱さずに集中し続けることができる。

•集中を保つ。集中の反対は、もちろん注意散漫だ。ある古典的研究によると、人が心をさまよわせている時間は1日の約半分にもなるという。[*9] 心がさまよいやすいトップ3の状況は、通勤中、画面を見ている時、そして仕事中だ。仕事から心が離れれば、当然パフォーマンスは落ちる。[*10] だが注意を訓練して、心がさまよったその瞬間に気づけるようにすれば、仕事への集中を保ち、散漫にうまく対処して、最高のパフォーマンスを発揮できる。[*11]

研究によれば、一点集中には次のようなメリットがある。[*12]

・心が落ち着く。動揺や煩悩《ぼんのう》、感情的な衝動を頭から追い出せる。感情的衝動を抑制する前頭前皮質の回路は、マインドフルネスの実践で強化されることがわかっている。マインドフルネスを日課にしている人は、感情への反応が抑制され、そもそも感情に心を揺さぶられにくくなり、揺さぶられたとしてもより早く立ち直れる。

・集中が高まる。注意訓練は、瞑想やマインドフルネスの実践の根幹をなしている。とはいえ、そういったスピリチュアルなアプローチに頼らなくても、集中力を体系的に改善することはできる。練習によって集中を改善することは、あらゆるスキルの訓練法の基本である。

・マルチタスクが簡単になる。認知科学者は、いわゆる「マルチタスキング」の概念は虚構だという。人は同時に複数のタスクを処理することはできず、むしろ複数のタスクの間ですばやく切り替えているのだそうだ。スタンフォード大学の画期的研究では、呼吸法を練習した人は、心がしばらくの間さまよっても、重要な課題により簡単に集中し直すことができた。[*13]

・学習の質が高まる。 集中が高まることの明らかなメリットの1つが、ワーキングメモリの強化、つまり一時的に頭に入れておける情報量が増えることだ。[*14] ワーキングメモリは注意散漫になればなるほど低下し、集中すればするほど向上する。何を学ぶ時でも、注意を払い、新しい知識をワーキングメモリに記憶させることが必要なのだから、これは大きな利点と言える。こうした注意訓練を教育の標準的なカリキュラムに取り入れることは、理にかなっているように思われる。[*15]

・思考の質が高まる。 注意訓練は注意だけでなく、記憶などの認知能力を高める効果があるから、高ストレス下でも思考を最高の状態に保てるようになり、[*16] その結果としてオプティマルゾーンに入りやすくなる。したがって注意訓練は、法律から医療や会計、特殊部隊までの、認知能力が選抜基準に含まれる、あらゆる職務に訴求する。

完全に集中している時は、周りで何が起こっていても気が散らない。情報が氾濫し、デジタルの誘惑があふれる現代において、この能力は重要な強みになる。完全に集中していれば、何があってもやりがいのある目標から目を逸《そ》らさずにいられる。したがって、集中力の根幹にある自己認識は、オプティマルゾーンへの入口になるのだ。

心の指針

幼い頃から子どもと関わる仕事をしたいと思っていたマーク・コナーは、大学卒業後都心の低所得者地域の学校で、専属の心理学者として働き始めた。[*17] 問題を抱える児童と対面で話すことが、仕事の大きな醍醐味だと感じていた。

だが、この初めての仕事はうまくいかなかった。1日の大半の時間を検査の実施や報告書の作成、会議への出席に取られ、上司との折り合いも悪かった。仕事にほとんど意味を感じられなくなり、ストレスも高まった。自分が毎日最悪な気分でいることは、たいした自己認識がなくてもわかった。

そこでマークは心理療法士の資格を取るために定時制の大学に通うことにし、学費を払うために別の学校の心理学者の仕事を見つけた。意外にも、この新しい仕事にはとてもやりがいを持てた。検査の負荷はそれほど高くなく、児童のカウンセリングと心理療法という、最も満足できる仕事にたっぷり時間をかけることができた。上司もとても理解のある人だった。マークはオプティマルゾーンにいることが増えたと感じた。

オプティマルゾーンにいるという感覚はその後もますます高まった。数年後、マークは学校心理学者のインターンを指導し始め、この仕事にも夢中になった。そこで学区全体のインターンシップ・プログラムを立ち上げると、最もやりがいのある仕事をする時間がさらに増えた。公立学校で多様な生徒たちと触れ合い、次世代の心理学者を指導し、協力的な上司や気の合う同僚と働くことができるこの仕事は、個人開業での診療よりずっとやりがいが大きいと感じている。

マークは自分に合った仕事環境を見きわめる能力に助けられて、実り多いキャリアを歩んでいる。ＥＱの中核をなす「感情の自己認識」が、自分にふさわしいキャリアを選び、オプティマルゾーンに入りやすい仕事を探すのに大いに役立つことを、彼のキャリアの変遷は物語っている。

マッキンゼーのコンサルタントが、オプティマルゾーンにいる人の心の状態を分析したところ、活力と自信に満ち、効率性と生産性が非常に高いことがわかった。[*18] 彼らの卓越したパフォーマンスの原動力は、高い目的意識、つまり「自分や大切な人たちにとって本当に意味のあることをやっている」という感覚だと、この調査研究は結論づけている。

やりがいのある仕事を見つける助けになることは、集中と同様、自己認識の見過ごされがちなメリットなのだ。

心の声に耳を傾ける

アップルの共同創業者スティーブ・ジョブズは、やがて彼の命を奪うことになる膵臓《すいぞう》癌と診断されてから、スタンフォード大学の卒業式で感動的なスピーチを行った。「他人の考えに押し流されて、自分の心の声がかき消されるようなことがあってはいけない」と彼は語った。「そして何よりも大切なのは、自分の心と直感に従う勇気を持つことだ。心と直感は、あなたが本当はどうなりたいのかを、どういうわけかもう知っているのだから」

この賢明なアドバイスには、神経科学的な裏づけがある。私たちは脳の配線のせいで、人生の意味や目的を指し示す心の羅針盤、いわゆる「心の声」を、言葉で説明することが難しいのだ。心の声は、どこへ向かうべきかを「示す」ことはできても、それを「言葉で」教えてはくれない。

人生経験の集大成である人生の知恵は、脳の奥深くの回路に蓄えられる。この奥底の回路は、脳の中央に位置する「島皮質《とうひしつ》」という、全身の感覚を監視する部位とつながっている。この奥底の回路がジョブズの言う、「あなたが本当はどうなりたいのかを、どういうわけかもう知っている」回路に当たる。

だがこの回路は、脳の最上層の言語を司る「言語皮質」とはつながっていない。そのうえ、これらの［脳の深い部分から上の部分に向かって働きかける］ボトムアップの回路は、大脳新皮質にある論理回路よりも反応速度が速い。ダニエル・カーネマンの人間の心理プロセスに関するベストセラーのタイトルにもなった造語、「ファスト&スロー」が示すように、直感は理性よりもすばやく働くのだ。*19

この直感的な回路は、言語皮質に向かって直接「話しかける」ことはできないが、消化器官と強く結びついている。たとえば、「これから私がやろうとしていることは、私の価値観や目的意識に合っているのか？」という重要な問いを考えてみよう。脳の配線のせいで、私たちはこの答えを「言葉」のかたちで得る代わりに、腑《ふ》に落ちる「内臓感覚」として得るのだ。

オプラ・ウィンフリーがこの好例だ。彼女はキャリアの最初期に、地元メリーランド州ボルチモアのテレビ局で、6時のニュースを読んでいた。だがこの仕事にやりがいを感じたことは一度もなく、いつも自分が「場違い」だと感じていた。その後彼女は同じテレビ局のお昼のトークショー、「ピープル・アー・トーキング」に異動になった。実質的な左遷《させん》である。

初めてこの番組に出演して感じたことを、彼女はこう語っている。「まるで体の中から光に照らされたように感じた。やっと自分自身になれた気がしたの。初めてのトークショーが終わった時、『これよ、これなのよ』という声が心の中に鳴り響いて、首の後ろがゾクゾクッとしたわ。体全体が、『これがあなたの天職よ』と教えてくれていた」[20]

神経科学者のアントニオ・ダマジオは、自分の判断が正しい、または間違っていることを教えてくれる身体感覚を、「ソマティック・マーカー（身体信号）」と呼ぶ。体の中から発するこのシグナルは、誰と結婚すべきか、目的意識をどう実現するかといった、人生の重大な決定を導いてくれる。メリット・デメリットを比較検討する合理的な意思決定法が役に立たないとは言わないが、こうした身体感覚もまた強力な判断材料になるのだ。

母親になったばかりのビジネスコンサルタントの例を考えてみよう。育児と仕事に追われて途方に暮れた彼女は、ＥＱを高めるための講座に通って、自分の身体感覚の読み取り方を訓練した。それと合わせて、自分の「最高の状態」を知るためのエクササイズをしたところ、自分が最高の状態でいられるのは働いている時だとわかった。勤務中にオプティマルゾーンに入ることが多かったのだ。[21]仕事を辞めようかと考えていた時、上司にそれを話すと、意外にも上司は理解を示し、親身になってくれた。そして彼女は上司の力を借りて、好きな仕事を続けながら、家族のニーズに応え、自分の健康にも配慮する方法を見つけたのだ。

一方、自分の気持ちに寄り添った結果、まったく違う結論に達することもある。同じＥＱ講座に通っていた別の女性は、やはり家庭と子育て、フルタイムの仕事の板挟みになっていた。そして同じエクササイズをやったところ、「仕事に燃え尽き、行き詰まっていた彼女は、自分の体の声を聞いて仕事を辞めることにした」と、ＥＱ講座で彼女のグループを教えたマイケル・スターンは言う。

自分の内臓感覚を読み取る力が高まれば、自分の人生経験をもとに適切な判断を下せるようになる。自己認識のおかげで価値観と目的意識を明確に意識し、より自信を持って決定を下すことができる。もちろん、直感に従って誤った決定を下す人もいるだろう。自己認識は、そうした感覚をより正確に読む助けになるのだ。

自己認識の付加価値

自己認識を「オプティマル」という新しい切り口でとらえると、この能力に通常理解されているよりもずっと大きなメリットがあることがわかる。一般に自己認識は、自分がなぜ、どう感じているのかを知り、その感情が自分の取り組みにどうプラス／マイナスに働いているのかを知る能力と考えられている。そしてこのほかに、自己認識はオプティマルという観点から見て２つの方法で役に立つ。１つめとして、自己認識は集中を高め、気を散らす誘惑に気づき、背を向けるのを手助けしてくれる。

また２つめのメリットとして、今取り組んでいる課題でオプティマルゾーンの感情が得られるかどうかを知らせる、体のかすかな感覚に気づくことができる。第1章で見たように、マッキンゼーのコンサルタントによる調査研究の対象者は、オプティマルゾーンにいるときは平常時に比べ、生産性に5倍もの開きがあると感じていた。そしてオプティマルゾーンに入り、そこにとどまるために欠かせないのは、「この取り組みが、自分にとって最も重要な目的——人生の意義や目的意識——につながる」という感覚であることも、この研究から明らかになった。

自己認識を基盤とするもう1つの重要な能力も、オプティマルゾーンに入り、とどまる助けになる。それは「自己管理」だ。たとえばストレスの高い仕事をしながら、新生児の世話に追われて眠る暇もない、セスの例がある。セスはこれを乗り越えるために、CREIOの会員でイェール大学感情知能センター責任者を務めるマーク・ブラケットが開発した、自己認識を高めるための手法を実践した。[*22] 日中に数回、「今自分はどんな気持ちなのか？」を考え、主観的な感情（快・不快）と体の活力レベル（高・低）の2つの軸で数十種類の感情を表す「ムードメーター」の中から、その感情に一番合うものを選んだ。ムードメーターのおかげで、セスは自分の感情を言語化できた。たとえば「疲れ切っている」（活力レベルが最低）、「絶望している」（最高に不快）など。

この識別エクササイズは、ブラケットが開発した「RULER（認識、理解、識別、表現、調整）システム」の5つのツールのうちの1つだ。感情を「識別」するためには、まずその瞬間の感情を「認識」し、どんな時になぜそう感じるのかを「理解」することが欠かせない。それからその感情を「表現」する。

セスはこう説明する。「息子と一緒にいるのが幸せだと感じたら、笑ったり一緒に遊んだりしてその気持ちを表現するんだ。仕事で苛立ち（不快・高活力）を感じたら、散歩して頭を冷やしたり、話し合いをいったん中断して状況を整理したりする。自分の身に降りかかることをコントロールできなくても、自分の反応はコントロールできるからね」

そして最後のステップである「調整」も、感情を認識することから始まる。次章でそれを説明しよう。

第5章

自己管理

アメリカ北東部ニューイングランド地方の雪の降る寒い日を想像してほしい。5歳の男の子が、外で雪遊びがしたいと母親にねだっている。母親はこう返した。「いいわよ、でもスノースーツを着ましょうね」

男の子はかんしゃくを起こした。「やだ、着たくないもん！」と泣き叫んでだだをこねる。だが彼は突然泣くのをやめて、黙って自分の部屋に入っていった。そして数分後にスノースーツ姿で出てきて、外へ行こうとする。

母親はびっくりして尋ねる。「まあ、いったい何が起こったの？」

「あのね」と彼は答える、「番犬が怒ったから、かしこいフクロウになだめてもらったんだ」

5歳児が母親に説明したのは、初歩的な脳科学だ。「番犬」とは、危険を見張って、緊急事態に備えるよう警告する、感情と注意の回路だ。現代に生きる私たちは、危険や脅威に必要以上に動揺しがちである（怒ったり怖がったりする）。「外に出るためにママにスノースーツを着せられる」という、かたちばかりの脅威でさえ、「番犬」を怒らせることがある。

自分の意図した時に、意図した先へ注意を向ける能力は、それと密接に関係する「認知制御」という知的能力の上になり立っている。[*1] 私たちは認知制御のおかげで、特定の課題に集中し、気を散らす誘惑（とくに強い感情を呼び覚ますもの）を無視することができる。

心理学者のいう「認知制御」には、さまざまな自己管理能力が含まれる。たとえば初期衝動を抑え、とっさに頭に浮かぶことではなく、最も合理的なことを行う能力や、くり返し頭に浮かぶネガティブな思考（集中の最も厄介な敵）を鎮める能力もそうだ。

どんな人も、散漫や衝動の引き金となる「トリガー」を持っている。トリガーが発生した時にこそ、認知制御を働かせ、ネガティブな考えや衝動を抑えなくてはいけない。たとえば2022年のアカデミー賞授賞式を例に取ってみよう。この式に登壇したコメディアンのクリス・ロックは、俳優ウィル・スミスの妻であるジェイダ・ピンケット・スミスをおとしめる発言をした。ロックは彼女のヘアスタイルを揶揄《やゆ》したのだが、彼女が脱毛症を患《わずら》っていることには触れなかった。このジョークがトリガーとなり、ウィル・スミスは舞台に上がってロックを平手打ちした。

だが――ここが重要な点だ――ロックはビンタを食らった後も、どうにか平静を保った。ロックはアカデミー賞のプレゼンターとしてスピーチをしていたのだが、その場が重苦しい雰囲気にならないように、即座に「今のはテレビ史上最高の夜だったね」と、このできごとを客観的にとらえるひと言を放ったのだ。そしてそのまま何事もなかったように、最優秀長編ドキュメンタリー映画賞に、クエストラブことアミール・トンプソンが監督した「サマー・オブ・ソウル」の受賞を発表した。

ロックがうろたえなかったのは「かしこいフクロウ」、つまり実行機能を司る「前頭前野」の回路のおかげだろう。この回路は、動揺した気持ちを振り返り、理性的に行動する方法を見つける助けになる。これが、ロックやあの5歳児の頭の中で行われていたことだと考えられる。

私たちの個人的な感情体験の大部分は、2つの脳領域の間の駆け引きを中心になり立っている。すなわち、感情や衝動を司る「感情中枢」と、衝動にノーと言える前頭前野の「実行中枢」だ。脳に関する重要な教訓をひとことで言えば、理性が感情に「ハイジャック」されたら衝動的に反応してはいけない、ということになる。

緊急時には、扁桃体とその関連回路が脳を乗っ取り、前頭前野からコントロールを奪う。

すると私たちは太古からの習慣に逆戻りして、何をすべきかを考える前に行動を起こしてしまう。その好例が、次のような悲劇的な事件だ。新米警官が暴れる容疑者を取り押さえるために、テーザー銃に手を伸ばそうとする。だが「テーザー、テーザー」と叫んでいるのに、手は拳銃に伸びて、容疑者を銃で撃ってしまう。

　こういうことがあるから、たとえばヘリコプターのパイロットは、シートベルトの外し方を一から学び直している。その理由は単純で、ヘリコプターのシートベルトは車のものとは違って、胸の上に差し込み口《バックル》が来るつくりになっているからだ。腰の下にバックルがある車のシートベルトは何千回も着脱している。ヘリコプター事故の際には、その習慣が命取りになりかねない。胸を交差するシートベルトを外さなくては、とパイロットが気づくまでに、貴重な数秒が失われてしまうからだ。だから新米パイロットは、命を守るこの新しい習慣を叩き込まれるのだ。

　認知制御はこうした瞬間に生死を分けるが、それだけでなく、危険な衝動や厄介な思考をコントロールしなくてはならない、あらゆる状況で役に立つ。認知制御は、自分の意図した対象への集中を保ち、オプティマルゾーンにとどまるための基本能力というだけでなく、あらゆる自己制御の根幹となる能力である。*2

　誰もが知っているように、激しい感情に呑まれると、最高のパフォーマンスを出せなくなる。ある程度の感情喚起は（たとえば教師の話に夢中になるなど）、学習や頭の働きを促すが、心を乱す感情は取り組みを妨げることがわかっている。*3

心に湧き上がる感情や、その強さ、タイミングはコントロールできない。だが、感情が喚起された後のことは、自分の意志で決められる。「感情任せに行動しない」という選択もできるのだ。人間的に成熟するとは、初期衝動から行動までの時間間隔を広げることだという定義もある。

衝動的でやんちゃな未就学児と、それよりずっと集中して落ち着いた小学2、3年生を比べると、違いがよくわかる。発達科学ではこの違いを「5から7へのシフト」と呼ぶ。5歳から7歳までの間に見られる、感情的衝動を抑制する前頭前皮質の回路の急激な成長である。子どもにとってこの自己制御能力は、教師の言うことに注意を払うだけにとどまらない、計り知れない強みになる。

自己制御という重要なこの能力は、感情バランスを保つ、目標達成のために努力する、変化に柔軟に対応する、プラス思考を保つといった、「自己管理」領域のあらゆるEQ能力の根幹をなしている。認知制御に欠けると、こうした能力が阻害される。ひとことで言えば、自己管理は認知制御の上になり立っているのだ。

認知制御能力は高められる

認知制御を測る尺度としておそらく最も有名なものが、ウォルター・ミシェルがスタンフォード大学教授時代に行った、「マシュマロテスト」だろう（すでにご存じの読者には申し訳ないが、初めて聞く人のためにこの重要な研究を説明させてほしい）。[*4] この実験では4歳児に「今すぐマシュマロを1つもらう」か、「実験者が用事をすませるまで待って、マシュマロを2つもらう」かの選択肢を与えた。そして実験の14年後に、待つことを選んだ（2つもらった）子どもと、マシュマロをその場でつかんだ子どもを比較したところ、前者の方が仲間との折り合いがよく、目標達成のために自制でき、そして（研究者たちが驚いたことに）高校卒業時の学業成績もずっとよかった。[*5]

さらによいことに、人生の成功のカギを握るこの能力は、学習によって身につけられる。認知制御がそれほど高くない4歳児でも、8歳までにそれを身につければ、もとからこの能力が高かった子どもと同じメリットを享受できることがわかった。認知制御に秀でた中学生は、ＩＱから予測されるよりも高い学業成績を上げた。これはおそらく、教師がつける成績には、テストの点数だけでなく、授業態度や出席率、課題提出、努力など、ＩＱとは無関係な側面も加味されるからだろう。[*6]

幼少期の認知制御のメリットは生涯にわたって続くようだ。被験者が30代になってから行った追跡調査によると、4歳時に衝動的にマシュマロを食べた人は、衝動を抑えられた人に比べ、健全な経済状況にある可能性が低く、健康状態が悪かった。そして特筆すべきことに、40年後の追跡調査では、4歳時にマシュマロを2つもらうために待てた人（と8歳までにその能力を身につけた人）は、そうでない人に比べ、身体の老化を示す兆候が少なく、脳が若々しかった。[*7] また大人の認知制御能力は、出身家庭の経済力や幼少期のIQとは無関係であることが判明した。

さいわい、この知的能力を身につけるのに遅すぎることはない。衝動を抑え、少し待ってからよりよい選択を下すたび、認知制御の回路は強化されていく。この自己管理能力の訓練法は、飲酒から過食症、強迫的ギャンブルまでのあらゆる依存症の治療の根幹にある。アンガーマネジメントでも、同様のステップが用いられる。怒りや恐れなどの感情に任せて衝動的に行動する前に「10数える」だけでも、自制して待つのと同じ効果がある。

幼少期には認知制御が身についていなかったが中年になるまでに習得した人は、衝動的な人に比べて、生物学的、経済的、社会的に、老年によりよく備えることができる。つまり、より長生きして健康的な人生を送れる可能性が高い。

認知制御は、ほかの多くの側面にもよい影響がある。たとえば合計1万6806人の成人を対象としたメタ分析によれば、認知制御能力が低いと、後年に臨床的鬱病の症状を示すことが多かった。[*8] 認知制御能力の高い人は、前頭前皮質の機能がより高く、そのおかげで依存症などの問題につながる衝動（そうした衝動はどれも認知制御能力の低さの現れである）に駆られて行動する代わりに、もっと思慮深い決定を下すことができる。より一般的に言うと、動揺をもたらすものごとに思考がさまよえばさまようほど（つまり思案したり悩んだりすればするほど）、不安障害などの本格的な情緒障害になりやすい。[*9]

他方、ビジネスやスポーツ、芸術など、どんな分野でも、一点集中はすばらしいパフォーマンスを手助けする。こうしたオプティマルゾーンに入ることを促すカギの１つが、感情バランスを保ち、困難にあっても折れずにいる力、すなわち「感情の自己コントロール」である。

オプティマルゾーンの特徴の１つが、変化する要求に敏捷に適応できることだ。どんなことがあってもポジティブな感情を保つか、すぐに取り戻すことができる。そして言うまでもなく、パフォーマンスを最大限に発揮すれば、気分が上がる。これらはすべて、大人版の「かしこいフクロウ」である、感情の自己コントロールの現れである。

「達成志向」の強い人の特徴

時は１９０５年。ロシアの農奴の集団が皇帝軍から逃れ、森の奥深くに身を潜めている。

見つかればその場で殺されてしまう。農奴たちは輪になって集まり、その中心に立つ12歳の少女が小冊子を読み上げる。この土地に住む同年代の少女たちとは違い、彼女は学校には通わず、個人教授で読み書きを教わった。年季奉公してきた地主を倒すために立ち上がりましょう、と少女は呼びかけた。しかし、帝政への反乱は失敗に終わった。

この12歳の少女は名をエマといい、ダンの母方の祖母だった。

エマはロシアを命からがら逃れ、アメリカへ渡った。フィラデルフィアに向かう船上で知り合った、同じ移民のジェイコブと結婚した。ジェイコブはエンジニアを志していたが、貧困のために必要な教育を受けられなかった。ダンが生まれる前に亡くなった父方の祖父母も同じで、ダンの知る限り正式な学校教育を受けたことはなかった。

だがアメリカで生まれたダンの両親は、ほかの移民の子どもたちや、当時の教育熱心な家庭の子どもたちと同様、学業に励み、宿題や課題に熱心に取り組んだ。[*10] ダンの母はシカゴ大学を卒業後、スミス・カレッジでソーシャルワークの修士号を取得した。母の弟もシカゴ大学を経て物理学者になり、その後国立研究所の所長を務めた。移民の両親を持つダンの父も同様に、イェール大学大学院で文献学の学位を取得した。ダンの両親は、貧しく無学な移民1世の子どもたちに典型的な人生を歩んだ。移民1世は、高い学業成績が子どものもの経済的安定に直結すると考えたのだ。

人一倍懸命に長時間勉強すれば、ＧＰＡ（成績平均点）が上がることは間違いない。ＩＱと学業成績の関係に関する大規模なメタ分析も、これを裏づけている。勤勉な（たとえば宿題以上の勉強をするなど）生徒は、高ＩＱの生徒に近い成績を上げていた。*11 勤勉の力は別の研究でも示されている。ＩＱがそれほど高くない生徒でも努力すれば、生まれつき認知能力の高い生徒よりもよい成績を取ることができる。*12 クラス一番の天才でなくても、頑張って勉強すればよい成績が取れる（ただし高ＩＱの持ち主は、努力せずに高成績を取れるかもしれない）。これは査読研究で示されるまでもない、世間の常識だ。

人よりも頑張って成功したいという意欲は、ＥＱ能力の「達成志向」に当たる。この能力がＥＱ能力に含められたきっかけは、ダンの大学院時代の指導教官だったデイヴィッド・マクレランドの「達成動機」に関する画期的研究である。この研究で動機の重要性が強調されたことに触発されて、ダンは当初「動機」をＥＱの5領域の1つにしていた。だが今では動機を自己管理能力の一種とみなし、この領域に達成志向を含めている。

成績優秀者は、目標に一心不乱に集中し、それを達成するために必要な手順を認識し、進捗を進んで知ろうとする、といった特徴がある。挫折や障害に負けずに達成するまでやり抜こうとする粘り強さも、特徴の1つだ。粘り強さは達成志向の一部であり、ペンシルベニア大学の心理学者アンジェラ・ダックワースが提唱する、「グリット（やり抜く力）」という成功要因の核をなす概念である。*13

　グリットを発揮するには、厳しい状況でも遠い先の目標から目を離さずにいる根気と忍耐力、目標への情熱が欠かせない。ダックワースの研究によれば、最も学業成績の高い（かつ最もテレビ鑑賞時間が短い）高校生や、ウェストポイント陸軍士官学校の最も中退する確率が低い士官候補生、そしてスペリング大会の優勝者は、グリットを持っているという特徴があった。スペリング大会で優勝するには、何年もの粘り強い練習が欠かせない。*14

　ダックワースがこの成功要因の力に初めて気づいたのは、7年生を教えていた時だ。ダンの両親のような移民2世と同様、どんな困難にあっても強い達成志向を持ち続けて成功する生徒もいれば、同じ知的能力を持ちながら失敗する生徒もいた。

　グリットがあれば、たとえ道中失敗しても、粘り強さと自信、勇気を持って頑張り続けることができる。ダックワースは、マクレランドの達成動機に関する初期の研究にはとくに言及していないが、彼女の研究成果はマクレランドの成果と重なっている。たとえばマクレランドの研究が、成功した起業家は「達成欲求」が高かったと指摘しているのに対し、ダックワースも同様に、高成績を支える能力としてグリットを特定している。両者の研究が並外れた成績を支える要因として共通して挙げるのは、つきつめれば長期目標から目を逸らさずにいること、すなわち達成動機なのだ。

ハーバード大学による職場の「よい日」に関する研究では、よい日の最も強力なメリットが生じたのは、やりがいのある目標に向かって「前進した」と感じられた時だった。[*15] このような達成感は、オプティマルゾーンの重要な兆候だ。一方「最悪な日」を過ごした人は挫折感を覚え、これが気分に悪影響をおよぼし、失望や不安、苛立ちをもたらした。

仕事がうまく行かなかったらどうしようという恐怖は、若者にも影を落としている。若者にとって職場は学びの場であり、「成果を出さなければ」というプレッシャーが主なストレス要因となる。そして、こんな矛盾がある。意外なことに、進学校に通う裕福で恵まれた家庭出身の生徒は、それ以外の生徒に比べ、不安や鬱、その他のストレス症状を3倍から7倍も強く感じているのだ。[*16]

なぜだろう？　そうした生徒の半数以上が、学校でいい成績を取ってほしいという、親からのプレッシャーを理由に挙げる。親たちは、「子どもが愛情深い結婚をして、幸せで健康な人生を送り、何らかの形で世界に貢献することを願っている」と言うだろう。だが子どもたちは、親が描く「一流大学を出て高給の仕事に就く」という繁栄への道を、狭き門だと感じているのだ。

親が子どもの成績をほめる「方法」に問題があると、一部の児童療法士は主張する。「よい成績を取らないと愛してもらえない」というメッセージを図らずも与えることになっているのだ、と。[17] 親は親で、子育てにプレッシャーを感じている。ある調査では親の70%が、子どもの学業や社会的、情緒的発達に関して強いストレスを抱いていると答えた。[18]

つまり、優れた資質の多くと同様、達成志向も度を越すと害になるのだ。とはいえ、健全な目標志向は高いストレス対処能力と組み合わせれば、また違った強みになる。

成功した起業家などのハイパフォーマーの研究によって、彼らが持つ、将来にわたって大きな価値をもたらす別の資質が明らかにされている。それは、自分をたゆみなく高め続けるために、積極的にフィードバックを求める姿勢だ。達成志向の強い人は、自分の成績や進捗を測る確かな指標を進んで手に入れ、それをもとに試行錯誤をくり返して、さらに高い成績を挙げようとする。つまり学習曲線を上っていくための仕組みを持っているのだ。

達成志向の強い人には、際立った特徴がある。[19] 彼らはほとんどの人よりも高い基準を満たし、越えようとする。そのために、自分のやり方を改善する方法をつねに探し、自分の成績や進捗を測る指標やフィードバックを進んで求める。手強い目標を自分で定め、計算の上でリスクを取り、自分の達成志向と組織目標のバランスを図る。

ここで役に立つのが、認知制御だ。[20] 注意や感情、衝動をコントロールすることの能力があれば、気を散らす誘惑があっても、長期的な目標に向かって毎日、毎週、毎年集中し続けることができる。グリットは一定の認知制御を必要とするのだ。

ただ、目的意識を持つことはとても大切とはいえ、それだけでは不十分な場合がある。冒険家のコリン・オブレイディの話を聞いてみよう。彼は北極点、南極点、エベレストの三極制覇を達成した人物で、現在は「賢く目標をめざす」方法をアスリートに教えている。「この方法を学ぶと、過剰な練習や無理な計画にとらわれたり、結果を気にしすぎたり、といった兆候に気づいたその瞬間、『今ここ』に意識を戻せるようになるんです」と彼は語る。[*21]今ここに意識を集中すれば、余計なことを考えずに、長年の訓練の成果を発揮できるという。

達成志向の強い人のもう1つの特徴は、「賢くリスクを取る」ことだ。なぜ「賢い」かと言えば、当人は外からはわかりにくい強み（たとえば習得したスキルなど）を持っていることを自覚していて、やろうとしていることに自信を持っているからだ。これは起業家によくみられる。だがリスクを取る姿だけを見て、それを支える能力が見えない人には、無謀に思えるかもしれない。

「成長のマインドセット」とは「プラス思考」のこと

「グリット」が主にEQ能力の「達成志向」の焼き直しに思われるのと同様、ラベルの張り替えによって再び注目を集めているEQ能力はほかにもある。たとえば、EQ能力の

「プラス思考」がそうだ。これは、自分の身に起こることや、自分や他人の能力の発達について、楽観的に考える姿勢をいう。

プラス思考の柱をなしている、「自分は学習し、よりよく成長することができる」という姿勢は、スタンフォード大学のキャロル・ドウェックが「成長のマインドセット」と呼ぶものの根幹にある。[*22] 自分の能力について持っている思い込みは現実化することがあると、ドウェックは言う。硬直的な「固定のマインドセット」を持っていると、失敗や挫折をしたのは生まれつき能力が足りないせいだと考えて、あきらめてしまう。

ドウェックの成長のマインドセットの概念は、EQ能力である「プラス思考」と「達成志向」を組み合わせたものだ。つまり、自分の能力に対するプラス思考と、「挫折や失敗は学習の機会だ」という考えの組み合わせである。グリットすなわち達成志向と、成長のマインドセットすなわちプラス思考は、まったく別の概念だが、互いを支え合う関係にある。[*23]

心理学者の間で昔から知られているように、「挫折したのは自分の固定的な欠陥のせいだ」と考える人は、困難な状況に陥るとあきらめてしまう。ペンシルベニア大学のマーティン・セリグマンは、鬱の症例の多くがこの考え方によって引き起こされていることを明らかにした。彼はこれを「学習性無力感」と呼んだ。セリグマンはのちに発想を逆転して、より前向きな展望である「学習性楽観主義」を持てるよう、人々を手助けするようになった。[*24]

マインドセットを転換するとは、違う考え方を身につけるということだ。たとえば、固定のマインドセットを成長のマインドセットに転換する方法を教えよう。自分を制限するような仮定（「自分は××ができない」）に、「まだ」という言葉を加えて、「自分は『まだ』××ができない」と考えるのだ。セリグマンが発見したもう１つの方法が、「努力すれば新しい能力を身につけられる」と自分に言い聞かせて、自分の能力が固定的で限定的だという思い込みを否定することだ。

成長のマインドセットを持てば、「自分は失敗や挫折から学び、能力を伸ばすことができる」と思える。この姿勢は、スポーツのコーチングから子育て、教育、ビジネスまでのあらゆる分野で役に立ち、（グリットを支える）頑張り続けるモチベーションになる。「努力すれば能力を伸ばし、こんなことができるようになる」と信じれば、仕事や課題に熱が入り、それが実際に成功をもたらすのだ。この「やればできる」の姿勢は、達成志向と相乗的に働き、「どんどん自分をよくしていこう」という意識を高める効果がある。この姿勢は、あらゆる目標を達成する上で重要で、とくにＥＱ能力を高めるために欠かせない。

「プラス思考」が能力を伸ばす

エンジニアとして成功しているトムは、キャリアの初期にこっぴどい批判を受けた時、ストレスが限界に達した。だが彼は、批判からも学べることはあるはずだと考えて、心を落ち着かせた。そして交感神経系が鎮まると、批判者に質問をして、問題の本質を突き止めた。どんなにつらい状況に陥っても、そこから学ぶことはできる。ただしそのためには有益なフィードバックが欠かせない。具体的な根拠のある批判も、そうしたフィードバックの一種だ。

ＥＱ能力であるプラス思考を身につければ、自分や他者、ものごとのよい面を見て、挫折や障害に負けずに、目標を粘り強く追い続けることができる。[*25] 挫折に妨げられずに、一見不可能に思えるチャンスをものにできる。なぜなら、自分はよりよくなれるという期待を持っているからだ。

楽観的な成長のマインドセットを持つ人は、手強い課題にもやる気を持って取り組めるから、固定のマインドセットを持つ人よりもそもそもオプティマルゾーンに入りやすい。また彼らは挫折や失敗を、能力を伸ばし、成長し、自分を高めるチャンスととらえる。逆に固定のマインドセットの持ち主は、失敗を自分の能力に対して下された「審判」のように感じ、人生の試練にまた失敗してしまったのかと落胆する。

固定のマインドセットの持ち主は、能力を試されるたび、自分の価値が試されているように感じる。彼らはよい成績を「ほめられたい」という承認欲求が強い。他方、成長のマインドセットを持つ人は、同じ挑戦を違う視点からとらえ、学びたいという情熱と「やればできる」という奥深い信念に駆り立てられて、前進し続けるのだ。

だがプラス思考も、ほかの能力や資質によって和らげられなければ、度を越すことがある。イギリスの精神科医、故R・D・レインは、不快な事実を無視することによって人々に安心感を与える、心理的な「結び目《ノット》」について書いている。そうした結び目は、自分が不幸であることを自分や他者に対して否定することから生まれ、人々を結びつける。結び目のおかげで、人は不幸を隠し、「みんながしあわせだ」といううわべを装い続けることができるのだ。レインはこれを「幸福な家族のゲーム」と呼んだ。そしてもちろん、これは家族だけでなく、どんな組織にも見られる虚構である。

適応力＝敏捷性

レインの「幸福な家族のゲーム」と同様に、心理学者のスーザン・デイヴィッドは、ただ自分の本当の気持ちを隠して周りに同調するだけでも、心の深層の不満が抑圧されることがあると考える。だが不快な感情にも意味があると、デイヴィッドは説く。なぜならそれは表面化していない、または対処できない重要な問題の存在を指し示している場合があるからだ。

ここには「いい人」と「親切な人」の違いが現れている。ただのいい人は、何があっても和を保とうとする、つまり「幸福な家族（や『幸福な職場』）のゲーム」を続けるだろう。だが親切な人は、いい人が隠す問題を解決するために、波風を立てるようなことを言うかもしれない。彼らは水面下に渦巻く問題に対処するために、あえて不快なことを口に出すことがある。これはデイヴィッドが「感情の敏捷性」と呼ぶ能力の特徴だ。

デイヴィッドの言う「感情の敏捷性」は、EQ能力の「適応力」にとてもよく似ている。[*26] またデイヴィッドはどんな感情にも価値と意味があると言うが、これは少なくともチャールズ・ダーウィン［の感情研究］にまでさかのぼる考えだ。一例として、よい気分が仕事の能率を高めるとは限らない。細かいデータのチェックや文章校正のような、細部に目を配る仕事なら、高揚した時より落ち着いた気分でいる時の方が仕事がはかどるはずだ。

敏捷性は「達成志向」とも重なるところがある。たとえば敏捷性の特徴に、自分の成績へのフィードバックを活かして、仕事のやり方を修正し改善することが挙げられるが、これはまさしく達成志向の特徴の１つである。

ＥＱ能力である適応力は、「変化に柔軟に対応し、複数の課題に並行して取り組み、新鮮な考え方や斬新な方法で新しい状況に対応すること」と定義できる。つまり、目標に集中しながら、そこへ到達する方法を柔軟に変えていく能力だ。

「適応力のあるリーダーは、降りかかる難題に適宜対応し、突然の変化に妨げられず、リーダーシップにつきものの不確実性に自信を持って対処することができる」[*27]

あるEQ能力開発講座では、適応力を高めるために欠かせないこととして、変化を避けるべきものではなく、「チャンス」とみなすマインドセットを挙げる。[*28] 受講者は指導を受けながら、「自分のコンフォートゾーンから一歩踏み出したらどうなるだろう？」と考えることによって、変化に適応する心構えができる。たとえば、大企業の技術部長として長年過酷な環境で働いていたラックスマンは、転職を決意した。そんな折り、適応力を高める講座に通い、自分が狭い選択肢にとらわれていることに気づいたが、今までと違う仕事に就くと考えただけで不安になった。そこで新しい可能性に対する不安の元凶となっている、さまざまな思い込みを突き止め、この開かれたマインドセットを持って、可能性を広げるべく、知り合いに連絡を取り始めた。

本章のまとめ

あらゆる自己管理能力が、自己認識に支えられている。その時々に自分が何を感じ考えているのかを認識する、この基本能力が欠けていると、自分の感情や思考にうまく対処するという次のステップに進めない。自己管理能力は、プラス思考が「成長のマインドセット」、達成志向が「グリット」、適応力が「敏捷性」などの新しい名前をつけられ、日常用語と化している。これらの能力は、適切な学習によって伸ばすことができる。たとえばプラス思考ならマインドセットを転換する、適応力なら変化を受け入れる、など。

　これらの能力はどれも、仕事や生活につきもののストレスに対処する助けになる。次章ではそれを見ていこう。

第6章 燃え尽きからレジリエンスへ

看護師のアシュリー・ハーロウは、新型コロナの感染拡大がピークに達した頃に、病院の集中治療室（ICU）での勤務に耐えられなくなった。辞めたいという気持ちにとどめを刺したのは、祖母をそこで亡くしたことだった。ICUのほかの看護師と同様、彼女はアドレナリンの勢いだけで働き続けていたが、アドレナリンが収まると精も根も尽き果ててしまった。もう無理、と思って仕事を辞めた。*1

新型コロナのパンデミック中に、医療関係者の5人に1人が仕事を辞めた。彼らの多くが、恒常的ストレスから精神的消耗を経て、バーンアウト（燃え尽き症候群）に至った。飲食店従業員から倉庫作業員、経営幹部までのあらゆる職務で、ストレスとバーンアウトがかつてないほど蔓延しているようだ。人々のストレスレベルが高まっていることを示す調査が相次いでいる。[*2] 職場でのバーンアウトに関する年次調査では、バーンアウトのレベルが高いと回答した人は、2020年に30%だった。2021年にこの数字は35%に上昇し、2022年には38%にまで高まった。[*3]

ストレスはオプティマルゾーンに入るのを妨げ、バーンアウトと離職につながり、健康不良や不幸感、暴飲暴食を招くことがある。[*4] ストレスは精神的消耗からパフォーマンス低下、果ては早死までの、さまざまな悪影響をおよぼすことが、今ではわかっている。

最高のパフォーマンスのカギとなるEQ能力は、「感情の自己コントロール」または「感情バランス」と呼ばれる。[*5] この能力があれば、ストレスの多い厳しい状況でも、仕事能力に支障を来さないように激しい感情や衝動を抑えることができる。そしてストレスや動揺から立ち直る力である、レジリエンスを持つことができる。

といっても、感情バランスを保つとは、心を乱す感情を封じ込めることではなく、そうした感情をうまく処理して、動揺せずに冷静さを保つということだ。本章では、ストレスとバーンアウトについて説明し、感情バランスを取り戻すためにレジリエンスを高める手法も紹介するとしよう。

ストレスからバーンアウトへ

ストレスからバーンアウトへの道はたいてい、恒常的ストレスにさらされることから始まる。看護師のアシュリー・ハーロウの例で見たように、仕事の負荷が高く、それをこなすだけの人手や手段が足りない状況だ。このような状況は、育児に追われるひとり親や、人員削減のせいで仕事が増え続ける管理職など、誰にでも起こり得る。

自分の周りで起こっていることに「どう反応し、どう受け止めるか」によって、状況はよくも悪くもなる。たとえば、自分に高すぎる期待を持つことは、内的ストレスになる。ICUの看護師の多くにこの傾向が見られた。彼らは、助からないかもしれない重症患者をしっかり看護することが自分の務めだと考えていたが、コロナ禍で膨大な数の病人が運び込まれたことで、自分に持っていた期待が粉々に打ち砕かれた。患者用の人工呼吸器やマスク、ベッドが不足するという事態にもうろたえた。

古代ギリシアの哲学者エピクテトスの名言にあるように、大事なのは自分に「何が起こるか」ではなく、それに「どう反応するか」である。ちょっと言い方を変えると、ストレスがどれだけ深刻になるかは、どんなひどいできごとが起こるかだけでなく、それをどう受け止めるかにもかかっているのだ。[*6]

できごとの「最初の受け止め方」を見直すことも、ストレスを軽減するのに役立つ。自分の身に起こったことが有害な脅威になりそうなら、まずは心の乱れを整えよう。たとえば、もし最初に「明日のプロジェクトの締め切りに間に合いそうにない、どうしよう！」と思うと、パニックと神経摩耗に陥ってしまう。

だが状況をこうとらえ直したらどうだろう？「いや待てよ——1日2日遅れたからって、世界が終わるわけじゃない」。ストレスの混乱に対処する方法には、これ以外にも多くのバリエーションがあり、本章でもいくつか紹介していこう。

精神的消耗への道を進み続けると、やがて燃え尽きてしまう。人間の体は短期的に強烈なストレスに対処し、その後回復期間を置くようにできている。「感情バランス」には、ストレスから回復する能力であるレジリエンスが含まれる。だが高ストレスが長期間続き、回復する機会がないと、バーンアウトが始まる。バーンアウトの最初の兆候の1つが、精神的消耗なのだ。以前は進んで取り組んでいた仕事にやる気が湧かなくなり、当然ながら仕事が嫌いになり、同僚や上司にまで嫌気がさすことがある。かつて楽しみながらやっていたことを、シニカル（皮肉で冷笑的）な目で見るようになる。

たとえば一流ロースクールに通っていた、コニーの例がある。[*7] 彼女は恵まれない人たちを支援する仕事をしたい、そして世界を変えたい、と夢見ていた。大企業の採用面接はパスして、近所の法律扶助事務所で働き始めた。だが8カ月働いた時点でうんざりしてしまった。仕事に追われ、同僚や上司のサポートも得られず、ほとんどの時間を法律の学位など不要な電話でのやりとりに費やし、嘘をつき感謝もしてくれないクライアントのために働いていた。コニーはシニカルになり、もう辞めたいと思った。クライアントを「本来の居場所である刑務所に送るために」検察官になろうか、とまで考えた。

このようなシニシズム［仕事への関心や熱意を失い、もうどうでもいいと思ってしまうこと］は、バーンアウトの兆候だ。仕事に理想を持っていた人が、ストレスからバーンアウトへと向かうサイクルのどん底に落ちると、シニカルになり、心身に長期にわたって悪影響がおよぶ。身体的症状には、慢性頭痛や体重増加、胃腸障害、睡眠障害、心臓病などがある。バーンアウトした工場労働者は、10年後に深刻な心臓障害を患う確率が高かった。[*8] ストレスが免疫系の老化を早める場合もある。[*9] 心への悪影響には、鬱や社会的孤立、心の痛みを和らげるための麻薬やアルコールへの依存などが挙げられる。ある調査では回答者の3分の1が、「仕事のストレスが人間関係に悪影響を与えている」と答え、3分の2が「仕事のストレスで睡眠不足になっている」と答えた。[*10]

バーンアウトが生産性や仕事の質の低下を招くのも無理はない。[*11] その他の兆候としては、常習的欠勤（会社に行かなくなる）や、離職願望（当然のことだ）、所属組織への無関心、仕事全般への不満などがある。またこの調査では16％という、少数だが無視できない数の人が、「ストレスのせいで仕事を辞めたことがある」と答えた。[*12] これではオプティマルなパフォーマンスを発揮するどころではない。

ストレスにさらされた脳

こんな経験がないだろうか？　あなたは重要なプレゼンテーションをしていて、聴衆によい印象を与えたいと思っている。だが、パワーポイントが突然動かなくなった。なんとかしようとしてノートパソコンをいじっていると、言葉が途切れてしまい、聴衆は黙って問題が解決するのを待っている。あなたは頭が真っ白になる。いつもならすぐ直せるのに、どうしたらいいのかわからなくなる。思わぬ事態に取り乱してしまい、手が震え、呼吸が浅くなり、首から汗が噴き出す。あたふたしながら、自分はさぞかし間抜けに見えるだろう……としか考えられなくなる。

ケアリーの妻のデボラも、Ｚｏｏｍでのプレゼンテーション中に、似たようなことを経験した。結果的になんとかなったのだが、何年も前のことなのにあの緊張はまだ覚えているという。

技術上のトラブルに慌てるという、この忘れられないできごとには、ストレス下での脳と心の変化がよく現れている。注意散漫になり、頭が混乱し、簡単なことも思い出せず、いつもやっていることしかできなくなる。これではとても不具合に対処できない。そして、気まずい瞬間の記憶は、脳裏に焼きついて離れなくなる。

脳科学によれば、こうしたストレス発作の兆候は、副腎から分泌される脳内の神経伝達物質（ドーパミン、ノルエピネフリン、エピネフリンなど）の総称である、「カテコールアミン」のしわざだ。これらの物質は「闘争・逃走」反応を引き起こし、緊急事態に対処できるように体を準備させる。心臓や筋肉への血流量を増やし、消化器系や免疫系（など）の活動を低下させて、今必要な部分にエネルギーを集中させる。同時に脳のコントロールは、実行機能を司る前頭前皮質から、感情回路へと移る。

その一方で、カテコールアミンには記憶の固定化を促す働きもあるため、取り乱す原因となったできごとが記憶に刻み込まれる。太古の祖先が脅威を生き延びる上で、これらの作用のすべてが役立ったことは疑いようがない。だが現代社会ではストレスに対する生物学的反応が、あまりにも頻繁に、かつ助けにならないような状況で——とくに、事態にうまく対処するために前頭前野を活性化させる必要がある状況で——引き起こされている。

ストレスが高まると、別の抗ストレスホルモンである「コルチゾール」の分泌も促される。ストレスが最高潮に達すれば、コルチゾール値も最高レベルになる。すると呼吸数や心拍数、血圧、血糖値が上昇するなどのストレス兆候が現れる。こうした体の変化に心も反応し、恐怖や不安、苛立ち、悲しみといった感情が募る。頭の働きに関して言えば、集中したり、要点を覚えたりすることが難しくなる。神経摩耗が精神活動を妨げるのだ。

脳科学によれば、不安と最高のパフォーマンスは互いに阻害し合う関係にある。つまり片方が高まると、もう片方が低下する。神経が摩耗すると、利用可能な認知容量が減るから、パフォーマンスががた落ちする。感情が完全にハイジャックされてしまうと、今やるべきことではなく、脅威と思われるものに注意が釘づけになる。柔軟な対応ができなくなり、今最も有効なことをする代わりに、くり返し学習した反応に頼るようになる。

ダンは、以前はそうした神経摩耗の瞬間を、「扁桃体によるハイジャック」と呼んでいたが、今は少し違う風にとらえている。単純に脳機能だけを考えれば、脳の特定の部位が感情を「引き起こしている」ように見えるが、脳科学では、神経摩耗のような状態は、脳の1つの部位ではなく、広範な回路を活性化させると考えられている。[*13] 一般に扁桃体は、脅威を察知する脳のレーダーの機能を果たすと言われるが、実際には私たちが恐怖を呼び起こす何かに気づいた時に活性化する、より大きなネットワークの重要な一部なのだ。[*14]

こうした「恐怖回路」と密接に関係しているのが、脳の「顕著性ネットワーク」である。このネットワークは、自分にとって何が最も重要かを瞬時に判断し、そこに注意を集中させる。このように恐怖と集中の回路が絡み合っているせいで、恐怖を感じさせるものに注意が釘づけになるのだ。先史時代の人類が脅威に注意を集中させたおかげで、危険な世界を生き延びられたことは間違いない。だが現代では「脅威」や心配の種は数限りなくあるから、すぐに心配事や不安で頭がいっぱいになって、仕事に集中できなくなってしまう。

より前向きな見方をすれば、関心と注意は一緒に流れる、つまり私たちは大事なことややりたいことに注意を向けるようにできている。オプティマルゾーンに入るには、心を落ち着かせなくてはならない。

脅威によるストレスを減らすには、心身の力を抜いて［緊張やストレス反応を司る］交感神経系の興奮を抑え、体と脳を回復させる「副交感神経系」の働きを高めなくてはならない。この生理的なシフトを支えるのが、感情をうまくコントロールするカギとなる、感情バランスである。

ストレスを感じると多く分泌される神経伝達物質のコルチゾールは、適度な量であれば役に立つ。たとえば、朝に体内時計を起動させて、その日に必要な知的エネルギーをくれるのも、手強い知的課題に取り組む時に知的能力を高めるのも、コルチゾールの働きだ。適度なコルチゾールの助けを借りれば、オプティマルゾーン特有のよい気分になって、困難な課題も鼻歌交じりにスイスイこなすことができる。

「興奮や緊張にはよい面もありますよ」と、ある大学教師は言う。「私の生活は締め切りの連続なんです。論文の締め切りや授業の開講が近づくと、過酷で熾烈な日々が続きますが、それを過ぎると神経が鎮まって落ち着きます。ストレスとリラックスのサイクルには、いいこともあると思うんですよね。揉まれて強くなる、っていうか[*15]」

「快ストレス」や「良性ストレス」とも呼ばれる神経系の興奮は、気分を上げ、待ち受ける課題に向けて、私たちを奮い立たせる。こうしたやる気の高まりは、生物学的に言えばコルチゾールの働きなのだ。コルチゾールは夜明け頃から分泌が増え、新しい1日の活動に向けて心身を準備させる。

楽しんで仕事をしている時は、コルチゾールの働きで、脳と体がそれに取り組むための最適な状態になっている。ほとんどの人がオプティマルゾーンに入るのは、コルチゾールが手元の課題に取り組む準備をさせてくれるときだ。だがコルチゾール値が最適なレベルを超えて増え続けると、別のストレスホルモンである「アドレナリン」が同時に分泌され、一般に「ストレス」と呼ばれる、悪い方のストレスに苦しむことになる。

実際、手強い課題のおかげでやる気が高まると語ったこの大学教師は、その後続けて、不安が高まりすぎるのはよくないと言っている。「不安と警戒が高まりすぎるのも困りものです」と彼女は認め、その一例として、体操のトップ選手シモーネ・バイルズが「オリンピックの演技中に極度の不安を感じ、その状態で演技を続けることに危険を感じた」ことを指摘した。バイルズは２０２１年東京オリンピックの決勝戦を途中棄権している。

ストレスと聞くと、不安などのネガティブな感情を連想しがちだが、前にも言ったように、どんな感情にも利用価値がある。たとえば［ＥＱの概念を初めて提唱した］サロヴェイとメイヤーの研究集団は、悲しみが細かい作業の精度を高めることを示した研究を頻繁に引用する。*16 文章校正や税金計算のような、狭い範囲から必要な情報を探し出す作業では、より落ち着いて作業に取り組める、ネガティブな感情の時の方がよい仕事ができるという。

ポジティブな感情は、多様な情報を取り入れるのに役立ち、認知効率を高める効果がある一方で、ネガティブな感情は情報を絞り込むのに役立つ。気分のよい日に日常的な問題や難しい課題を解決しやすいのは、そのせいなのだろう。「多様な領域から情報を得なくてはならない状況では、ポジティブな感情は認知活動を促します」とウィスコンシン大学の神経科学者リチャード・デイヴィッドソンは指摘する。そうした複雑な状況は、人生の難局にはよくあることだ。

よい気分、つまりポジティブな感情でいることには、意外なメリットがある。現状に甘んじる（「ぬるま湯に浸かる」）のではなく、地球温暖化のような壮大な問題に取り組もうという気になりやすいのだ。*17

職場のストレス要因

職場のストレス要因としておそらく最も多いのは、「苦労の割に見返りが少ない」ことだろう。だが意外にも、仕事の負荷が高いことは必ずしも悪影響をおよぼさない。むしろ負荷が低すぎる方が、高すぎるよりも耐えがたい場合があるのだ。ある職場調査で、回答者の79％が「やることが多すぎるよりも、やることがない方がストレスがたまる」と答え、74％が「給料が上がるなら仕事が増えてもいい」と答えた。

そして、問題は報酬だけではない。地位が低いことや、成果や業績を認めてもらえないこともストレス要因になる。さらに厄介なのは、内発的報酬が得られない、つまり「自分のやっていることに意味がない」と感じることだ。[*18] ある弁護士は、法律業務をする機会がほとんどなく、電話や書類作成といった単純労働に大半の時間を費やしていた。こんな状況ではいつ燃え尽きてもおかしくない。

不当な扱いもストレス要因になる。ちょっと想像してほしい。チームの若い女性は、男性のチームメンバーよりも優秀なのに、会議で発言しても相手にされない。さらに悔しいことに、数分後に同じアイデアを男性が提案すると、たちまち賛同が集まるのだ。もちろんこの性差別は社会の不公平の縮図であり、彼女が怒りや恨みを感じるのも当然だ。そしてこのような不当な扱いを受け続ければ、やがてバーンアウトするのは目に見えている。

この種の偏見は、職場では昇進や昇給、懲罰などのさまざまな側面に現れる。アメリカ人を対象とする２０１９年の調査で、過去１カ月間のストレス要因を挙げてもらったところ、25％の人が差別や偏見を挙げた。この割合は２０２１年に32％に上昇し、２０２２年には低下に転じたとは言え、まだ高すぎる28％だった。[*19]

偏見のストレスは、ネガティブなステレオタイプが蔓延する環境では、何倍もの大きさに感じられる。たとえば女性の被験者に数学の問題を解いてもらう実験で、一部の女性には「女性は数学が苦手」だという考え（ありがちなステレオタイプ）を事前に吹き込んだ。[*20] この「ステレオタイプの脅威」のせいで、「結果が悪かったらどうしよう」といった不安で気が散り、実際に成績が低下した。

こうした脅威は、ステレオタイプの対象集団に強力で有害な影響をおよぼすことがわかっている。[*21]

大きなストレス要因の３つめは、心の中にある。それは、よい成果を挙げるために必要な資質や能力が自分には欠けているのではないかという、隠れた恐れだ。たとえば新しい仕事や職務に就いた時に、「自分は力量不足なのではないか」と内心不安に思うなど。「自分はこういう人間だ」「自分の価値はこの程度だ」という認識は、職場や家庭での重要な役割におけるパフォーマンスと強く関連している。たとえば仕事一筋の人は、「自分の価値は仕事の成績で決まる」と考え、高い期待を自分にかけがちである。

ケアリーたちが社会人1年生を対象に行ったインタビューでは、「期待に応えられるだろうか？」と不安に感じていた人が多かった。これは当然のことだろう。だが12年後の追跡調査でも、多くの人がまだ「自分は十分な業績を上げているだろうか？」という不安を持っていた。あるベテラン高校教師はこう言った。「毎年、新学年が始まる秋になると、クラスに何かを指示して『いやだ！』と反抗されるという悪夢にうなされるんです。今でも不安は大きいですね」

こういった自分に課すストレスをさらに増幅させるのが、完璧主義だ。「つねに成功しなければ」という期待を自分にかけると、とてつもないストレスになる。この種の期待は、「つねにフロー状態にいなければ」という思い込みと同じで、仕事のプレッシャーよりも大きなストレスになりかねない。生徒全員をやる気にさせなければと考える教師や、訴訟に負けて自分を責める弁護士などが、この典型だ。

レジリエンスへの道

ボストンの病院で働く看護師を考えてみよう。彼女はコロナ禍の最中にＩＣＵでの長時間勤務を強いられ、心が折れそうになった。担当する重症患者の多くが亡くなり、仕事がつらくてたまらなかった。

だが彼女は、仕事で心身の健康を損なってたまるものか、と心に誓った。毎朝早起きして長いランニングをした。親友たちとオンライン飲み会をして、その日に起こったことや、楽しかった思い出、外出できるようになったらやりたいことを語り合った。毎日瞑想した。ご無沙汰している家族や親戚と連絡を取り合った。こうした活動を通して、喜びを広げているように感じた。

また感情バランスを取り戻すための方法も工夫した。感情バランスは、ストレスのつらさを和らげるのに絶大な効果がある。この女性に感情バランスを取る方法をインタビューしたリチャード・ボヤツィスは、仕事での大きなストレスにもかかわらず、「彼女はとてもはつらつとしていたよ」と言っていた。

ストレス下にあっても感情バランスを保つ方法はいろいろある。いくつか紹介しよう。

- **目的意識を持つ。** 目的意識がストレスを和らげるのは、ネガティブなできごとを心の奥底の目的に照らしてとらえ直すことができるからだ。中高年の男女数千人を対象とした調査では、人生に目的を持っている人は、挫折や喪失、失敗にあまりくよくよせず、心の平安を早く取り戻すことができた。[*22]

・手元の課題に集中する。「マインドフルネス」であれ、その他の方法であれ、毎日瞑想しよう。多くの研究が示すように、こうした精神的訓練をすると、心が動揺してもストレスに過剰に反応しなくなり、より早く平静を取り戻せるようになる。[*23]

・仕事と家庭のバランスを取る。家庭のある人なら誰でも知っているように、家庭の責任と仕事の要求はかち合うことがある。[*24]仕事とそれ以外の生活は、つねにある程度の緊張関係にあり、一方の要求を満たそうとすると、もう一方にしわ寄せが行く。ほとんどの人が、すべての要求につねに応えることは無理だと感じている。

2人の幼い子どもを育てるシングルマザーを考えてみよう。家族を養うために働く必要があり、思うように息子たちの面倒を見てあげられない。これはストレスになる。

その一方で、家庭生活がストレスを和らげる幸運なケースもある。ある教師の夫は大手多国籍企業の中間管理職だが、出世欲がない。妻のキャリアを支えることを生きがいにしていて、家事を率先してやってくれるばかりか、学校からストレスまみれで帰ってきた妻の話を親身になって聞いてくれる。

・変えられることを変える。「変えられないものを受け入れる心の静けさと、変えられるものを変える勇気と、その2つを見分ける知恵を与えたまえ」。これはアメリカの神学者ラインホルド・ニーバーの、「心の静けさを求める祈り」の一節だ。まさに、ストレス要因に対処するための教えでもある。ストレス要因が「自分にはどうしようもないこと」であれば、自分の力で変えられること、つまりストレスへの反応の仕方を変えれば、うまく対処できる場合がある。たとえば無理な締め切りを延ばしてもらう、助けを求めるなど。

ストレスから回復するために、キャリア転換や転職などの軌道修正が必要になる場合もあるだろう。仕事のストレスを耐えがたく感じていた弁護士は、働きながら大学に通って都市計画の修士号を取得し、大きな市の計画部門に転職した。それはキャリアの初期に望んでいた仕事ではなかったが、前の仕事よりもずっとやりがいが持てた。

また、仕事のやり方を変えることで、ストレスを減らせる場合もある。業務用食品販売会社の社長、チャールズは、ある顧客との会議が嫌でたまらなかった。いつもチャールズの癇《かん》に障るようなことばかり言ってくるのだ。そこで代わりに幹部を会議に派遣したところ、問題は解決した。チャールズはストレスを回避することができ、幹部はすばらしい新規契約を取りつけて帰ってきた。

・主導権を取り戻す。ユージニア・バートンは教師として最初の1年を終えた時、同僚たちの中でもとくにひどいバーンアウトの状態にあった。彼女はこの1年のことを、「死んで地獄に落ちたんじゃないかと思ったわ！」と言っている。だが12年後、彼女はまだ同じ学校に勤務し、驚くほどのレジリエンスを身につけていた。彼女がその一因に挙げるのは、仕事の自主性が高いことだ。「自分の好きなように仕事を進められるところがいいですね。校長や学校管理職、教育委員会に不満や文句はあっても、自室のドアを閉めてしまえば1人きりで仕事ができる。そこが気に入っているんです」

・休みを取る。人間の体が耐えられるストレスやプレッシャー、締め切りの重圧には限度があることがわかっている。休息を取り、「何かをすること」ではなく「ただ存在すること」を楽しむ時間が必要だ。

これは、CREIOの同僚リチャード・ボヤツィスが、日常生活にありがちなストレス要因とそこから回復する方法に関する科学的知見を精査して、発見したことである。[*25] ストレスと回復の生理学的影響は、緊急事態を生き延びるための闘争・逃走・凍りつき反応を司る「交感神経系」が、ストレスによってどの程度活性化されるかによっておおむね決まる。

赤ちゃんが病気だ！　車が動かない！　重要な会議に遅れそうだ！など、危機が次から次へと起こり、この覚醒系がつねに緊張した状態にあると、精神的消耗に近づいていく。回復期間を置かないままストレスにさらされ続ければ、神経が摩耗する。この状態がさらに続いて慢性化すれば、バーンアウトを招きかねない。

だがボヤツィスによると、この悪循環に対抗する簡単な方法がある。毎日、毎週のスケジュールに、あらかじめ回復期間を組み込んでおくのだ。そうすれば、体の修復・回復モードである「副交感神経系」を活性化できる。それも、自然の中を歩く、親しい友人と話す、ペットと過ごすといった簡単なことでいい。プレッシャーのきつい仕事をしている企業幹部は「ネコと遊んで命を救われたよ」と言っている。

ボヤツィスとダンは、ストレスと回復の時間が１日に占める割合を計測するための、簡易な自己診断法を開発した。[*26] この診断には、研究で実証ずみの主なリフレッシュ法がリストアップされていて、それらを毎日のスケジュールに組み込めば、正しいバランスを取り戻せるようになっている。そして、ストレスそのものを和らげるには、「感情バランス」という特別なツールがある。リフレッシュの方法をいくつか紹介しよう。

・**深呼吸する。**呼吸には自律神経系の覚醒状態が現れる。体が闘争・逃走モード（専門用語で言えば交感神経が覚醒した状態）にある時の呼吸は速く浅く、身体回復モード（副交感神経が覚醒した状態）にある時は遅く深い。そこで、意図的に深呼吸をすることで、一時的にであれ、体をストレス状態からリラックス状態に切り替えられるのだ。たとえば「4・4・4呼吸法」と呼ばれるものがある。4つ（または好きなだけ長く）数えながら横隔膜を下げて息を深く吸い込んでお腹を膨らませ、息を止めて4つ（または好きなだけ長く）数え、また4つ（または好きなだけ長く）数えながらゆっくり息を吐く。これを何度か続ける。これでレジリエンスを瞬時に高められる。

・**感謝の気持ちを持つ。**ネガティブな考え（精神的消耗から生まれるシニシズムなど）をポジティブに変えるには、その日にあった感謝したいできごとや人を意識して思い浮かべるといい。日々の生活の中の感謝したい人やできごとを3つ書くことで、ストレスレベルが低下したという研究もある。[*27]

自己注目に欠けているもの

生活や仕事のストレス要因は避けては通れない。だがストレスによって活性化される脳の部位は、手元の課題から注意を逸らす働きがあるため、仕事の能率ががた落ちしてしまう。ストレスはオプティマルゾーンの敵である。

とはいえ、私たちは無力ではない。人生のストレスは避けがたいが、それに対処する方法はいろいろある。たとえば、可能なら状況を変える、ポジティブなマインドセットを持つ、体の生理機能に働きかけてレジリエンスを高めるなど。ストレスのなすがままになる必要はないのだ。

このように、感情バランス――「ストレス耐性」と呼んでもいい――やその他の自己管理能力は、優れたパフォーマンスとキャリアの成功、そして「勝利」の重要な要素だ。しかし、それだけで十分なのだろうか？　自分のことしか考えないナルシシストは、これらの能力を総動員して自己実現を果たそうとするかもしれない。だがそんなやり方では、たとえ個人として成功したとしても、他者を思いやり、チームのために尽くし、組織の大義に貢献できるとは限らない。

たしかに自己認識と自己管理の能力があれば、自分のことをよりよく管理できるが、それだけでは円満な人間関係は築けない。個人的な目的を達成する人が、必ずしも他者のことを考え、思いやることができるとは限らない。それにもちろん、一緒に働きたい仲間になり、人々を鼓舞するビジョンや共感できる目標を掲げ、誰もが自分の強みを伸ばして働けるように手をさしのべる人になれるわけでもない。

個人的な成功だけでなく、組織や社会全体の成功をめざせば、よりよい人間関係を築き、チームの重要な一員になり、地域社会や組織によりよく貢献することができる。このすべてが、共感から始まる。

第7章 共感

3歳児が叔母との電話で「今何をしているの？」と聞かれ、こう答えた。「今ね、これ、これで遊んでるんだよ」

「これ」とはお人形だ。叔母に電話で「これ」と言っても通じない。だが子どもはそのことに気づかない。なぜだろう？　3歳では、心理学でいう「心の理論」、すなわち他者が何を認識し、考え、感じているかを察知して理解する能力がまだ発達していないからだ。ほとんどの子どもは5歳までに、他者の心を読み取るこの力を身につける。

他者が頭や心の中で考えていることを理解する能力は、人とのやりとりを円滑にし、世の中を渡っていくために欠かせない。人は他者が何を感じ考えているかをつねに推測し、無意識のうちにその推測を人とのやりとりに活かしている。

相手の心を知ることは、認知的共感の重要な要素だ。私たちは周りの人に波長を合わせる力である共感を通じて、EQを伸ばしていくことができる。共感には3種類あり、認知的共感はそのうちの1つである。3つの共感のそれぞれを、異なる神経回路が担当する。[*1]

認知的共感を担当するのは、思考する脳とも呼ばれる「大脳新皮質」だ。認知的共感とは、他者が何を考え、目の前の状況をどう見ているのかを理解する能力をいう。相手のものの見方を読み取り、相手のメンタルモデル［人が無自覚のうちに持っている思考の枠組みや価値観］を理解するこの力があれば、相手に合わせた「言語」でメッセージを伝え、したがって効果的に意思疎通を図ることができる。

こうしたコミュニケーションの大切さは昔から説かれている。相手の考え方を理解した上で、相手の心を引きつける方法で話す能力は、何世紀も前から多くの文化で高く評価されている。[*2]

2つめの共感である感情的共感は、主に「感情回路」が担うもので、他者の感情を瞬時に「自分のもの」として感じ、理解する能力をいう。感情的共感を可能にするのは、脳と脳のつながり、つまり感情回路の「共鳴」である。だからこそ、感情的共感は迅速で強力な反応であり、私たちは周りの人の喜びや悲しみを即座に感じ取ることができるのだ。ただし気をつけないと、他者のパニックや怒りなどの有毒な感情に流される「共感的苦悩」

に陥ってしまう。こうした有害な共感は、看護などの仕事で昨今深刻な問題となっている。不安でいっぱいの患者と接していると、その感情に押し流されてしまい、バーンアウトや離職に至ることもある。

感情的共感は、相手の表情や声音、身振りなどの「非言語」コミュニケーションから感情を察知する能力だ。これらによって相手の言葉に加えられている、感情の機微を読み取る。脳の前頭葉には、他者の脳との間に自動的・瞬間的・無意識的なつながり、いわば感情が流れる「橋」をつくるための神経回路がたくさんある。こうした橋を通して他者がその時々に何を感じているかを知り、適切な言動を取ることができるのだ。

ダンは以前、マーケティング責任者が集まる大規模な年次会合で講演を行い、強力なマーケティングメッセージを届けるためには、認知的共感と感情的共感が必要だと指摘した。会場からぎこちない笑いが起こった——というのも、ダンが続いて3つめの共感の重要性を強調したからだ。すなわち、メッセージをさらに強力にするためには、自分たちの利益（ブランドの市場シェア）を超えて、メッセージの受け手（消費者）の利益にも配慮することが欠かせない。

大切なのは思いやり

ダンの妻が食料品の宅配サービスを頼んだ時、先方の手違いで商品が自宅に届かず、配送業者の営業所受け取りになってしまった。荷物にはその日の夕食に使う食材が入っていたため、困った彼女は宅配サービスのカスタマーサービスに電話をかけた。そして担当者に電話がつながったとたん、気分がよくなり始めた。

なぜだろう？　1つには、担当者の「お役に立ちたい」という思いが伝わってきたからだ。彼女は最初とてもイライラしていたが、担当者は終始冷静で、彼女の言い分をしっかり聞いてくれた。問題をただちに理解し、「営業所に届いたのは私どもの手違いでした、腹立たしいですよね、お気持ちをお察しします」と言った。そして、商品が自宅に届くように手配した上で、迷惑をかけたお詫びだと言ってギフト券までくれた。

ダンの妻は電話をかけた時はムッとしていたが、その後晴れ晴れした気分になった。嫌な気持ちが吹き飛び、担当者のような人がもっといればいいのに、と思った。

この担当者は認知的、感情的共感がきわめて高かった。だがさらに心強かったのは、明らかに彼女の側に立ってくれたことだ。

これが3つめの共感である相手への「思いやり」だ。この種の共感を持つ人は相手を気遣い、自分のためだけでなく相手のためになることを考える。すべての主要宗教は「慈善」

「親切」「慈愛」などという名の思いやりを育んできた。ダライ・ラマも「私の宗教は親切心です」と語り、思いやりを重んじることがすべての信仰の根幹にあると考えている。

宗教はさておき、最近ではこうした思いやりは他者への関心、すなわち「共感的配慮」として科学的に研究されている。[*3] 人間は他者の考えや感情をただ感じ取るだけでなく、他者のウェルビーイングも気遣うようにできている。他者への関心は、利他心や同情の感情的基盤であり、親が子どもに愛情を注ぐのと同じ神経回路が担当する。EQに対する初期の批判の1つに、「EQの概念には倫理的側面が欠けている」という指摘があった。共感的配慮は、この批判への反論になる。

他者への関心は、身近な人との関係からビジネスまで、生活のあらゆる側面で役に立つ力だ。ビジネス界には、思いやりの資質への目立たないが強力な渇望があるように思われる。「社内ではEQ講座が大人気なんです」と、世界有数の小売企業の幹部が言っていた。「当社で『思いやり』なんて言葉が使われたのは、この講座が初めてですよ」

親が聞き分けのない4歳児を愛する（子どもが何をしようともその存在を変わらずに愛し続ける）のと同じように、共感的配慮があれば、相手が感じている苦痛に波長を合わせ、相手から目を背けずに寄り添うことができる。これが共感的苦悩を鎮めるから、自分の苦しみを和らげるために他人の苦しみに目をつぶらずにいられる。そして相手の苦痛に寄り添い続けることで、「思いやりのある行動を取る」という、次の一歩を踏み出せるのだ。つまりただ冷静で明晰でいるだけでなく、「親切」になれる。この種の共感こそ、私たちが配偶者や上司、友人、親しい人たちに求める資質だ。

ＥＱ能力としての共感は、相手の感情やものの見方を感じ取り、相手のウェルビーイングを心から気遣う能力である。[*4] 共感を発揮するためには、非言語的手がかりから相手の感情を読み取らなくてはいけない。相手に耳を傾け、よく観察することが欠かせない。

非言語的手がかりの観察における世界の第一人者と言えば、心理学者のポール・エクマンだろう。エクマンは鏡の自分を１年がかりでじっくり観察して、あごから額まで、耳から耳までの２００以上の顔筋を、自分の意志で動かせるようになった。そしてこの自己制御力を用いて、人間の６つの基本感情である「恐れ」「驚き」「怒り」「悲しみ」「喜び」「嫌悪」を表す表情筋の動きのパターンを明らかにした。

これをもとに彼が開発したのが、「顔面動作符号化システム（ＦＡＣＳ）」である。研究者はＦＡＣＳを使って、被験者の顔に現れる感情を瞬時に読み取ることができる（アニメーションのキャラクターにリアルな表情をさせるためにも利用されている）。たとえばストレスや不安を感じると眉間の筋肉が収縮し、大喜びすると目の回りの筋肉が収縮して目尻にしわができる。

新型コロナの感染拡大期、ほとんどの人が感染予防のためにマスクを着けていた。当時カナダ・マギル大学の注意・社会的認知研究所が、マスク着用が感情を読み取る能力におよぼす影響を、FACSを用いて調べた。[*5] 新型コロナから身を守るために着用される一般的なマスクは、顔の下半分を覆うため、「嫌悪」などの感情を感じる時によく使われる、顔の下側の表情筋の動きが隠れてしまう。これに対し、主に目の回りの筋肉を使う、「恐れ」や「悲しみ」などはわかりやすい。「怒り」や「驚き」「喜び」は、上下の表情筋を使う。

人は表情筋の収縮パターンから感情を読んでいる。したがって、他者の感情に気づく能力は、そうしたパターンを正確に読み取れるかどうかに大きく依存する。だが相手の顔がマスクで覆われると、これが難しくなる。マギル大学の研究によれば、マスクのせいで、相手の感情や思考を正確に読み取る能力は全体として約25%低下した。個別の感情では、嫌悪を読み取る能力は46%、怒りは30%、悲しみは23%低下した。一方、恐れや驚き、喜びを感知する能力は、ほとんど影響を受けなかった。

職場での共感

神経外科医のパトリック・コッドは、研修医時代に緊急治療室を担当し、治療を必要とする重篤な脳損傷患者が次々と運び込まれてくるのを見て動転した。患者は1人も回復せず、多くが亡くなった。つらい思いをしていたのは彼だけではなかった。ほかの研修医が病院の階段に座って涙を流す姿をたびたび目撃した。

だが、人間はそうした気持ちを逃れる仕組みを持っている。コッド医師はこう説明する。「痛みから目を背けるのは、脳神経に組み込まれた自己防衛機能なんです」[*6]。これは神経外科医だけの話ではない。研究によると、医師は他者の痛みへの共感を鈍らせる脳内の神経節《ノード》を活性化させることによって、「突き放した」思いやりを持てるのだという。この仕組みがあるからこそ、医師は緊急治療室や手術でひるむことなく、患者のさまざまな身体的苦痛を治療することができるのだ。[*7]

他者の苦痛への反応を抑圧することは、この医療の例からもわかるように、実際に役立つ。患者の苦しみをシャットアウトして治療に集中する能力は、緊急治療室や手術台に欠かせない。だが他者の苦しみへの無関心が仕事以外の面にまでおよぶと、共感的配慮を持てなくなる。心が無感覚になり、大事な人や周りの人への思いやりを失くしてしまう。

コッド医師はその後デューク大学医療センターの神経外科医になり、そうした思いやりに欠ける態度を防ぐ方法はないものかと考え、研修医が患者の死亡宣告や医療過誤などの心の痛みに向き合えるよう、手助けをすることにした。研修医との月例会合を企画して、つらい気持ちをお互いに打ち明けられる場になればと考えた。

最初の会合には誰も来ないだろうと思っていた。だがふたを開けると、研修医全員が顔を見せたのだ。

また、私たちの友人は、新しい医者にかかった時にこう言われたという。「判明したことはすべてお伝えしますよ。もし私があなたの立場だったら、知りたいですからね」「先生が自分のことを思いやってくれていると感じるだけで、全然違う」と友人は言い、満足げにこうつけ加えた。「それが共感だよ」

共感が医療にもたらすメリットはいろいろある。患者アドヒアランス［患者が治療方針を理解し、積極的に治療に参加すること］が向上し、患者満足度が高まる。ある研究で、研修医が（標準的な医学部のカリキュラムには珍しい）共感のトレーニングを受けたところ、患者によって「思いやりがある」と評価されることが増えた。[*8]

この研修医向けの共感トレーニングを開発したのは、ＣＲＥＩＯの会員でハーバード大学医学部の精神科医、ヘレン・リース博士だ。トレーニングでは、患者と目を合わせ、患者の表情から感情を読み取り（また同じ表情を自分も浮かべ）、偏見を持たずに注意深く耳を傾ける練習をする。患者が感じていることを言語化したり、理解のある優しい口調で話したりすることは、さらに効果が高い。

これは研修医に限らず、どんな親やリーダーにも役立つアドバイスだ。共感こそ、配偶者や友人、家族などの大切な人や、いつも会う人に持っていてほしい資質である。次は、仕事の世界での共感について考えてみよう。

なぜ共感が問題なのか

テクノロジー企業のコンサルティング部門で働く優秀な従業員は、クライアントとのやりとりを上司から禁じられていた。理由は単純だ。彼はクライアントの抱える問題を分析できても、クライアントと気持ちを通じ合わせることができなかったからだ。雑談すらできなかった。気持ちをわかろうともしなかった。相手のことを何も尋ねず、「何が問題だと思っていますか」とさえ聞かなかった。自分が解決策だと考えることを一方的にまくし立てて、クライアントをうんざりさせた。このコンサルタントには、相手の感情を感じ取り、相手の視点や関心を知るために相手と波長を合わせる力、すなわち共感が欠けていた。

「あなた方はきっとこの先、『仕事に共感なんか必要ない』と言い張る人たちに出会うでしょう」と、アップルのCEOティム・クックはMIT（マサチューセッツ工科大学）の卒業式で語った。「そんな間違った考え方を受け入れないでください」。ビジネスに共感が重要だと考えるのは、クックだけではない。ある調査でCEOの80％以上が、共感は共同作業やレジリエンス、士気にとって計り知れないほど重要だと答えた。[*9]

過度に競争的な企業文化は失敗を招くのに対し、共感を重視する文化は成功のカギだと、スタンフォード大学のジャミール・ザキは説く。[*10] 共感は固定的な資質ではなく、伸ばしていける「スキル」だとザキは強調し、他者に寄り添う力を伸ばす方法を学生に教えている。スタンフォード大学とハーバード大学の研究者によれば、その最も強力な方法の1つは、手本を示すことだ。寛容で親切な行動は広がり、それが「社会規範」になってほかの人も従うようになる。[*11] とくに、リーダーが誰かの模範的行動に注目して称賛すれば、規範はすばやく広まり、組織文化に深く根づいていく。

フォーブス誌もこう書いている。「研究によれば、共感こそが最も重要なリーダーシップスキルである」。[*12] 共感を重視する文化にはさまざまなメリットがある。イノベーションが促され、従業員の意欲が高まり、離職率が下がり、仲間意識が醸成され、ワークライフバランスが取りやすくなるなど。

CREIOの会員ルース・マロイは、コンサルティング会社スペンサー・スチュアートでグローバル企業の経営幹部にアドバイスを行っている。彼女によれば、経営幹部として成功するためには、高い達成志向が欠かせない。だが人々を導くためには、リーダーに求められるもう1つの資質である、「思いやりのある共感」によって、達成志向を和らげなくてはいけないという。

どんなに優秀なリーダーでも思いやりがなければ、短期的な結果は出せても、長期的に人材流出を招いてしまう。[*13]「有能で優秀な人材ほど、そうしたリーダーに不満を感じるはずです」とマロイは言う。「そしてよそに機会を見つけて去っていき、後に残るのは二流の人材だけです」

あなたを励まし、慰め、「あなたがそう感じるのも当然だ」と言ってくれる人が周りにいると感じると、気分が上がる。ハーバード大学の研究によれば、プライベートの問題を誰かに話したり、ただ誰かと楽しく過ごすだけでもよい効果がある。[*14]人と何かを一緒にやると、気分がよくなることが多い。実際この研究によれば、好きな人と一緒にいるだけでも気分が高揚するという。

思いやりの恩恵を最初に受けるのは、思いやりを示す当人である。この原則は、例のハーバードの日誌研究でも指摘されている。思いやりのある（たとえば励ましや称賛の言葉をかける）人は、思いやりをかけられた人を元気にしただけでなく、当人も思いやりのない人に比べて人事評価が高く、昇進のスピードが速かった。[*15]そして、職場での無礼や不作法が、人事評価や共同作業、顧客体験、離職率に悪影響をおよぼすことはいうまでもない。

共感に欠けるサービス

数年前のこと、ダンは車を修理するために地元の自動車販売店に行った。案内されて

「サービスアドバイザー」のデスクに行くと、担当者はアドバイスを与えるどころか、ダンのことをチラッと見ただけで、謎の用事をすませるために出ていってしまった——何の用事なのか、どれくらいかかるのかも説明せずに、だ。

担当者はダンをかなり待たせてから戻ってくると、やはり何も言わず、ダンに目もくれずに、いきなりコンピュータに向かった。おまけに当時はコロナ禍で、ドアには「室内でのマスク着用のお願い」が張られていたのに、担当者はマスクから鼻を出していた。

このすべてが、ダンの顧客体験を残念なものにした。もしダンがイェルプなどのクチコミサイトに投稿するタイプだったら、販売店に最悪の評価を与えただろう。そして競争の激しいこの世界で、消費者の評価は死活問題だ。したがって、人々が絶えずお互いを評価し合っている現代社会では、思いやりを持つことには実利的なメリットがあると言える。世界的に有名なあるエグゼクティブコーチは、クライアントの企業CEOに、「思いやりを持つことは会社の評価向上に役立つんです」と教えている。だが顧客の声をアプリで収集するという一般的な方法では、顧客の個人的な体験をくみ上げることはできず、共感的理解につながらない。

社会規範は時代とともに変わりつつある。少し前なら企業幹部（や教師、スポーツの監督、聖職者など、権力を持つあらゆる人）に許された行動も、昨今は懲役刑になるとまではいかなくても、世間の非難を浴びることがある。ＳＮＳによって、権力のない大衆が権力者を評価できるようになり、そのことが社会規範を変えているのだ。

こうしたすべてが、共感を――相手のものの見方や感情に波長を合わせ、相手のためを思う能力を――高めることの実利的な理由になる。自分の能力を伸ばすことだけにこだわると、ナルシスティックな自己陶酔を招きかねないが、共感と思いやりを併せ持てば、それを防ぐことができる。共感を持てば、ＥＱをより広い利益のために使う意欲が湧いてくるのだ。

思いやりの規範

家庭用品会社の経営陣が刷新され、新任のトップ主導で全社的な経費削減が行われることになった。ある部署の会議で、コスト削減の方法をブレインストーミングする案が出たが、部長はこれを却下し、代わりに数字を水増ししてもいいから業績をよく見せる方法を考えるようにと強要した。

誰も声に出して反対はしなかったが、その場にいた部下は全員、部長に裏切られたような気持ちになった。自分たちのアイデアがないがしろにされたと感じ、部長への敬意を失った。反感と失望が広がった。

この例が示すように、上司の言動は部下に取り返しのつかない影響を与えることがある。共感は人間関係によくも悪くも直接的な影響をおよぼす。[*16] その大きな理由の1つは、人間の感情回路が周りの人、とくに自分より力のある人の気持ちに同調するようにできているからだ。こうした脳と脳のつながりは、プラスにもマイナスにも働くことがある。長年の研究が示すように、感情には伝染性があるのだ。[*17]

助言や励ましが、オプティマルゾーンに入り、とどまる助けになるのに対し、心ない批判はとてつもないダメージを与えることがある。相手に向き合うことは信頼関係構築の第一歩であり、とくに「きちんと扱われている」と相手に感じてもらうためには欠かせない。

集中治療室の看護師ドリスは、心がポッキリ折れてしまった。彼女はなんとか患者の延命を図ろうと、力を振り絞って患者の衰弱した肺に2秒ごとに手で空気を送り込んだ。この貴重な時間のおかげで、家族は患者と最後のお別れをすることができた。ドリスは40分もの間、手に水ぶくれをつくりながら空気を入れ続けた。ところが家族は感謝するどころか、病院はできる限り手を尽くしたのかと疑ってきたのだ。[*18]

その反面、共感的配慮が高まると、お金を寄付したり、杖をついた人に席を譲ったりするなど、困っている人を助ける行動を取りやすくなることがわかっている。こうした人助けの実践という、思いやりのある共感の最終ステップに進むためには、思いやりに関わるものとは別の神経回路が活性化する必要がある。自分以外の人を助けようとして一歩踏み出すことは、脳活動の活性化として表れる。[*19] この余分な神経活動が、環境保護の取り組みを行うかどうか、困っている人を助ける（たとえば後から来る人のためにドアを開けてあげる、ホームレスの人に毛布をあげる）かどうかの違いを生むことがあるのだ。

共感を高める方法

・思いやりのマインドセットを実践する。 共感的配慮を高める方法の1つが、「思いやりの輪を広げる」ことだ。このメンタルエクササイズのやり方を説明しよう。まず自分の人生を振り返って、親切にしてくれた人（メンターや恩人など）を1人選び、その人の安全と幸福、健康、成功を祈る。次に、自分のために同じことを祈る。それから大事な人や知り合い、そして世界中の人々のために同じことを祈るのだ。この簡単なエクササイズを毎日繰り返すうちに、困っている人に進んで手を貸せるようになる。[*20]

・親身に話を聞いてくれる人を探す。 大規模な障害者入居施設のCEOは、建設地の土地利用に関する公聴会を控えて、途方に暮れていた。これから公聴会で30回も証言し、弁護士の過酷な反対尋問に耐えなくてはならない。だが彼は友人である市の社会福祉部長の助けを借りて、ストレスを乗り越えることができた。彼に起こったことを相談し、親身に話を聞いてもらった（友人は聖職者の教育を受けていた）。彼と話した後はいつも気分がずっとよくなった。

共感はとても大切だ。あなたが話を真剣に聞いているかどうか――いい加減に聞き流しているのか、本気で理解しようとしているのか――によって、相手は「大切にされている」とも、「ないがしろにされている」とも感じる。人は礼儀正しく扱われることを求めている。礼儀と敬意を示されると、精神的消耗の度合いが和らぐことを示した研究もある。[*21] そしてもちろん、無礼で不作法な扱いを受けると消耗の度合いは増す。

・親切を実践する。 共感を高めるもう1つの方法は、思いやりの手本を示すことだ。何年も前のこと、ダンがニューヨーク地下鉄の42丁目駅の階段を降りていると、気を失って倒れている男性がいた。通行人は、まるで彼が見えないかのように、彼をまたいだりよけたりしていた。

その数週間前、当時ニューヨーク・タイムズ紙の記者をしていたダンは、ホームレスを支援する非営利団体のスタッフと一緒に、サンドイッチを積んだトラックでマンハッタンの街を走っていた。路上生活者を見かけたら、サンドイッチを渡して、シェルターと社会福祉サービスを紹介するのだ。この活動を手伝ったおかげで「見えない」呪文が解け、ダンにはホームレスが見えるようになった。

そんなわけで、ダンは倒れている人の様子を確かめようと、地下鉄の階段で足を止めた。そのとたん、数人の人が手を貸そうとして集まってきた。結局、倒れていた男性は英語を話さず、お金がなくなって、何日も食事をせずにさまよったあげく、空腹のあまり階段で気を失ったのだとわかった。誰かが地下鉄の駅員を呼びに行き、何人かがオレンジジュースやホットドッグを買ってきた。ものの数分のうちに、男性は食べものを与えられ、介抱されて、元気を取り戻した。

だが思い出してほしい。それまでに数十人、数百人が、まるで彼がそこにいないかのように無視してまたいでいったのだ。彼に手を貸した人たちは全員、この暗黙の規範を破った。ホームレスになった人は、「見えない存在」になることが一番つらいと言う。人間の注意には、自分しか目に入らない状態から、周りの環境や人を鋭く意識する状態までの幅がある。後者の状態であれば、他者に共感し、必要に応じて思いやりのある行動を取ることができる。

思いやりの気持ちは、バーンアウトを招きやすい「頭のウイルス」である、シニシズムを和らげる。誰かの幸せを願えば、無意識のうちにその人の悪い面ではなくよい面に目を留めるようになる。そして自分への思いやりは、精神的消耗の特効薬だ。[*22]

ここで注意したいのは、誰かがバーンアウトすると、「その人に原因がある」と思われがちなことだ。問題はその人のEQが欠けていることではなく、その人が働く組織そのものにあるのかもしれない。癌病棟の医療スタッフを対象とした調査によれば、彼らが最もストレスを感じていたのは、患者の苦痛に日々さらされることよりも、過大な仕事負荷や時間的プレッシャー、対人葛藤、上司のサポート不足といった、どの職場にもありがちな要因だった。

そこでこの病棟は、仕事負荷や時間的プレッシャーを軽減するための対策を講じたところ、6カ月後のスタッフのバーンアウト傾向は、対照群に比べて有意に改善した。精神的消耗の傾向もだ。[*23]こうしてスタッフは再びオプティマルゾーンに近づけるようになった。

組織感覚力

レイチェルは7歳の若さで、自分のクラスという「社会」に対する高い理解力を持っていた。誰と誰が仲よしで、誰と誰が遊び仲間で、誰がみんなに嫌われるいじめっ子なのか、といったことを正確に言い当てることができた。

彼女が自分の属する社会的ネットワークを鋭く認識できたのは、高い社会的知性、とくに私たちが「組織感覚力」と呼ぶ能力のおかげだ。レイチェルがこの才能を発揮した場は「2年生のクラス」という小さな世界だったが、この力は家庭から大企業までのあらゆる人的ネットワークに役立てられる。組織内の人間関係の力学を理解していれば、感情が社会的ネットワークにおよぼす影響を読み取り、人々の関係性を大まかに把握することができる。

たとえば、あなたは親戚間や職場の力関係をどれくらい理解しているだろう？　ジョーおじさんは誰の意見に耳を傾け、誰の意見に聞く耳を持たないのか？　会議で一番発言力があるのは誰なのか？　あなたは会話のトーンから客観的に感情を読み取れるだろうか？　職場で誰に何を言っていいのか、いけないのかを決める、暗黙のルールを知っているだろうか？　意思決定を握っているのは誰なのか？

私たちの研究仲間のリチャード・ボヤツィスは、組織感覚力を高めるためのこんなエクササイズを勧める。「次の会議で、出席者を力の大きい順に挙げてみよう。人の言いなりになるのは誰だろう？　彼らは誰の言いなりになっているのか？　リーダーは誰か？　縁の下の力持ちやコーチ役は誰なのか？」[*24]

この種の共感的認識は、往々にして高校時代に鋭くなる。クラスの人気者は誰なのか、体育会系のグループや不良グループに属しているのは誰か、といったことを認識するようになる。こうした社会的ネットワークの理解力は、大人になると職場の「組織感覚力」として現れる傾向にある。この能力があれば、私的なつき合いの輪であれ、家族や親戚、会社であれ、より大きな集団の中で共感を発揮して、自分の属する「システム」の力学を敏感に読み取ることができる。また第Ⅳ部で見ていくように、組織感覚力は「システム思考」、すなわち人間の活動やものごとを1つの大規模なシステムとしてとらえ、さまざまな要素間の力学を読む力の根幹にある。ここからは、この力が社会ヒエラルキーを読む力にどうつながるかを見ていくとしよう。

共感の阻害要因

どんな社会や文化、国家にも、ヴィンソン・カニンガムが「残忍なヒエラルキー」と呼ぶ、最上層から底辺までの集団を規定する階層がある。ニューヨーカー誌に寄稿するアフリカ系アメリカ人ジャーナリストであるカニンガムは、次のように指摘する。「アメリカでは、黒人として虐げられながら、海外の数百万の非黒人を抑圧する資源の理不尽な搾取の恩恵を受け、先住民から略奪された土地に住むこともできる。われわれは暗闇の向こうの見えない人々の苦しみとつねにつながっているのだ[25]」

続けてこう書いている。「アメリカ国境で足止めされたグアテマラ人の子どもや、中国の実質的な奴隷であるウイグル人の苦しみに寄り添えない思想はすべて、みずからの狭い世界にとらわれている」

詩人のキム・スタフォードは「恵まれた人生の呪い」という詩の中で、どんなに恵まれて見える人もいつかは死ぬと書いている。ただ、彼の言う「呪い」とはそのことではなく、（物質的、地位的に）大成功することにより、共感性が鈍ることなのだ。

スタフォードは成功の限界を詠うこの詩の中で、恵まれた人生を歩んでいると、ホームレスや精神疾患を抱える人たちの気持ちが目にも耳にも入らなくなりがちなことを憂《うれ》えている。

共感的配慮があれば、この分断された社会にあっても、万人共通の人間性に共感することができる。排除される人も、見向きもされない「よそ者」もいなくなる。だが社会に広まっているイデオロギーの多くが、何らかの集団をよそ者とみなし、共感はおろか、思いやりや手助けもさしのべようとしない。スタフォードの詩が詠うような成功集団を、ジャーナリストのジョージ・パッカーは「スマート」と名づけた。[*26]「スマート」とは、研究者や専門家、経営者などからなる社会カーストで、一流大学を卒業するなどして出世街道を突き進み、社会的、経済的に安泰な地位を手に入れた人たちの集団をいう。だがスタフォードの詩が指摘する通り、この世界観の危うさは、スマート集団に入れなかった人たち、すなわちこうした高みに登ることを社会的、経済的障害によって生まれつき阻まれてきた人たちを無視することにある。スマート集団は、世界中のグローバル企業や政府、大学などの上層部を占めている。彼らは自分たちと同じ方法で成功していない人たちをないがしろにするる。そうした「失敗者」には目もくれず、関心も持たない。つまり「部外者」とみなすのだ。

ロサンゼルスのブレントウッドやコネチカット州グリニッジのような、白人特権階級の牙城《がじょう》で育った人たちはみな、私立の進学校から一流大学に進学する。ロサンゼルスのワッツやマンハッタンのスパニッシュハーレムなどの貧困地域出身の友人をつくることもなく、スマート同士で交流する。このような社会的距離があるせいで、恵まれたスマートは、恵まれない人たちに非があると決めつけ、貧困者が幼少期のトラウマや栄養不良、差別や偏見のせいでどれほどのハンデを負わされているかを考えようともしない。

「スマート」は、パッカーが名づけた４つのまったく異なる「自己物語（セルフナラティヴ）」のうちの１つだ。パッカーに言わせれば、４つの集団のそれぞれが、世界の社会・政治構造の強力な分裂を駆り立てている。たとえば「リアル」という集団は、リバタリアンと消費者資本主義、政府不信の思想を併せ持ち、個人主義を標榜する。この集団の二者択一的な思考は、この考えに賛同しない人々を「他人」とひとくくりにし、「われわれ」には許容できない存在とみなす。

「フリー」集団は「強靭な個人」、すなわち逆境に負けずに成功し、勝者一人勝ちを収める人たちを称賛する。企業の唯一の存在目的を株主価値の最大化とみなし、従業員や顧客、社会、自然環境への影響には目もくれない。世界的には、牧場を増やすために熱帯雨林の伐採を正当化するなど、地球全体への影響よりも目先の利益を優先する。フリーの思想は、彼らを支える、抑圧され搾取された人たちを「他人」とみなし、思いやりどころか、憐れみさえ示さない。

最後に「ジャスト」集団は、社会の構造的な不正や不公平を追及し、是正を迫る。彼らは既存の社会秩序から利益を得る人たちが目をつぶろうとするものごとに、真正面から向き合う。こうした姿勢は、世界中で街頭デモや調査報道ジャーナリズム、長年の不正を正そうとする運動などとして現れている。だがこれが不寛容な正義に向かえば、和解を忘れ（また仲間になり得る人たちを見過ごし）、権力者を他人とみなし、その主張を頭から退けてしまう。

これらのナラティヴは、それぞれの集団を結束させる説得力のある思想だが、そのせいで人々は敵対し合う集団に分断されてしまう。それぞれの「われわれ」が、「やつら」を生み出しているのだ。もちろん、これらは典型的なイメージであって、各集団に分類される全員が、パッカーの言う「われわれ対やつら」の見方を持っているわけではないが。より幅広い共感を持てば、こうした窮屈な考え方に代わる視点を得ることができる。それは社会全体の利益のためという、すべての集団を団結させる大きな使命に支えられた、思いやりのある視点だ。この視点には「他人」は存在せず、全員が「われわれ」になる。

この共感的なビジョンは万人を受け入れ、世界全体の向上をめざす。たとえば舗装道路や浄水、歯磨きなどの衛生習慣は、所属集団やアイデンティティ、信念や信仰などにかかわらず、すべての人の助けになる。人類の歴史は、そうした万人のためのイノベーションの連続である。このような前進は分裂を超越し、ナラティヴとは関係なく万人の生活向上に役立つのだ。

お互いの不一致ではなく、一致する点に目を向ければ、「われわれ対やつら」の考え方をとらえ直し、分断を生まないような見方に変えられるかもしれない。[*27] ただ、確実な解決策は存在しない。考え方を具体的に「どう」変えれば隔たりを埋められるかはわかっていない。

危機が絶え間なく押し寄せるこの世界で、思いやりの価値は高まるばかりだ。子ども向け人気番組の司会者、ミスター・(フレッド・)ロジャースが言うように、困ったことが起こったら「助けてくれる人を探そう」。困っている人は、どんなかたちであれ、手をさしのべてくれる人を歓迎する。

ときには感情的なサポートを与えられる側よりも、与える側の方が助けられることがある。支援される人は「自分は能力に欠けている」と感じがちなのに対し、支援する人は自信や生きがいを感じることもあるのだから。

人助けをすると、快楽物質の「ドーパミン」を分泌する神経回路が活性化する。デンマークの哲学者セーレン・キルケゴールの「幸せの扉は外に向かって開く」という知恵の背後には、この神経学的な仕組みがあるのかもしれない。

多くの文化に、「情けは人のためならず」という考えがある。ＥＱ能力の「自己認識」と「自己管理」が自分への思いやりであるのに対し、「社会認識」（とくに共感的配慮）と「人間関係管理」は思いやりを周りの人たちへ広げる手段である。

こうした視点を持てない企業幹部は、従業員がストレスを感じるのは「仕方のないこと」と片づけ、彼らの苦痛に取り合わないかもしれない。一方、思いやりのある幹部は、実際に役に立つサポートを与え、環境を変えたり、レジリエンスのトレーニングを提供するなどして、ストレスを和らげる対策を講じるだろう。

共感について覚えておくべきキーポイントをまとめておく。

- 共感には3種類あり、それぞれを異なる脳回路が担当する。
- 「認知的共感」は、他者の思考や言葉遣い、視点を理解する能力をいう。この力があれば、相手に最も伝わりやすい方法でコミュニケーションを図ることができる。
- 「感情的共感」は、他者の感情を読み取る能力をいう。この力があれば、相手の心に響くメッセージを届けられる。
- 「共感的配慮」は、他者を気遣う能力をいう。この力は、相手の信頼と敬意を勝ち取り、関係を深める助けになる。
- 「組織感覚力」は、共感の対象をさらに広げて、社会的知性を発揮し、家族であれ職場であれ、さまざまな集団の根底にある人間関係や影響力のネットワークを読み取る能力である。

良好な人間関係は、共感の上になり立っている。共感があれば、対人能力を通して周りの人を動かし、導き、鼓舞し、力を合わせてオプティマルな影響を世界におよぼすことができるのだ。

第8章　人間関係を管理する

あるスタートアップの社長は、クライアントからクレームを受けて憤慨した。重役会議の席でそのクライアントを担当する幹部を非難し、罵倒し、侮辱した。集団の目前で叱責された不運な幹部は、すっかりやる気を失った。

仕事ぶりについてのフィードバックはもちろん与える必要がある。この社長は、幹部が仕事のやり方を改善できるようなフィードバックを与えるべきだった。適切なフィードバックを行うには、自己管理と共感が欠かせないのだが、この社長は当時どちらの能力も持ち合わせていなかった。人前で叱責することが部下にどんなに壊滅的な影響をおよぼすかをまるで理解していなかった。

よい人間関係を築けるかどうかは、共感にかかっている。この社長のように、人と人とを結びつける「接着剤」である共感に欠けていれば、人と関係を築き、深めることはできない。

政治家や大企業のトップなどの公人の信頼度は、近年急低下している。「働きがいのある会社研究所」の調査によれば、最高の職場に選ばれる企業では、信頼が大きな役割を果たしているという。強固な信頼関係で結ばれている企業の株価は、S&P500指数の3倍もの高いパフォーマンスを挙げている。[*1]「共感的配慮」、すなわち従業員や顧客への思いやりは、信頼をつくる主要な要素の1つだ。

従業員や顧客との信頼関係が共感を中心になり立っていることに、多くの企業が気づきつつある。だがこの重要きわまりないスキルは、どんな人間関係にも欠かせない。友人や恋人との関係、家庭生活、育児など、プライベートな生活のほとんどが、共感を実践し経験する場になる。人間関係は共感によって豊かなものになるし、共感がなければ破綻することもあるだろう。

共感は、周りの人を動かし、導き、鼓舞し、友好な関係を築く、といった対人能力の根幹にある。また共感は、対立を解消し、地域社会に貢献し、子どもや学生、青少年のスポーツチーム、同僚をコーチングするなどのあらゆるシチュエーションで、人間関係にうまく対処するための重要な能力だ。

自分の能力を伸ばすことだけにこだわれば、自己陶酔に陥りかねないが、他者への共感や配慮を併せ持てば、それを防ぐことができる。共感のような対人能力があれば、EQをより幅広い利益のために役立てられる。では次に、共感に基づく対人能力が、職場でどう役立つのかを見ていこう。

コーチとメンター

医療テクノロジー会社の経営幹部であるジョナサンは、CEOに頼まれて、最近入社したマニーをサポートすることになった。マニーは優秀で意欲も高いが、ジョナサンに言わせれば「非常に感情的で高圧的で意固地でキツい」人だった。

彼のこうした態度は、前の会社では成果につながったが、この会社にはそぐわなかった。マニーが態度を変えようとしなければ、どんなに仕事ができてもいずれ辞めさせられるだろう。

同僚のコーチングは難しいことがあるが、この場合は輪をかけて厄介だった。ジョナサンはマニーに、あまり感情的に反応してはいけないと諭したが、マニーはそのたび爆発した。ジョナサンによると、「余計なお世話だ、あなたに口出しされる筋合いはない、と言うんだ。そして中指を立てて、私の部屋から出て行ってくれと、こうなんだ！」

それでもジョナサンは食い下がった。マニーの言動が目に余る時は、できるだけ早く脇に呼び寄せて、2人きりで話した。「マニー、あなたは今こういうことをしましたね？　周りの人たちはこう感じたようですよ。あなたは自分が何をやっているのか、人にどう見られているかをわかっていますか？」

ジョナサンは他の面でもマニーに手を貸して、関係を深めていった。たとえばマニーはこの会社で働くために遠方から引っ越してきたのだが、手頃な住まいを探すのに苦労していた。ジョナサンは会社に掛け合って、マニーが住宅補助を得られるようにした。これをきっかけに、2人の距離はグッと縮まった。

ジョナサンの努力はやがて実を結び、マニーは助言を受け入れるようになった。ジョナサンいわく、「私を敵視しなくなった。今では私の言うことを聞いてくれるし、助言をくれと言ってくることもあるよ」

マニーは変わり始め、「すべてジョナサンのおかげだ」と言っている。

ジョナサンはマニーのような人をコーチングするために、高いEQを必要とした。とくに人間関係管理能力である「コーチング」と「対立管理」がカギとなった。だがそれだけでなく、感情の自己認識と自己管理、共感を発揮する必要もあった。

コーチングやメンタリングの能力は、共感に基づく対人能力だ。もちろん、どちらのスキルを発揮するにも、それ以外の能力が必要だ。コーチやメンターは、相手が理想の自分をイメージし、それに近づくための具体的なステップを取れるように手助けしなくてはならない。

そうした影響力を行使するには、相手に信頼してもらう必要があるし、対立を管理するためには、関係者に共通する価値観や人間としてのニーズを認識する能力が欠かせない。とはいえ、どちらの対人能力も「共感」がなくては始まらない。相手の気持ちに寄り添えなければ、信頼も対立管理もあり得ない。

ジョナサンのような有能なコーチやメンターになるには、相手に建設的なフィードバックとサポートを適宜与え、長期的に力を伸ばせるように手を貸す能力が必要だ。[*2] この能力の根幹にあるのが、「努力次第で能力を身につけ伸ばすことができる」というプラス思考、つまり成長のマインドセットであり、相手が新しい能力を身につけるのを心から手助けしたいという「共感的配慮」である。たとえば、「ここを改善したい」という相手の目標を理解すれば、少し背伸びすれば達成できる課題を与えて、目標の達成を手助けすることもできる。

大成功している実業家に、「キャリアを積む中であなたを導いてくれた恩人はいますか」と尋ねれば、ほぼ必ず「もちろん！」という答えが返ってくる。それなのに、リーダーとしてのこの重要な仕事はおざなりにされがちで、年に1、2度の人事評価ですませているリーダーが多い。だが部下の能力を伸ばすためには、継続的な観察とフィードバック、改善するための提案が欠かせない。ある企業調査では、職場でのコーチングのほとんどがEQ能力、とくに共感に基づく自己管理能力と対人能力を高めるために行われていた。この調査が実施されたのはコロナ禍直前だが、これらのEQ能力へのニーズはその後も高まっていると考えられる。*3

リーダーが部下にフィードバックを与えるために、EQ能力を日々どう発揮しているのか（またはいないのか）を考えてみよう。CREIOの会員リチャード・ボヤツィスはケース・ウェスタン・リザーブ大学の同僚とともに、人事評価を受けている最中の被験者の脳をスキャンした。*4 失敗に焦点を当てた（したがってストレスに満ちた）フィードバックを受けている人は、脅威や防御に関わる脳回路が活性化することがわかった。この回路は思考を阻害する――心を閉ざし、知覚の範囲を狭め、したがって選択の幅を限定する。

逆に、強みや成長力に重点を置いた人事評価は、活力とやる気を与え、学習を促す効果がある。だからといって業績不振に目をつむるべきではないが、悪い点よりもよい点に重点を置いたフィードバックの方が効果が高いのは確かだ。

ボヤツィスはこれを「思いやりのあるコーチング」と呼んでいる。人は夢や理想をめざすよう励まされると、強みをさらに伸ばしていける。[*5] なのに人事評価でのコーチングは義務的になりがちで、成長を促せるせっかくの機会が無駄になっている。

最高のコーチングをひとことで言うと、ただ現状を評価するだけでなく、相手が人生の目標を追求し、強みを伸ばしていけるよう、手助けするようなコーチングだ。

残念ながら多くのリーダーは、自分がどんなフィードバックを与えているのかを考えたこともなく、フィードバックを与えているかどうかさえきちんと認識していない。ある調査で、勤務時間中の上司と部下とのやりとりを観察したところ、すべてのやりとりのうちフィードバックが占める割合は、たった2％だった。だが上司に「どれだけの時間をフィードバックに割いているつもりか？」と尋ねると、答えの平均は10％だった。そして上司の全員が、もっとフィードバックを与えるべきだと考えていた。もちろん、彼らは実際のフィードバックの少なさを知って驚いた。[*6]

こうして「上司にフィードバック」を与えた結果は、2度目の調査で明らかになった。調査結果を知らされた上司を再び観察したところ、部下へのフィードバックが増えていたのだ。あの単純なデータは、建設的なフィードバックとして受け止められたのだった。この結果は、自己認識を高めることの強力な効果を物語っている。

影響力

ダーシー・ウィンズロウは、巨大スポーツ用品メーカーのナイキで先端研究部門の責任者を務めていた。ある時彼女は、自社製スニーカーに使われる原料の毒性調査を分析して、多くの毒性物質が含まれていることを知った。そしてこの結果に危機感を抱き、毒性物質を使わずにスニーカーをつくる方法を見つけようと決意した。

ところが、これだけ明らかなデータが存在するというのに、変化を起こそうとする人は社内に誰もいなかった。改善の余地があることはみんな認めていたが、そのための取り組みは行われていなかった。

ダーシーは、「スニーカーの原料に関して、社内で最も大きな発言権を持っているのは誰だろう?」と考えた。それは、スニーカーのデザイナーだ。そこで社内のデザイナーを片っ端から訪ねて、毒性データを見てもらった。多くのデザイナーと話すうちに、この問題を真剣に受け止めてくれる人が20人ほど見つかった。

最も毒性の強い原料の一部は、スニーカーの上部と底部をつなぎ合わせる接着剤に含まれていた。デザイナーたちは、上部と底部を接着する方法を「再発明」するという、かつてない課題に想像力を掻き立てられ、意欲的に取り組んだ。

こうして生まれたのが、毒性物質を使わない、新しいスニーカー用接着剤だ。今日ナイキは、すべての製品について「毒性ゼロ」の目標を掲げている。

この物語を語るMITのシステム思考家ピーター・センゲによれば、ダーシーが発揮したような影響力は「相手の話をしっかり聞き、相手の文化に敬意を払い、機会を的確にとらえる人々が自然に持つようになる」ものだという。[*7] そうした人々は、問題に後手後手に対応する代わりに創造的に考え、「自分たちの影響を広める手助けをしてくれる、〝クリティカルマス〟〔変革を引き起こすために必要な一定数〕の協力者を集める」とセンゲは指摘する。

またセンゲによれば、そうした変革者は必ずしも高い地位にいる必要はない。ダーシー・ウィンズロウのように、どんな地位にある人でも変革を開始することはできるのだ。

カギは人間関係

アメリカ独立戦争下の苦難の時期のこと。フランスの積極的な支援が得られない限り、独立軍の敗北は濃厚だった。しかしフランスはまだ七年戦争での敗北のダメージを引きずっており、イギリスと新たな戦争を始めることを渋っていた。大陸会議はなんとか支援を取りつけるべく、フィラデルフィアの博学者ベンジャミン・フランクリンをフランスに派遣した。

フランクリンはフランスに到着すると、サロンで美しいご婦人方と世間話に興じ、パーティーでご婦人方とその同行者を楽しませることに精を出した。ジョン・アダムズ大統領が「真の外交」とみなすようなことをほとんどやっていないように見えた。

だがもちろんフランクリンは自分の務めをわきまえていた。フランスの支援を取りつけるには、あらゆる階層の人たちと温かい関係を築くことが欠かせない、と彼は考えた。そして彼は、独立という大義を実現するためにどの要人を味方につけるべきか、その人脈をどう利用すべきかを学んでいった。

フランクリンのやり方は功を奏した。フランクリンが築いた人脈の中には、フランスがアメリカ側で参戦すべきかどうかに関して、直接的な発言権を持つ重要人物が大勢いた。ご存じの通りフランスは参戦し、それがアメリカの勝利につながった。[*8] 影響力が強力な人間関係の上になり立っていることを、フランクリンは心得ていたのだ。

また、ある時フランクリンは大陸会議からの指示で、イギリスとの和平交渉からフランスを外すことになり、要人の１人であるフランス外務卿ヴェルジェンヌの怒りを買った。フランクリンはすばらしい謝罪の手紙をしたため、しかもその手紙の中で、厚かましくも資金援助まで要請した！　そしてヴェルジェンヌは２人の強力な絆の証として、資金を提供したのだった。

影響力に長けた人は、信頼関係を築き、周りによい影響を与え、多くの人を説得して巻き込みながら、キーパーソンの賛同を得ていく。[*9] 誰かの考えを変えたいのなら、まずはあなたの言い分を受け入れてもらうために、強力な絆を築くことが欠かせない。そしてリーダーシップとは「人を動かして目的を達成する技術」なのだから、影響力に長けたリーダーや幹部は、当然高い成果を挙げることができる。

組織内の誰が重要な決定権を持っているのかを察知する力は組織感覚力で、その人物の考えを変えるにはどうするのが一番いいかを知る力は影響力だ。ダーシーがナイキで取った行動には、この2つの能力がはっきり現れている。

人を動かすための必勝法の1つが、相手の奥深い「動機」に訴えかけることだ。ダンの大学院の恩師デイヴィッド・マクレランドは、動機を次のカテゴリーに分類した。「達成動機」［高い目標を達成しようとする動機］、「親和動機」［人と友好的な関係を維持しようとする動機］、「権力動機」［人に影響力を行使してコントロールしようとする動機］である。相手を駆り立てている動機が業績なのか、人間関係なのか、権力なのかを知り、その動機に訴えかければ説得しやすくなる。動機を知るための方法の1つに、「動機づけ面接法」といって、相手に自分の言葉で動機を語ってもらうものがある。[*10]

影響力を別の側面からとらえると、こんなふうにも考えられる。EQの究極の目的は、自分だけでなく、周りの人たちもオプティマルゾーンに入れ、そこにとどめることにある。つまり、他者の最善の利益のために自分の能力を使うということだ――これがおそらく最高のかたちの影響力である。たとえば上司が部下に、キャリアアップに役立つスキルが身につくような課題を与えることも、この好例だ。

これとはまったく異なる、自分の目的を達成するために行使する、利己的な影響力もある。だが利己的な目的のために影響力を行使すれば、因果応報を招くことが多い。操られた人はあなたへの信頼を失い、あなたと距離を置こうとし、バーンアウトすることさえある。

よりよい影響力を行使するには、こうしたマイナス面を認識した上で、他者の幸福を真摯に考えなくてはならない。[*11] また、影響力は強固な人間関係の上になり立っているから、「自分はいつも約束や責任を果たし、信頼を築いているだろうか」とわが身を振り返ることも必要だ。人と話す際に、「私たち」という言葉を使うよう心がけるのもいい。たとえば、「選択肢を考えましょう」の代わりに、「私たちはほかにどんな方法を取れるでしょう？」と言うなど。また、人への思いやりや献身を、型にはまった方法ではなく、自分なりに工夫して伝えるように努めよう。

影響力は、うまく使えばお互いの共通の利益を推進するのに役立つ。この場合の影響力は、別のＥＱ能力である「鼓舞激励」の色合いを帯びる。

鼓舞激励

伝説的な靴会社トムス（TOMS）には、「トム」という名の創業者はいない。長年のCEOであるブレイク・マイコスキーが創業したトムスは、同社の有名な理念「1足売れるたびに1足贈る」を表す、「明日のための靴（TOMorrow's Shoes）」の略語である。同社は靴が1足売れるたびに、貧困地域の人に靴を1足贈っている。

だが、会社の目的に大きな情熱を感じていたはずのマイコスキーは、いつしか関心と熱意を失ってしまった[*12]。彼は長期休暇を取り、なぜそんな気持ちになってしまったのかを考えた。そして、TOMSが値引きなどの販促手法によって事業拡大と成長をめざすうちに、ほかの靴メーカーと変わらなくなってしまったことに気がついた。野心的な売上目標を達成しようとするあまり、会社は魂を失ってしまったのだ。

彼は組織の本来の「目的」に再び集中しようと誓った。コーヒー事業に参入して、コーヒーが1袋売れるたびに、水不足の地域に1週間分の飲料水を寄付し始めた。またハンドバッグの販売を通して、乳児死亡率が高い地域の女性が安全に出産できるよう支援し、バックパックの売上から、いじめを減らすためのプログラムに資金を提供している。

ビジネスは「人々の暮らしをよりよくする」ために利用できるのだと、マイコスキーは言う。

鼓舞激励に長けたリーダーは、共通の使命を打ち出して部下を駆り立て、目的を達成する。部下の日常業務に意味と目的意識を与え、ただ目標をクリアするだけでなく、自分の最高の側面を引き出せるよう、部下を奮い立たせる。[13]

ある職場調査によれば、共通の使命やビジョンを打ち出して部下の心を動かすリーダーは、非常にポジティブな雰囲気を生み出すことができ、部下はそうした空気の中で、自分の仕事に意味とやりがいを感じるという。[14] 深い満足と誇りを持ち、最善の努力を尽くそうとする。

新型コロナが初めて確認された２０１９年末、世界的な製薬会社ファイザーのＣＥＯアルバート・ブーラ博士は、迫り来るパンデミックが人間の生命に未曾有《みぞう》の脅威をもたらすことを予見した。そこでチームに「数十億回分のコロナワクチンを9カ月で用意する」という、不可能にも思えるタスクを課した（と、彼はのちに語っている）。[15] 当時のファイザーは、新薬の開発に平均8年を要していたうえ、この種の医薬品の生産能力は多くて２００万本だった。だが２０２０年3月時点で、屋内での集まりが増える冬に感染と死亡が急拡大することが見込まれていた。だからこそブーラ博士は、９カ月でワクチンを開発し、数十億本を製造するという、不可能な挑戦をチームに求めたのだ。これは人類を月に送るような野心的な挑戦、いわゆる「ムーンショット」だった。

この挑戦を課すことによって、ブーラ博士は「人々の生活を大きく変える、生物医学的ブレークスルーを生み出す」という、同社の理念を呼び覚ました。チームは発奮し、提携先のバイオジェンとともに、不可能を可能にした。彼らはワクチン開発を迅速化する新しい手法を発見し、あり得ない時間的・数値的目標を達成したのだ。

リーダーはさまざまな方法で、人々のやる気を掻き立てることも、挫くこともできる。毎日の会議の場を例にとってみよう。CREIOの会員リチャード・ボヤツィスはこう指摘する。「幹部が重要指標の発表で会議を始めると、出席者の気がそがれてしまいます。もちろん数字は重要ですが、そのせいで会議の雰囲気が懸念に満ちたものになるんです」

これとは対照的に、ボヤツィスの知っている医療会社のCEOは、会議のはじめに医療スタッフを指名して、患者を助けた話をしてもらうという。「その話を聞いた全員が、『私の仕事は予算を立てることじゃない、人を助けることだ』と思い出します。そして仕事に誇りを感じるわけです」とボヤツィスは説明する。

またこんな例もある。コロナ禍の最中に、医療協会の幹部が集まって、ワクチン接種を一般向けに推奨すべきかどうかを議論していた。協会のCEOはこう言った。「私たちの使命は人々を癒やし、健康を守ることです。ワクチン接種が増えれば、地域社会の健康は守られるじゃありませんか」

人々を奮い立たせるためには、何が必要なのだろう？　といっても、数千人を行動に駆り立てる必要はない。私たちの影響範囲はもっと狭く、家族や友人、仕事仲間を動かすのがせいぜいかもしれない。だが数人であれ大人数であれ、鼓舞激励は同じ出発点から始まる。

まず大事なのは、自分自身が奮い立つことだ。先見の明を持つビジョナリーは、自分が心から信じるビジョンを言葉にする。だからこそ、使命を確信に満ちた言葉で相手の心に届けられる。心のこもった、聞く人の琴線に触れる言葉で、自然に伝えることができる。言うまでもなく、このためには自己認識と、他者の心に寄り添う共感が欠かせない。何かに心を深く動かされた時、その感情を他者の心に響くかたちで伝えれば、ポジティブな感情の場を生み出すことができる。

激励演説でなくても、もっと間接的に鼓舞する方法もある。建設会社のCEOアーロンは、ある時の月例全社会議で、マンハッタン南端部の建設現場に作業が始まる午前6時に行った時の話をして、作業員のひたむきさと真剣さに心を打たれたと語った。「彼らは毎朝6時に現場に集まります。ニューヨークに住んでもいないのに、ですよ。彼らが泥まみれになりながら、その日の作業のことを熱心に話し合っているのを見て、胸が熱くなりました！」*16

翌日、従業員から「大きな反響」があったという。

対立管理

デロレスは世界的ホテルチェーンで人事研修を統括している。この職務を始めてすぐ、会社の研修プログラムを事業戦略に合わせて刷新しなければと痛感した。だが最大の難関は、社内でCEOに次ぐトップ2の立場にある、法人事業部長のポールを説得することだった。

ここには複雑な事情があった。デロレスの上司はポールと対立していたのだ。上司は、ポールのことなど気にせず、計画を進めなさいと言う。だがデロレスは、ポールのサポートなくして計画の成功はあり得ないことを知っていた。

デロレスはポールと強い信頼関係を築くことに時間と労力を費やし、彼が何に抵抗を感じ、何に情熱を持っているのかを知ろうとした。ポールは売上至上主義で、数字をとても気にしていることがわかった。そこでデロレスはまず、ポールの優先事項に理解を示した。

そうやって良好な関係を築いてから、改革の構想を少しずつ提案し始めた。ポールの反応に注意を払い、新しいプログラムを試して気に入らなければ不参加を選べると説明した。ポールはこの一言で、新しいことを試すハードルがググッと下がったと感じた。デロレスはポールの賛同を確実に得るために、社内のほとんどの部署で新しい研修プログラムの効果が現れるのを待ってから、ポールの部署に導入するという手順を踏んだ。

このやり方は成功した。ポールは新プログラムの強力な支持者になった。デロレスが発揮したのは、すばらしい対立管理の能力である。対立しそうな人と強い信頼関係を築き、心を通じ合わせて、対立の芽を摘んでしまうのだ。

「リーダーやマネジャーにとっては」と、ある医療協会のCEOは話してくれた、「対立を早めに察知することが肝心です。そうすれば、争いが激化してネガティブな感情が広がるのを防げますから」。同じことが、パートナーや親、友人など、どんな人との関係にもあてはまる。

このCEOによれば、衝突を和らげるための第一歩は、双方が不一致について話し合う前に、まず「一致できる点」を一緒に考えることだという。たとえば彼の部下のCIO（最高投資責任者）は、機動的な予算配分を求めた。問題があればその都度解決して、得た教訓を活かしながら、業績改善のために臨機応変に資金を配分し直す方法を主張した。

一方CFO（最高財務責任者）は、取締役会が決めた予算をCFOが配分するという、従来型の固定的な財政計画を強く支持した。2人は互いに譲らなかったが、CEOは双方の力量を高く買っていたため、対立を解消することに心を砕いた。

まず、会社の存在目的を2人に思い出させた。医療システムの根本的な使命は、人を癒やすことであり、2人の仕事は、それぞれの職務でこの使命に貢献することだ。予算という規律は使命の達成を助けるが、機動性が必要なときもある。だからあなたたちの不一致はささいなものでしかないと、CEOは力説した。「お互いを攻撃して時間を浪費する代わりに、一致できる点が多いことに気づいてほしかったんです」とCEOは説明する。「同じ使命を共有している」という意識が、対立解消の第一歩になるはずだと考えたのだ。

最終的にCFOは、機動的な予算が使命の実現を助けることを理解して、CIOの方法を受け入れた。

カップルや家族から地域社会まで、個人商店から巨大企業までのあらゆる集団に、対立はつきものだ。不一致への対応は、自己管理から始まる。

マサチューセッツ州マーサズ・ヴィニヤードの島民集会で、小学5年生のグループが、環境のために使い捨てペットボトルを禁止してほしいと訴えた。だがこの島は夏のリゾート地で、ペットボトルの水は商店にとって暑い日の主力商品だ。ペットボトル水で大きな利益を上げている商店主たちは、ペットボトル水の販売禁止条例を求める小学生に激しく反発した。ある商店主は子どもたちに向かって、水はドル箱だと怒鳴り立てた。

5年生の1人はこう語る。「ああ、この人は僕が怒鳴り返すのを待っているんだって、自分に言い聞かせたよ。だから冷静に話を聞いて、お互いが一致できる点を探そうとした。そうしてから、新しい情報を提供したんだ」

新しい情報とは、商店の卸売業者がペットボトルに代わるリサイクル可能な紙パック水を取り扱っているということだ。商店主は考え直し、ペットボトル水の販売禁止を支持することにした。

この5年生は、とてつもない対立管理能力を発揮した。このスキルを使うには、さまざまなＥＱ能力が必要だ。自分の感情を正確に知る「自己認識」と、平静を保ち衝動的な反応を抑える「感情バランス」、相手の言い分に耳を傾けて一致できる点を探す「共感」。

これらのＥＱ能力を発揮すれば、「今ここ」に心を向けられる。子どもたちは挑発に乗って怒ったりせず、怒鳴る相手のエネルギーを呑み込んだ。相手の言い分にじっくり耳を傾けて一致できる点を探し、明晰な頭を保ちながら相手を説得するための情報を集めた。

感情をコントロールする能力である「感情バランス」は、対立管理への重要な一歩だ。厄介な話し合いでは、怒りに我を忘れたり、相手が泣いたりすることがある。そうした状況で冷静を保ち、耳を傾け、しっかり考え、適切に反応するためには、自分の感情反応をうまくコントロールすることが欠かせない。

対立の中で平静を保つこと――これは強力な認知制御の産物である――ができれば、頭を明晰に保ち、重要な事実や反撃材料を思い出すことができる。またハーバード・ネゴシエーション・プロジェクトが教えるように、和解への最も円滑な道は、双方が満足し許容できる、「ウィン・ウィン」の妥協点を見出すことにある。このためには、双方にとって納得できる大義名分を打ち出す、「鼓舞激励」の力が必要な場合がある。

職場では、予算の優先順位やマーケティング計画、功績を誰に帰すか等々について、意見の食い違いが避けられない。そうした事態により戦略的に対処するには、「不一致は失敗ではなく、当たり前のことであり、機会である」というマインドセットを醸成することも必要だ。[*17] つまり、意見の相違を「仕事のやり方を改善できるチャンス」だととらえるのだ。同僚と意見が食い違ったら、お互いが自分の論拠を説明し、よい点悪い点を一緒に考えれば、斬新な解決策を生み出せるかもしれない。

こうした対立で自己認識を発揮することには、別のメリットもある。自分自身をよりよく理解できるのだ。自分にとって何が大切なのか、自分はどんな働き方がしたいのか、どんなことが動揺のトリガーになるのか、といったことがわかるようになる。それに、意見が合わない相手についても同じことを理解できるから、関係改善につながる。対立を建設的に解消できれば、その過程で相手との関係が深まるだろう。

ケアリーが会った2人の外科研修医の話をしよう。彼らが勤務する病院は、コロナ収束後に経費削減のために2部門を統合して、余剰人員を解雇した。ビジネスではよくあることだが、組織再編のせいで残ったスタッフの業務負担が増えた。少ない人員で同じ数の患者に対応しなくてはならない上、仕事の進め方が違う2部門が一緒になったために軋轢《あつれき》が生じた。2部門をそれぞれ担当する研修医は、どうしたらこの状況を改善できるだろうかと、ケアリーに相談してきたのだ。

ケアリーはこんな提案をした。最初に2人で話し合い、お互いの部門に対して感じていることを率直にぶつけ合う。それから部門ごとに分かれて、問題について話し合う。この時まず研修医が自身の思いや考えを正直に話してから、スタッフの気持ちをじっくり聞く。ただし、「こうすべきだ」と意見を押しつけたい衝動を抑えなくてはいけない。そして最後に、研修医が考える解決策を提案する。

これを行う上でカギを握るのは、2つの主要なEQ能力である、感情の自己管理と、他者の感情への共感だ。対立に備えて心の準備をしておくといい。激しい舌戦になることを心配してやきもきする代わりに、「どうしたらよりよい仕事ができるように手助けできるだろう?」と考えるのだ。また、相手の側に立って考え、相手がなぜその考えを主張しているのかを理解することも肝心だ。

そして、実際の話し合いの準備もしよう。話し合いで何をかなえたいのか、言いたいことが相手に伝わらない場合はどうするか、相手の出方に応じてこちらの対応をどう変えるか、といったことをあらかじめ考えておく。対立は学習し、人間関係を深め、リーダーシップのスキルを磨く機会になる、とケアリーは研修医に教えた。

共感はどんな状況でも役に立つ。ある特殊学校では管理職同士の折り合いが悪く、仕事に支障が出ていた。ケアリーの指導の下で行われた1日研修では、数人から問題行動専門家のディックへの苦情が上がった。児童が荒れて教師が助けを必要としている時に、ディックに「連絡がついたためしがない」というのだ。ディックは昂然と反論し、話し合いは紛糾した。

ケアリーはこんな提案をした。「ちょっと頭を絞って、教室で騒ぎが起こっている時にディックが来られない事情を思いつく限り挙げて下さい」。こうして彼らはディックを非難する代わりに、彼の立場に寄り添って考えることができた。次に、そうした状況で教師が何を求め、懸念しているのかをディックに伝え、ディックがいない場合にどう対処したらいいのかをみんなで考えた。そしてディックも、呼ばれた時にできるだけ駆けつけられるように、自分の活動を見直すことにした。このエクササイズのおかげで、チームはあからさまな衝突を避け、仲間の1人を攻撃する代わりに、力を合わせて問題に建設的に対処できたのだ。

ＥＱの人間関係管理能力のそれぞれが、仕事やプライベートで大切な人たちとの関係を強化し、深めるための手段になる。「影響力」を発揮するためには、信頼に裏打ちされた強固な関係が欠かせない。「鼓舞激励」には、まず全員にとって最も意味のある目標を認識し、共感を駆使してそれを心に響くような方法で説明することが求められる。「コーチング」も「対立管理」も、軋轢やいさかいを乗り越えるために、揺るぎない関係の上になり立っている。良好な人間関係は、オプティマルゾーンにいるというしるしである。

私たちがＣＲＥＩＯを創設した数十年前は、ＥＱが「成功」に欠かせないことを示す研究やデータはほとんどなかった。ダンが『ＥＱ　こころの知能指数』を書いた当時、「ＥＱが職場パフォーマンスのカギを握る」という考えは、ダンの強い直感でしかなかった。数十年後の今は、データがそれを裏づけている。個人的な成功にとっても、また教会から学校、非営利団体、政府、企業までのあらゆる種類のあらゆる規模の組織の成功にとっても、ＥＱ能力が大きなカギを握ることが明らかになっている。そしてリーダーにとっても、チームや事業部門全体にとっても、ＥＱが強みになることが示されている。第Ⅲ部ではこれを見ていこう。

第 III 部

EQと組織

第9章

いろいろな名称で呼ばれるEQ

メルは集合住宅の管理を統括する責任者だ。仕事は気に入っているが、ひどいストレスを感じることもある。ある時、管理しているアパートの1つで火事があり、住人がパニックになって野球のバットで消火装置を叩き割った。同じ日に別のアパートが車から銃撃を受け、住人の1人は体が麻痺してしまった。

メルは事態を収拾するためにそれぞれのアパートに足を運び、住人が危機から立ち直れるよう手を尽くした。保険を請求し、修繕を手配するなど、数々の手続きに駆けずり回った。だが問題はそれだけではなかった。管理人やスタッフまでもがひどいショックを受けていたのだ。つまり、メルは膨大な仕事を片づけるだけでなく、チームのメンタルにも配慮する必要があった。

そこで、仕事が山積みという重圧はあったが、メルはあえてチームに特別休暇を与えた。おかげでチームは落ち着きを取り戻し、かえって仕事がはかどった。メルが示した共感的配慮は、彼が働く会社の「優しさで最高の結果を」という事業理念の現れだった。

オプティマルなパフォーマンスの有効成分であるEQ能力は、場所によって違う名前で呼ばれているが、どんな状況にも必要だ。たとえば「自己認識」は、自分の目的意識に耳を澄ませ、感情をコントロールするのに役立つ。感情バランスなどの「自己管理」は、変わりゆく課題に敏捷に対応し、挫折に負けずに明るい気分を保ち、何が起こっても目標に集中し続けるのを助ける。同様に「共感」は、鼓舞激励やコーチング、対立管理、チームワークなどの重要なEQ能力の根幹にある。ただしこれから見ていくように、こうした能力は組織によってさまざまな名称で呼ばれている。どんな会社（や家族）も独自の文化を持ち、EQ能力の呼び方も異なる。それでもEQが万人に必要なことは、驚くほど広く認められている。

EQのモデルや名称は数え切れないほどあるが、それらの１つひとつを、「ソフトスキル」を違う視点からとらえたもの、とみなすことができる。一方「ハードスキル」とは、コンピュータのプログラミングといった、認知能力を利用し感情とは無関係な能力をいう。企業が未来に目を向け、人材にどんなスキルが必要になるかを考えるなかで、ソフトスキルへの需要は高まる一方だ。

ある研究で、幹部人材紹介会社が２０００年以降の約20年間にクライアントのために作成した５０００件近くの職務記述書を分析したところ、顕著な傾向が認められた。[*1] 企業が経営幹部に求める資質として、ＥＱを中心とするソフトスキルの重要性が着実に高まっているのに対し、ハードスキルを重視する度合いは低下していたのだ。

具体的に言うと、ソフトスキルの重要性を強調する職務記述書が約30％増加する一方で、ハードスキルを重視するものは約40％減少した。この傾向は今も続いている。ハーバード・ビジネス・レビュー（ＨＢＲ）誌で報告されたこの論文は、トップリーダーには数字を扱うスキルだけでなく、「対人スキル」が求められている、と結論づけた。

財務やオペレーションなどのハードスキルも重要だが、最近では経営幹部のパフォーマンスは、主にＥＱ関連の新しい指標――自己認識、共感（他者の思考や感情を読み取る能力）、それにソーシャルスキル（傾聴、コミュニケーション、多様な人々と協調する能力）など――によって評価される。

企業はこうしたＥＱ能力を、人事や財務、マーケティングの責任者、ＣＩＯ、そしてもちろんＣＥＯに求めている。ＨＢＲ誌の論文にはこう書かれている。「今日、企業が経営幹部として採用しなくてはならないのは、高い技術力を持つグローバルで多様な従業員のやる気を引き出せる人材である。また、海外政府から有力なＮＧＯまでの多様な関係者とわたり合い、優れた政治家のような役割を担える人材である。そして、新しい会社で自分のスキルを迅速かつ効果的に発揮できる人材である*2」

この論文が指摘するように、今ではＥＱ能力は最高経営幹部に限らず、あらゆる階層の人材に求められている。「高度なソーシャルスキル」が必要とされる仕事は、階層を問わずますます増えている。しかも、そうした仕事への需要は、労働市場全体の成長率よりも速いペースで伸びているのだ。

他の名称で呼ばれるＥＱ

非営利の民間調査機関コンファレンス・ボードが企業会員を対象に行った世界的調査で、どんなスキルのコーチングを経営幹部に提供しているかと尋ねたところ、ＥＱ関連の能力が上位5位を占めた（戦略的思考やビジネススキルなどよりずっと多かった）*3。ただし、これらのスキルは異なる名称で呼ばれていた。「チームの統率と人材開発」「エグゼクティブプレゼンスと影響力」「取引関係の管理」「変革に対応し推進する力」など。「ＥＱ」もあったが、この用語が何を意味していたのかは不明である。

そして驚くべきことに、いくつかのEQ関連能力が、この調査で「EQ」と呼ばれていた能力とはまったく無関係に思える名称で呼ばれていた。このことから言えるのは、組織がリーダーのEQを高めることにどの程度関心を持っているのかは、外からはわかりにくい、ということだ。「EQが優れたリーダーシップの根幹にある」という考えは、今では広く浸透しており、そのせいでEQという言葉が形骸化している。

EQが企業文化にどの程度浸透しているかは、わかりづらいことがある。EQやEQ能力の名称は企業によって違うから、EQなのかどうかを判別しにくいからだ。従業員が気づかないうちに、EQの要素が企業文化に織り込まれている場合もある。私たちはこうした現象を、EQの概念が成熟化した証しと考えている。あまりにも広く普及したために、EQの重要性はとりたてて言う必要もないほど「当たり前」のこととみなされているのだ（「バランス・スコアカード」なども同様だ）。経営幹部は「感情的知性」や「EQ」が重要だと聞いても、「それは何？」などと問い返さず、「もちろん」と答える。

EQという用語が企業の言語やDNAに取り込まれると、たとえ別の用語に取って代わられても、その概念は従業員の行動や文化に強力に作用する。

ある建設会社にもEQの規範が深く根づいているが、社内で「EQ」という言葉が使われることはほとんどない。同社のCEOはこれを問題だとは思わず、「EQはモノではありません、事業目的を達成するための『ふるまい』なんです」と言っている。

もう１つ例を紹介しよう。大規模な人事コンサルティング部門を持つ世界的組織コンサルティング会社は、さまざまな能力を「成功要因」という用語で表すが、これらはEQと大きく重なり合っている。成功要因としてリストアップされる能力は、世界中の企業に広く普及し、それぞれの企業文化に合った名称で呼ばれている。

またある記事では、「生産的な人間活動」に必要な要件と「自分や他者の真の生産性を促す要因」として、「冷静で開かれたひたむきな心、高い自己認識、高い自己変容力、そしてもちろん、規律ある情熱と強力な人間関係」が挙げられている。[*4] これらがEQ能力の自己認識、自己管理、共感、対人能力を指しているのは明らかだ。

EQ能力の別称は、グーグルやメルク、シティバンク、カミンズといった企業の言葉遣いにも見られる。たとえば「エグゼクティブプレゼンス」（周りの人にしっかり向き合うという意味での共感）、「顧客の声に耳を傾ける」（これも共感の一種だ）、「リーダーシップカリスマ」（共通の使命や目的を思い出させ、部下の最善の能力を引き出す）など。それに「よきコーチになる」や「部下を育てる」なども、部下のEQ能力を伸ばす手助けをするということだ。「協調性を持つ」、つまりEQ能力で言う「チームワーク」は、他者と力を合わせて共通の目標をめざすことを指す。ここまで説明してきたように、これらはすべてEQの異なる側面である。

先ほどのHBR誌の論文にも、「ソフトスキル」がいくつか挙げられている。

- 「ソーシャルスキル」――さまざまな対人能力のこと
- 他者がどう考えているかを推測する能力である、「心の理論」――認知的共感の一種
- 人の話をよく聞き、うまくコミュニケーションを図る能力――共感の一面
- 多様な人々と力を合わせる能力――これも共感の一面
- 自己認識――この能力は自己管理など、ほかのEQ能力を伸ばすための基盤になる
- 対立管理――これはEQ能力そのものだ
- 不測の事態に対応する能力――つまり適応力

これらの能力のすべてが、EQモデルに含まれている。

情報処理技術の導入で業務の自動化が進んでいる事業であっても、EQは企業の成功にとってますます重要になると考えられている。その理由はこうだ。「市場のすべての競合が同じようなツールを活用している中で、リーダーがみずからの差別化を図るためには、そうしたツールを使う人材をうまく管理し、動かしていくしかない。それをするためには、あらゆる面でコミュニケーション能力に長けている必要がある。メッセージに工夫を凝らし、

共感を込めてそれを伝える能力が求められているのだ」[*5]

そのうえ、ダイバーシティおよびインクルージョン重視の流れと、トップ経営層がＳＮＳを通して注目を集めて有名人化している現状を考えると、最高経営幹部がＥＱ能力を高める必要があるという議論はますます説得力を帯びてくる。また出社とテレワークが混在するハイブリッドな職場では、人とのつながりが希薄になりがちだ。それに、気候変動による異常気象の頻発により、人間の認知能力が阻害され、ストレスが高まっている。おまけに、さまざまな変化の速度は時代を追うごとに加速の一途をたどっている。これらの傾向だけをとっても、不安定になりがちな感情を、ＥＱによってよりよく管理する必要性が高まっているのは明らかだ。

個人にとってのＥＱの重要性

ヨランダはショックを受けた。上司にこんな暴言を吐かれたのだ。「おい！　上司は私だぞ、わかっているのか？　それがわからないなら、ここに居場所はないぞ。本当にここにいたいのか？」

ヨランダは上司と折り合いが悪かったが、相性の悪さもここに極まれりという感じだった。この軋轢のせいで、仕事のパフォーマンスが低下した上、心身の健康にも悪影響がおよんだ。だがヨランダは自分の健康はさておいて、上司の気持ちを探ることばかり考えた。彼女は切羽詰まって、なんとかして関係を改善できないかと思案したが、上司は「考えが読みにくい」タイプの人だった。

それでもヨランダはあきらめなかった。最初の難題は、自分の感情をコントロールすること、とくにパニックを抑えることだった。上司にどやしつけられたせいで、ものごとを悪い方へ悪い方へと考えてしまった。「私は上司に評価されていない」から、たちまち「もうクビだわ」と思い込んだ。そこでまず、そうした破滅的な考えに気づいて、気持ちを落ち着かせようとした。

彼女はどうにかこうにか、災難に思えたできごとを冷静かつ明確に理解することができた。それから、自分のうろたえた気持ちに注目するのをやめて、上司を理解することに集中した。つまり自己注目から抜け出して、共感へと意識を移した。おかげで上司がどう感じ、何を求めているのかが少しずつわかってきた。「礼儀正しく質問をして、上司がどう考えているのかを理解する方法を学んだんです」

共感を示す方法は実を結び、上司との関係は改善した。関係がうまく回り始めると、くよくよ悩まなくなり、上司が求めていることを先回りしてできるようになった。上司とうまくつきあえるようになると、ヨランダは頭角を現した。やがてその仕事ぶりが上層部の目にとまり、上級役員に抜擢されたのだ。

そりの合わない人と毎日顔を合わせるつらさは、職場にありがちな多くのトラブルの１つだ。そうした問題は、自分と相手の気持ちにうまく対処することで解決できる場合が多い。だからこそ、自分や他者の感情を正確に察知し、理解し、管理する能力であるＥＱは、仕事のパフォーマンスを高め、オプティマルゾーンに入るのに役立つのだ。

よくある誤解の１つに、オプティマルゾーンに入るためには、感情的能力より認知能力の方がずっと重要だ、というものがある。だがここまで説明してきたように、認知能力を最大限に発揮できるのは、感情が良好な状態にある時だ。しかしこのことはつねに理解されているとは限らない。

ＩＱに関する誤解

シリコンバレーのバイオテクノロジー会社は、頭がいい人が仕事ができるという考え、いわゆる「天才至上主義の文化」の弊害に頭を悩ませていた。こうした「知性のマウンティング」は、信頼と協力をもたらす代わりに、仕事の妨げにしかならないねたみと対抗意識を燃え上がらせるだけだった。そこでダンが呼ばれ、ＩＱだけでなく、ＥＱを持つことの重要性を経営陣に話すことになった。

ダンはこう説いた。賢さはもちろん強みになるが、やる気を持ち、他者の気持ちに寄り添い、チームで力を合わせ、部下を鼓舞し、リーダーを指導・育成することもまた大切だ。これらの能力の1つひとつが、EQの現れである、と。

ダンは技術系やエンジニアリング、バイオテクノロジー、金融など、「頭のよさがすべて」という信仰がまかり通っている業界の企業に呼ばれた時は、いつもこのメッセージを伝えている。たとえば世界的携帯電話会社に頼まれて、高IQがすべてだと信じる数百人のエンジニアに話をした時もそうだ。

一般にIQの重要性に関しては、「学校や研究の世界で成功する力があれば、キャリアでも成功できる」と考えられている。またもう一歩踏み込んで、「IQなどの認知能力とEQなどの非認知能力の両方が重要だが、キャリアの段階によってそれらの重要度が変わる」という見方もある。

仕事で高いパフォーマンスを発揮するためには、技術やビジネスの専門知識であれ、純粋なIQであれ、一定の認知能力が欠かせないのは言うまでもない。だがEQは、あらゆる認知能力を補強する働きがある。EQがあれば、たとえば人を説得してサポートを得たり、人を鼓舞してやりがいのある目標に向かって駆り立てたりすることもできる。

キャリアで成功するにはIQとEQの両方が重要だが、それぞれの重要度は変わっていく。IQが最も役に立つのは学生時代で、キャリアを進むにつれてIQの寄与度は低下し、EQの重要性が高まる。

学業成績がいくら優秀でも、キャリアでも成功できる保証はない。[*6] 大学時代の成績と業務遂行能力との相関性は、キャリアの1年目でもかなり低く、キャリアを進むにつれてさらに低下し、やがてほとんどなくなる。[*7] ハーバードとMITの経済学者が、卒業前の高校生に面接とIQテストを実施し、35歳時と53歳時に追跡調査をしたところ、IQは卒業後の人生の成功要因として過大評価されていることがわかった。[*8]

もちろん、認知能力はある程度は重要だ。IQ100は平均的な知能水準を表し、MBAなどの修士号を得るには平均を1標準偏差上回る115程度のIQが必要だ。一般に、どれくらいの学業成績が取れるか、どんな大学に入れるか、認知的にどれくらい複雑な課題に取り組めるか、どんな仕事や職務に就けるかが、IQによってほぼ決まるのは間違いない。

だがいったん仕事に就いてしまえば、高IQは「フロア（必要最低限の能力）」になる。全員が同じくらい賢い状況で、大きな差別化要因になるのはEQだ。認知能力とEQの関係は、こう考えるとわかりやすい。ソフトウェアのプログラミングは純粋な認知能力が要求される仕事だが、チームの一員としてプログラムをつくるには自己管理や対人能力が欠かせない。同様に、優れた会計士になるには認知能力が必要だが、クライアントのニーズに応えるには共感が欠かせない。医師、歯科医、看護師などの医療専門家になるのにも認知能力が必要だが、患者と心を通じ合わせ、指示に従ってもらうにはEQ能力も不可欠だ。

ある時研究者の集団が困惑、いや憤慨していた。最近では経営教育の教科書は、EQにIQの2倍の紙面を割くようになっている。だがIQが仕事のパフォーマンスの有効な予測因子であることは数々の研究で示されているのに対し、EQについてははっきりしたことはわかっていない。だからEQよりもIQにもっと紙面を割くべきではないか、というのだ。

たしかに、高IQが仕事でのパフォーマンスの高さを予測するという、幅広く引用されている研究成果がある。だがそのデータを注意深く調べてみると、必ずしもそう言い切れないことがわかる。EQを含むその他の要因がパフォーマンスに影響をおよぼしている可能性が大きいのだ。[*9]

キャリアではIQもEQも重要だが、キャリアのどの段階にいるかによって重要度は異なる。高IQが最も役立つのは学生時代だ。IQは学業成績の最も強力な予測因子だが、キャリアを進むうちにIQだけでは成功を予測できなくなっていく。

なぜだろう？　それは、頭のいい人が対人能力も高いとは限らないからだ。職場のスター人材になるような人は、ＥＱ能力に強みがある。認知能力もとても重要だが、ＥＱにはあらゆる能力を増幅させる効果がある。そのため、かつては「あればなおよい」という程度の認識だったＥＱは、今では能力を高める重要な「増幅装置《ブースター》」とみなされているのだ。

ＥＱを測るための最先端の指標に、「感情的・社会的能力指標（ＥＳＣＩ）」がある。これは３６０度評価によって個人的・対人的能力を診断するもので、（第Ⅱ部で説明した）高業績リーダーをつくる12のＥＱ能力を測定する。

これは「３６０度」評価なので、評価対象者のことをよく知っていて、対象者が意見を尊重して聞く、10人から12人の評価者が選ばれる。評価者は匿名だから、率直なフィードバックを与えられる。人は自分の能力を正しく評価できないことが多いが、他者の視点のおかげで自己評価のバイアスを排除できる。いろいろな立場の評価者が、あらゆる方向から対象者の12のＥＱ能力を総合的に評価し、それらの評価の平均値が、対象者の主なＥＱ能力の強みと弱みを表す指標となる。対象者はこの結果をもとに、必要なＥＱのトレーニングやコーチングを受け、その後またＥＳＣＩ評価を受けることで、自分の進捗を追跡することができる。

ＥＳＣＩは今では広く利用されており、すでに世界中の約１万の組織で１３０万人以上の評価者によって実施されている。これらの全データを分析したところ、ＥＳＣＩ評価を受けた15万5000人のリーダーのうち、EQ能力が高いと評価された（12の能力のうち9以上で高評価を得た）人はわずか22％で、10人に約4人はEQ能力が乏しいと診断されていた。[*10]

こうしたEQの理想と現実のギャップは、近年ますます問題となっている。新しい事業上の難題が次から次へと発生し、状況やニーズがめまぐるしく変化するこの世界では、これまで以上に適応力が必要だ。組織内外の重要な関係者と意思疎通を図り、周囲の人だけでなく、世界中の人々の感情を読み取る力が重要性を増している。さまざまな危機が入れ替わり立ち替わり起こる中で、リーダーには共感や思いやりはもちろん、安定性とレジリエンス（つまり感情バランス）までもが求められるようになっている。くり返しになるが、これらの能力のそれぞれがEQの現れである。

本章のキーポイントをまとめておこう。EQ能力の重要性は企業に広く浸透しているが、各社の文化に合わせてEQとは異なる名称で呼ばれていることが多く、傍《はた》からはわかりにくい。新規採用時に重視される能力を見れば、こうした「ソフトスキル」の需要が高まっていることがわかる。EQはIQなどの認知能力とは異なるが、認知能力の効果を高める働きがある。EQ能力の理想と現実にギャップがある組織や企業の幹部が多いことが、データによって明らかになっている。

それでも次章で見ていくように、EQ能力の高さは、優れたリーダーやチーム、事業部門の特徴である。

第10章 EQとリーダーシップ

かつて業績好調だったエンジニアリング会社が経営難に陥り、レイオフ（一時解雇）を余儀なくされた。社内には不安が広がった。CEOは毎週のように経営陣と会議を行ったが、厳しい報告が続いた。ある週に、CFOが状況の好転を示す明るいデータを報告した。しかし残りの経営陣はそれを聞き流し、すぐに次の議題に移ろうとした。

だがCEOは不安が薄らぐのを感じた。明るい報告を聞いて前向きな気持ちになった。このよい気分を経営陣と分かち合いたくて、彼女はこう言った。「ちょっと待ってください、今のはすばらしい報告でしたね！　状況は上向いています。ここで少し時間を取って、私たちがこれまで状況を好転させるためにやってきたことを考えてみませんか」

そこで彼らは振り返りを行った。何がこの改善をもたらしたのだろうと話し合ううちに、気分が晴れ、笑顔があふれた。会議は和やかなうちに終わった。経営陣がそれぞれの部署に戻ると、部下たちは上司が上機嫌でくつろいだ気分でいるのに気がついた。よい感情は広がっていった。

ＣＥＯは自分の感情を読み取り、その感情をもたらした原因をチーム全体に示した。ＥＱを発揮して経営陣の気分を上げたのだ。そしてそのよい気分は、社内全体にさざ波のように広がった。それに、自分の感情を率直に表し、相手に本当の姿を知ってもらうことは、信頼獲得にもつながる。

感情の自己管理と対人能力に優れたリーダーは、組織全体や従業員によい影響をおよぼし、あらゆるパフォーマンスを向上させる。私たちがＣＲＥＩＯを設立した25年前には、これを裏づけるエビデンスはほとんどなかった。だが今では数百の組織を対象とした研究の膨大なデータがあり、高業績の必要条件（これらはすべてオプティマルゾーンの現れである）を備えたリーダーやチーム、従業員がもたらす、さまざまな好影響が明らかになっている。たとえば第2章で見たように、仕事満足度の向上や離職率の低下、やる気や士気の高まり、組織市民行動の増加、組織の利益拡大と成長などが挙げられる。

このすべてが、組織のトップやリーダーから始まる。ＥＱに優れたリーダーの下で働くと気分がよくなるから、オプティマルゾーンに入りやすくなり、よりよい日を過ごすことができるのだ。

EQ——リーダーに不可欠な能力

ニューヨーク市長のエリック・アダムスは2021年に就任した際、政権のトップ人材には「感情的知性（EQ）の高い人」が望ましい、とくり返した。

それだけではない、EQは市高官を選ぶ際の「最重要基準」になるとまで言ったのだ。「アイビーリーグで何を学んだかなど知りたくありません。どの大学に行ったか、自分のことをどれだけ偉いと思っているか、どんな理念を持ち、何をしたいと思っているかなど知りたくありません。……どんなに勉強ができるかなど知りたくないのです。私が知りたいのは、どんな感情的知性を持っているかということです[*1]」

2022年にウォルト・ディズニーの取締役会が、CEOボブ・チャペックの解任と前CEOボブ・アイガーの再任を決定した際に、理由の1つとして挙げたのは、チャペックの対人能力の欠如だった。ニューヨーク・タイムズ紙の報道によると、チャペックは共感をはじめとするEQに欠けていたようで、「そのせいで、ハリウッドのクリエイターと意思疎通を図り、良好な関係を結ぶことができなかった」という[*2]。

リーダーがEQを持つことの重要性は、数年前の研究でも明らかにされた。CREIO

の会員で、当時経営人材コンサルティング会社の調査部長を務めていたクラウディオ・フェルナンデス＝アラオスは、根本的な質問を投げかけた。「なぜ適任として選ばれた経営幹部が失敗する場合があるのか？」。彼の会社が紹介した経営人材のほとんどが成功していたが、中には解任される人もいた。彼がそうした失敗例を分析したところ、日本からドイツ、北南米までの世界中で同じパターンが認められた。失敗した幹部は、事業ノウハウのような「ハードスキル」を買われて採用されたものの、部下に怒りをぶつけるといった言動から、EQなどのソフトスキルに欠けていることが判明して解任されていたのだ。

この発見は、今では世界中の組織で人材採用の標準的業務手順として役立てられている。第9章で述べたように、最高経営幹部には「ハードスキル」だけでなく、「ソフトスキル」もますます必要とされている。

私たちがCREIOのウェブサイトを立ち上げた当時、最も訪問者を集めていたテーマは、「EQがビジネスに必要な理由」だった。それは当然のことだ。中小企業だろうと大企業だろうと、「利益」の追求を目的としない非営利団体だろうと、業績が重要なことに変わりはない。今ではEQに優れたリーダーはより有能だという、たしかなエビデンスがある。高EQのリーダーは従業員のパフォーマンスと気分を高め、組織全体の業績を向上させることがわかっている。

大規模な公益団体の管理職に関する調査を見てみよう。[*3] 管理職はEQテストを受け、上司によって業績目標の達成度を評価され、上司と部下によってリーダーシップ能力を評価された。結果、最もEQに優れたリーダーが、最もリーダーシップを発揮できることがわかった。

その上、管理職の性格よりもEQの方が、リーダーとしての力量に与える影響が大きかった（たとえば外向的な性格は、EQほど重要ではなかった）。そして高い知性、つまり高IQは、高EQほどにはリーダーとしての力量に直結しなかった。

私たちの同僚のリチャード・ボヤツィスはケース・ウェスタン・リザーブ大学のチームとともに、資産管理会社の経営幹部を対象に調査を行った。[*4] まず、いろいろな部門を担当する幹部のEQを、同僚や部下のファイナンシャルアドバイザーに評価してもらった。それから、各幹部部が過去3年間に採用したファイナンシャルアドバイザーの数を調べた――これはこの会社が幹部の業績を測るKPIの1つである。

結果、EQの高い幹部ほど、採用したファイナンシャルアドバイザーの数が多いことが判明した。そして、やはり幹部の一般的な認知能力や性格診断の結果は、業績の予測因子にならなかった。業績の違いをもたらしていたのはEQだけだった。

EQはどんなリーダーにも必要なようだ。聖職者も例外ではない。[*5] ボヤツィスのチームはこう指摘する。「牧師は教区民の生活や地域社会に影響を与える。……牧師は礼拝の説教から募金の呼びかけ、告解に至るまで、聖俗のさまざまな目標を達成するために、EQを発揮しなくてはならない」

ここでも、聖職者のEQやソーシャルスキルが高いほど、教区民の満足度が高いことが示された。

高EQリーダーのアドバンテージは、経営幹部からブルーカラー労働者までのあらゆる階層のリーダーに当てはまる。精銅所の労働者を対象とした調査研究でも、現場監督のEQが労働者のパフォーマンスを大きく左右した。[*6] 働く人の仕事ぶりに影響を与え得る要因は、その人の経験年数や年齢、教育水準、IQ、それに誠実さや協調性といった性格特性など、多岐にわたる。だがこれらの要因をすべて足し合わせても、パフォーマンスの差の約30％しか説明できなかった。残りの70％を説明したのは、上司のEQだった。このことは、上司と部下との関係の重要性を強調している。上司と険悪な関係にあれば仕事ぶりに悪影響がおよび、良好な関係にあれば仕事もうまくいくのだ。

CREIOの会員ロナルド・ハンフリーはさまざまな大学の研究者集団とともに、この種の研究から多様な組織の多様なリーダー2764人のデータを収集して、メタ分析を実施した。[*7] 結果、リーダーのEQが高いほど部下のパフォーマンスも高いことが確認され、リーダーのEQの高さは部下のパフォーマンスの25%を説明した。

仕事のパフォーマンスに経験年数や年齢、教育水準、IQ、性格特性（粘り強さなど）等々の要因が影響を与えることを考えれば、EQの「25%」という説明力は、統計的に見て非常に大きいと言えるだろう。アジアや南米、ヨーロッパなどのデータを見れば、これが世界のどの地域にも当てはまるのは明らかだ。

多様な業種の6万5000人超の起業家を対象とした別のメタ分析は、起業家の経済的成功、会社の成長率や規模といった、客観的成功を示すデータのほか、主観的成功についても調べた。起業家がこれらの指標で成功できるかどうかは、感情の自己管理や対人能力に大きくかかっているはずだ。分析の結果、やはりEQに優れた起業家ほど成功していることが示された。さらに特筆すべきことに、EQとIQなどの認知能力の相対的な寄与度を比べてみると、EQはIQの2倍以上の影響をおよぼしていたのだ。[*8]

利益だけではない

郡衛生局の看護管理者を務めるジェシカ・アンドリュースは、刑務所で働く看護師の扱いをめぐって、地元の保安官と激しく対立した。ジェシカの上司は迷わず彼女の側につき、保安官を直接問いただして非を認めさせた。[*9] ジェシカは、ケアリーが調査した看護師のうち、バーンアウトしなかった数少ない1人だ。彼女はその後の10年間、この職務に満足して熱心に取り組み続けたが、それは主に上司の力添えがあったからだ。

それにひきかえ別の看護管理者は、上司のサポートを受けたことが一度もないと打ち明けた。「しばらくすると意欲や創造性をすっかり失い、自信喪失に陥りました。たぶん、それが仕事にも影響したんでしょうね」。残念ながら、こちらの経験の方が一般的だ。ある調査では従業員の75％が、「職場での最大のストレス要因は上司」だと答えた。[*10]

リーダーのEQが従業員のパフォーマンスを大きく左右するのには、深い理由がある。上司との関係は、従業員の仕事満足度を予測する最も重要な因子であり、そして仕事満足度は人生の総合的な満足度と密接な関係があるのだ。[*11] メタ分析もこれを裏づけている。合計4665人の従業員を対象とした20の研究の結果を統合したメタ分析では、EQに優れた上司を持つ人は仕事満足度が高かった。[*12]

上司との関係は、同僚との関係にまで影響する。EQが高い上司を持つ従業員は、同僚を手助けする（組織市民行動を示す）傾向が高いのだ。[*13]

仕事満足度を測るもう1つの指標に、従業員、とくに優秀な人材の「離職率」がある。デル、EDS（エレクトロニック・データ・システムズ）、マイクロソフト、IBMなどの大企業の従業員260人を対象とした調査によると、高EQの上司を持つ従業員は離職率が低かった。[*14]

データをさらにくわしく分析したところ、高ＥＱのリーダーは、部下にやりがいのある仕事を与え、部下と信頼関係を築き、コミュニケーションを図り、連帯感を高めることに長けていた。こうした方法で良好な感情風土［集団のメンバー間の感情的な結びつきや、そこから生じる集団全体としての雰囲気］を保ったことが、部下の低い離職率につながったわけだ。

組織は従業員のウェルビーイングに配慮する必要などない、給料と安全な労働環境を与えさえすればいいという考えは、数十年前から変わり始めた。最近の組織は、従業員が仕事を「どう感じているか」にかつてないほど気を配るようになっている。たとえばマイクロソフトが発表した２０２２年版の「ワーク・トレンド・インデックス」報告書によれば、労働者はコロナ以前に比べて、仕事の内容よりも自分自身の健康とウェルビーイングを重視する傾向が高まっている。[*15]

初期の研究では、従業員のバーンアウトは性格特性（完璧主義など）の問題とみなされていたが、今では上司との関係がより大きな影響をおよぼすことがわかっている。リーダーが自分の感情をコントロールし、部下を思いやりを持ってサポートすれば（看護管理士ジェシカ・アンドリュースの上司が保安官に抗議したように）、部下はバーンアウトせずにストレスの高い環境に耐えることができる。ある管理職は、「上層部の無理難題から部下を守るのも私の役目なんですよ」と語っていた。

ある調査研究で、大規模な医療施設の技術部門で働く人に、心身の健康や幸福に関するアンケートに2週間にわたって毎日答えてもらったところ、共感力の高い上司を持つ人は、頭痛や腹痛などの身体的不調感が平均的に低いことが判明した。そうした不調を抱える人は苦痛が大きく、仕事の進捗も滞りがちだった。[*16]

ヨーロッパの研究者が、リーダーが組織を導く方法が従業員のウェルビーイングに与える影響を調べたところ、リーダーがストレスを感じると、部下へのサポートや思いやり、励ましが減ることがわかった。他方、EQを活用するリーダーシップスタイルは、部下のストレスを和らげる傾向にあった。[*17] この一例として、アスリートとコーチを対象とした調査によれば、コーチが精神的に消耗した状態にある時は、アスリートの精神的消耗もひどかった。バーンアウト状態に陥ったコーチは強圧的な態度を取ることが多く、アスリートをほめたり、感情に寄り添ったり、意思疎通をうまく取ったりすることが少なかったのだ。[*18] 組織再編中の食品小売会社の調査でも、協力的なリーダーシップスタイルの上司を持つ従業員は、ストレスが少なく、仕事満足度が高かった。[*19]

リーダーと感情労働

ある朝、児童保護サービスの責任者は、保護下にある家庭の母親が、夜中に子どもを殺して自殺したことを知った。彼と部下たちにとって、これほどまでに衝撃的なできごとは初めてだった。彼は出勤のために着替えながら、目の前の最も重要な課題に集中しなければ、と自分に言い聞かせた。これからの数時間、自分の感情は脇に置いて、部下が感情を適切に処理できるように手を貸さなくてはならない。

このできごとは、リーダーの難しい仕事をよく表している。リーダーは職務上、どんなに厳しい事業環境にあっても明るい展望を示し、会社の戦略的方向性に疑問を感じていても楽観的な姿勢を崩さないことを往々にして求められる。

このためには少々「演技」をして、本当の気持ちを押し殺し、自分に期待されている感情を前面に押し出さなくてはならないこともある。社会学者は職場でのこのような演技を長年にわたって研究し、「感情労働」と名づけた。感情労働とは、職務上の期待に応えるために、内面の感情をコントロールすることをいう。研究者は、現場で働く労働者の感情的負担――失礼な客にも「笑顔でサービス」するなど――に焦点を向けがちだが、リーダーもまた感情のコントロールを求められる。

その理由は、集団内では感情が伝染しやすく、とくにリーダーの気分はメンバーに大きな影響をおよぼすからだ。[*20] リーダーの気分がポジティブだと、メンバーの気分も上がり、パフォーマンスは向上する。リーダーの機嫌が悪いと、悪い気分がチーム全体に伝染し、パフォーマンスは低下する。それはなぜかというと、人間は集団内の最も力のある人を重視し、注目するようにできているからだ。この経験則は、あらゆる組織のCEOや経営陣から、チームや現場のリーダーまでのすべてに当てはまる。

最近のリーダーは、かつてないほど感情的配慮を求められている。組織の業績を注視しつつも、仕事の負荷が部下の心身の健康に与える影響にも気を配る必要がある。だがそうした思いやりや配慮は、チームだけでなく、リーダー自身にも向けられなくてはならない。なぜならリーダーの感情労働には犠牲が伴うからだ。リーダー自身の生産性が阻害されるばかりか、バーンアウトに陥り健康を害するリスクも高くなる。感情労働の重荷は、管理職の高い離職率の隠れた一因なのかもしれない。

リーダーは「強く」あるべきだという先入観のせいで、迷いや不安、苛立ちなどの感情を示すことをためらうリーダーもいるだろう。こうした感情を見せて、「弱い」と思われたくないのだ。この傾向がとくに顕著なのは、女性や有色人種のリーダーである。彼らは周りから認められるために同僚の何倍も頑張り、自分の所属集団のロールモデルでいなくてはと気負っているかもしれない。[*21] 女性や有色人種が感情をあらわにすると、白人男性が同じことをした場合よりも大きな不利益を被るという研究もある。[*22]

だがその一方で、自分の弱さを認めるリーダーは、部下の感情的ニーズを認識し、配慮する傾向が高いこともわかっている。[*23] リーダーが感情的な弱みを見せると、部下は安心して自分の感情を表せると感じる。

リーダーは感情労働の要求に応えるために、自分自身の感情を認識し、コントロールするとともに、部下の気持ちに寄り添い、部下との関係にうまく対処しなくてはならない。このことも、「リーダーのＥＱを高めるべきだ」という主張の論拠になる。リーダーはＥＱを高めることによって、孤独やシニシズム、パフォーマンス低下、ひいては心身の不調などの感情労働の悪影響から自分自身を守れるのだから。

自分の感情を抑圧し、本心を偽って楽観的な展望を示さなくてはならないリーダーの重荷を考えてみよう。そうした内面の抑圧が、自己管理能力の低下を招き、部下への暴言や無礼な言動として現れる場合があることを、心理学は示している。また内面の葛藤に苦しんで深酒をしたり、職場の鬱憤を家族にぶつけたりすることもあるだろう。

残念なことに、ビジネススクールではこうした感情的負担に対処する方法を、ＭＢＡ学生にほとんど教えていない。だが組織が配慮して、リーダーが安全に感情を吐露できる場、いわゆる「ダメな自分でいられる場所」をつくることもできる。ある実験で、リーダー同士が定期的に集まって、公私の問題を内輪で話し合える場を設けたところ、リーダーたちの感情的重圧が軽減しただけでなく、ＥＱも高まった。[*24] 一般に、リーダーはＥＱを高める手助けを得られれば、感情労働をうまくこなすためのスキルセットを身につけられる。EQを最も必要とするのは、自分や部下の感情に対処しなくてはならない職務に就いているリーダーだ。[*25]

リーダーにのしかかる感情労働のストレスを論じたHBR誌の論文は、組織がリーダーの感情労働の負担に目を向け、そうした負担に対処できるようサポートすべきだと説いている。[*26] この考えには賛同するしかない。

危機時のリーダー

ジェームズは大手医療保険会社で副社長を務めている。ある時、社内のチームがとても困難な状況に直面した。当局の厳しい規制審査の最中に、リーダーが病気で倒れてしまったのだ。ジェームズはチームが「かなり動揺している」ことに気づき、彼らがこの難しい時期を乗り越えられるように、「安心させ、励ます」必要を痛感した。

ジェームズはチームのそばにいて落ち着かせ、危機を乗り越えられるよう手助けしたかったが、彼のオフィスはチームの拠点から2キロ近く離れていた。そこで、チームが入っているビルの会議室に一時的に足場を移した。

そして、ただそばにいて安心させるだけでなく、チームを助けるためにまず自分自身の感情をコントロールした。「もし私がパニックになってあたふたしていたら、チームはますます動揺して、『どうしよう、リーダーの上司でも手に負えないなんて、相当マズい状況だぞ！』と思ってしまうだろう。状況は厳しいが、こういったことはつきものだ、必ず乗り越えられる、とチームに理解させる必要があった」

彼は正しかった。チームは大変な数週間をなんとか乗り切り、当局の審査に対応することができた。

リーダーが部下におよぼす影響が最も問題になるのは、危機の最中かもしれない。ジェームズの事例が示すように、そうした状況ではリーダーのＥＱの真価が試されるのだ。[*27]

カナダ・アルバータ州の組織再編中の大病院を考えてみよう。[*28] 再編は大混乱をもたらし、看護師と患者がそのあおりを受けた。アルバータ大学の研究者が州内の救急病院に勤務する６０００人超の看護師を対象に行った調査によると、ＥＱを発揮して部下を導く「ＥＱ型リーダー」を持つ看護師は、精神的消耗や心身の不調を報告する確率が有意に低く、精神的健康が有意に良好だった。[*29]

実際、ＥＱの高いリーダーの下で働く看護師は、過去１年間で精神的健康が「改善」したのに対し、共感に欠けるリーダーを持つ看護師は、精神的健康が悪化したと報告した。また前者の看護師は、チーム内の協働や医師との連携が促され、上司や仕事への満足度が高いと答えた。一方、後者の看護師が報告した、患者の治療ニーズが満たされなかった事例は、前者の看護師が報告した件数の3倍に上った。

では、危機対応を仕事とする人たちはどうだろう？　たとえばアメリカの原野火災消防隊を指揮する、災害現場指揮官を考えてみよう。リチャード・ボヤツィスらが、優れた指揮官と平均的な指揮官を比較したところ、前者は後者に比べ、7つの感情的、社会的能力に優れていた。両者の違いがとくに顕著だった能力は、感情バランス、レジリエンス、困難な状況への適応、共感、指導・育成、鼓舞激励である。*30

リーダーシップ——すべては影響力

小さな非営利社会福祉団体の代表を務めるドロシーは、乳癌の手術を受ける前日に、ボランティア志望者との会合で話をすることになった。「あんなことやりたくありませんでした。私は外向的なタイプではないから」と彼女は後に語った。「それでも私の番が来て、うちの団体が支援する家庭やクライアントのニーズについて話し始めると、みんながうんうんとうなずいて、『まさにそうだ』とか、『それはすばらしい』と思ってくれているのがわかりました。団体の理事会で話す時も、いつもそんな反応が返ってくるんです」

ドロシーは対面の会合で、とくに心を打つ物語を交えて話すと、熱心に聞いてもらえることに気がついた。「私自身の情熱や興奮、危機感を伝えることがとても大切です。私のエネルギーと情熱が、みなさんをやる気にさせるんですね」

こうした対面の影響力は、強力なリーダーシップの根幹をなしている。そしてこの能力を発揮するためには、自分の感情を利用して他者を動かす力が欠かせない。たとえば自分の悲しい気持ちを示し、伝えることによって、大切な人を失った相手を慰めるなど。[*31]

スタンフォードビジネススクールで人間関係の人気講座を教えるキャロル・ロビンも、こう指摘する。「新世代のリーダーたち、とくに未来を担う新進のリーダーたちは、感情なくして人を動かせないことに気づいています」[*32]

リーダーが自身の感情をあらわにすることで人を動かせる場合もあるが、やり方には注意が必要だ。どんな感情を「いつ」「どれくらい」表してよいのかは、職場の規範によって決まる。リーダーがそうした規範を破れば、リーダー自身だけでなく、部下の仕事ぶりにも悪影響がおよぶかもしれない。また「誰が」感情を表出していいのかも、規範次第だ。たとえばリーダーが怒りを表すことは大目に見られても、女性が同じことをすれば批判されるかもしれない。

とはいえ、リーダーも人の子、否応なしに感情は湧いてくる。そうした感情を抑圧し、表出を避けると、リーダー自身の信頼性や影響力が損なわれる場合もある。他方、職務のために心にもない気持ちを伝えて、信頼を失うこともある。こうした状況では、EQがモノを言う。EQの助けがあれば、組織の規範に合った方法で、自然に感情を表出できるのだ。

大手建設会社のCEOを務めるアーロンの例を見てみよう。前CEOが重要な会議中に心臓発作で急死し、社内のナンバーツーだったアーロンが後任に指名された。前任者と親しかったアーロンは、激しい喪失感に襲われた。

彼はその日の夜に、従業員に向けて、自分は悲しんでいる、あなたたちも悲しんでいいのだというメッセージを伝えることにした。会議が行われていたホテルに行って出席者と話し、それから全従業員に語りかけた。「私はこう伝えたんです。『今日は仕事のことは忘れましょう。私たちは家族であり友人でもあったCEOを亡くしました。……愛する家族がいる人は、その気持ちを今日伝えましょう。私たちだっていつ倒れるかわからないのですから』と」。アーロンの心のこもった言葉のおかげで、従業員は気持ちが楽になった。

アーロンは、痛ましいできごとが起こった直後に、自分の気持ちを表すことができた。だが心の落ち着きを取り戻してからでないと、気持ちを伝えられないという人もいるだろう。それは人間として自然なことだ。

有害な上司

ケアリーは、医療スタッフのバーンアウトに悩む大病院のCEOと人事部に依頼されて、病院の管理職向けに研修プログラムを開始した。

その後ケアリーは、前回のセッションで何を教えたのかとCEOに聞かれ、「管理職には、病院がスタッフを大切にしていること、彼らの貢献が欠かせないことを、積極的にスタッフに伝えるようにと教えました」と答えた。

すると、CEOは驚いた様子でこう言った。「私はそんなこと思っちゃいませんよ。大人はほめられなくても働くべきです。そのために給料を払っているんですから。給料という見返りさえ与えれば、それでいいんです」

CEOの言葉を聞いて、ケアリーは納得した。この病院がバーンアウトの問題を抱えるのも当然だ、と。

有毒な上司の悪影響は至る所で見られる。NBAの選手693人とコーチ57人を対象とした調査で、コーチの指導スタイルと選手のパフォーマンスを2シーズンにわたって調べた。コーチのスタイルは横暴性と攻撃性で評価され、選手のパフォーマンスはファウル数や得点数などの確かなデータをもとに評価された。結果、コーチが横暴であればあるほど、選手のファウルが多く、得点が少ないことがわかった——順位争いが激しくなるシーズン終盤でさえそうだった。[*33]

部下は、上司が上機嫌だった時のことよりも、上司に失礼なことをされた時や、上司が怒っていた時のことを思い出しやすい。ハーバード・ビジネススクールの「よい日」の研究で、ポジティブなできごとよりもネガティブなできごとの方が感情に（仕事のパフォーマンスにも）大きな影響をおよぼしたのも、「記憶のネガティビティ・バイアス」と呼ばれることの傾向のせいなのかもしれない。だからこそ、上司は部下にできる限り感情的負担をかけないよう努めなくてはいけないのだ。

人間の脳は、うれしいことよりも、うまくいかなかったことを強く思い出すようにできている。これはおそらく、次に緊急事態やトラブルが起こった時に備えて、そうした事態への対処法を考えておくことが、進化に有利だったからだろう。[*34] 子どもは家族で過ごした楽しい時間よりも、両親が口論した時のことをよく覚えている。あなたも、家族や身近な人にどう接しているかを振り返ってみよう。子どもやパートナー、配偶者に、イライラして怒鳴ったりしていないだろうか？　私たちの口調から伝わる感情は、相手のストレスを和らげることもあれば、高めることもある。

部下は上司の言動に細心の注意を払う分、上司の感情に振り回されがちだ。誰もが知っているこのことは、多くの研究で裏づけられている。上司の無礼で思慮のない不作法な言動は、部下の感情に深刻な悪影響を与えることがある。有害な上司は部下のやる気を失わせ、仕事満足度を損ない、全般的な精神状態にダメージをおよぼす。[*35]

それにひきかえ、礼節と敬意、慎みと思いやりのある上司は、部下の仕事満足度や組織への献身、パフォーマンスを高めることがわかっている。[*36]

要するに、批判は称賛よりもずっと強く感じられるから、部下を批判する際には気をつけなくてはいけないのだ。「軽く注意した」つもりでも、部下は「怒鳴られた」と感じるかもしれないのだから。

リーダーがEQを高めるには？

大手業務用食品サービス会社の地区担当部長を務めるカレンは、部下のサービス担当者が、職場の安全慣行に対する苦情を労働安全衛生局に申し立てたことを知って愕然とした。その瞬間むかついて、「首をへし折ってやりたい」と思ったという。

それでもカレンは心を広く持って、事情を確かめることにした。まず職場の安全慣行に問題がないことを確認した。それから、担当者が何に腹を立てて会社を攻撃したのだろうと考えた。担当者の上司から話を聞き、彼女が実際に仕事をする様子を観察してから、彼女と腹を割って話した。

けんか腰で問い詰めることはせず、「あなたの身に何が起こっているのかを知りたい」というスタンスに徹した。担当者は最初は渋っていたが、カレンが思いやりを持って耳を傾け、やさしく問いかけるうちに、心を開いた。夫が癌を患い、思うような治療が受けられずに困っていると打ち明けた。

カレンはただ理解を示しただけでなく、彼女の夫が必要な医療が受けられるように手を尽くした。おかげで彼女のストレスと怒りは解け、当局は「不適切な安全慣行の証拠はない」とした。

ケアリーがこのできごとを知ったのは、同僚のコーネリア・ロッシュと調査研究を行った時だ。この研究では、エグゼクティブコーチや、組織の人事担当上級幹部、組織心理学者に聞き取りをして、EQに優れたリーダーの例を挙げてもらった。[*37] 結果、多くのリーダーが、カレンと同様の手法でEQ能力を発揮していることがわかった。

そうしたリーダーに共通する手法の1つが、「自分の行動は他者の感情にどんな影響を与えるだろう?」と考えることだ。これは、自己認識と共感の行為である。たとえば大手医療テクノロジー会社の人事担当上級副社長リタが、経営幹部の定めた全社業績目標が未達に終わりそうなことが判明した際、どう対応したかを考えてみよう。過去の業績不振時には、役員にだけボーナスが支給され、従業員のボーナスはカットされた。

今回も同じことが起これば、従業員の感情へのダメージは計り知れない、とリタは考えた。さいわい彼女は、役員をボーナスの対象から外し、貢献度の高い従業員に裁量ボーナスを支給するよう、上級役員と取締役会を説得することができた。

リタはどうやってEQを発揮したのだろう？　何より先に部下の気持ちになって考え、まずい決定を下せば悪感情が組織の隅々《すみずみ》にまで広がることを察知したのだ。自分の決定や行動が他者におよぼす影響は必ずしもわかりやすくはないが、そうした場合でも自分の身に置き換えて考えることはできる。

他者の気持ちに対する感受性を高める方法を1つ紹介しよう。誰かのせいで嫌な気分になった時のことを思い出して、こう考えるのだ。「何があの嫌な気分を引き起こしたのか？相手の口調だろうか？　それともボディランゲージや、語られた／語られなかった言葉なのか？　自分が相手の立場だったら、どうしたらよかっただろう？」と。

次に、誰かのおかげで気分が上がった時のことを思い出して、同じことを自問する。そして、あなた自身も人によい気分を与えられるよう努力しよう。

もう1つの方法——視点を変える

大手鉄鋼メーカーのCOO（ここではスタンリーと呼ぶ）は、従業員から厄介な問題の報告を受けてストレスが高まった時は、こう考えるという。「とかくこの世は厄介だ。……私に相談にくる10人中９人が、複雑な問題を抱えている。……どんな問題も、１人の厄介者や、たんなる無能力や怠惰が引き起こしたと考えるのは単純すぎる。世界はそれよりずっと複雑なのだ」と。

スタンリーがやっているのは、「視点を変える」ことだ。この手法は、多くの優れたリーダーによって使われている。この自己管理能力があれば、感情バランスを取り戻し、明晰に考え、冷静に行動することができる。

また大手建設会社社長のロドニーは、手痛い失敗をしたら、自分にこう言い聞かせることにしている。「自分を責めるのはよそう。すべてがうまくいくはずがないんだから」

彼は、仕事上の決定は野球の打席と同じだと、肝に銘じている。「毎回ヒットを打つ必要はない。つねに正しい決定を下せるわけじゃない。誰にでも間違いはある」と。

感情の自己管理を高めるエクササイズをもう１つ紹介しよう。これは高業績リーダーを対象とした研究から明らかになった手法で、「探究のマインドセット」を持つことだ。*38 探究心は、簡単な頭の体操で高めることができる。あなたが仕事やプライベートで実際に抱えている問題のうち、とくに感情的につらい問題を１つ選ぼう。そして起こっていることを心に浮かぶまま書き出してみよう。それからこう考えるのだ。「この問題の当事者があんな行動を取ったのはなぜだろう？　私の言動のせいなのか？　もしそうだとしたら、私はどうすればよかったのか？　ほかにどんなことが起こっているのか？」

このエクササイズの目的は、問題を解決することではなく、問題に対するあなたの視点を広げることにある。これまでと違った視点を検討すれば、感情の自己認識が高まり、状況をよりよく理解できるはずだ。

他者の「劇場」に出演する

どんな人も、自分の人となりを肯定するような物語やドラマ、シナリオを持っている。こうした心の中の「劇場」が、「自分はどういう人間なのか、どういう人間だと見られたいのか」という自己イメージを決めている。他者の自己イメージを感じ取る能力は、強力な共感を持つリーダーの証しである。

つきつめれば、リーダーのEQの大部分は共感の上に成り立っている。保育園の園長を務めるエイミーは、子どもが悪いことをしたときに親に報告するという、難しい仕事をしなくてはならないことが多々ある。そんな時彼女は、自分の育児経験を振り返ることによって親たちの気持ちに寄り添い、一方的な決めつけを避けるようにしている。

「私も母親です」と彼女は言う、「娘の幼稚園の先生から電話がかかってきた時のドキドキは、今も忘れられません」。親たちの身になって考えることで、わが子が問題を起こしたと聞かされるつらさを理解しようと務めているのだ。

そうした厄介な状況に役立つスキルが、「積極的傾聴」だ。このスキルを練習するためには、あなたがよく知っている、一緒にいて安心できる人に、学習パートナーになってもらうといい。その人に、職場や家庭で喜びや悲しみ、不安、怒りを覚えたできごとを話してもらい、内容に集中しながらしっかり聞こう。

理解を深めるためには、こんな問いかけが役に立つ。

- そのことをどう感じていますか？　もっと聞かせて下さい
- その時はどう思いましたか？
- どう感じ、どう考えましたか？
- その状況について、ほかの人が知らないことを知っていますか？
- そのことについてどういう意見を持っていますか？
- ほかに話したいことはありますか？

話をじっくり聞いたら、今度は聞いた内容をあなた自身の言葉でくり返して、正しく理解できたかどうか相手に尋ねよう。あなたが何を誤解して、何を正しく理解したのかを、相手に説明してもらおう。

リーダーのEQについて、本章の要点をまとめておこう。リーダーはEQ能力、とくに自己認識と共感を発揮することで、ポジティブな影響をより大きく広げていける。自分の感情を率直に表すリーダーは、誠実とみなされ、部下に信頼される。研究によれば、EQの高いリーダーの下で働く部下は、仕事満足度、パフォーマンス、やる気が高い。これらはすべて、組織の利益と成長につながる。

他方、EQの低い有害なリーダーは、これらすべての面で悪影響をおよぼす。リーダーの仕事には感情労働がつきもので、それが大きな負担になることがある。だが感情のレジリエンスを高める方法をはじめ、リーダーのEQを伸ばす方法はいろいろある。

要約すると、EQに優れたリーダーは、部下のウェルビーイングとパフォーマンスを大いに高め、彼らをオプティマルゾーンに引き上げることができる。リーダーは部下のEQを育み、伸ばすことによって、さらに大きな影響をおよぼすことができる。これがチームにとってどんな意味があるかを、次章で考えていこう。

第11章 EQに優れたチーム

「組織におけるＥＩ研究コンソーシアム（ＣＲＥＩＯ）」は、私たち著者を含む９人の集団によって１９９６年に創設された。当時まだ新しかったＥＱという概念に関する理解を深める目的で、９人で数カ月ごとに集まった。９人のそれぞれがＥＱの関連分野の専門家だが、すべてにおいてつねに意見が一致したわけではない。会議には緊張感が漂い、危うい和を乱さないように、お互い気をつけていた。

そうこうするうちに、取り組みは行き詰まった。集団としての成果がほとんど挙がらなくなったのだ。そこであるメンバーが、「ちょっと時間を取って、何がいけないのかを考えてみようじゃないか」と提案した。話し合いは簡単には進まなかったが、最後には会議をより有意義なものにするためのやりとりの手順、すなわち「規範」を定めることができた。

たとえばその1つに、「議長だけでなく全員が、議論が会議の趣旨から外れないよう気を配り、お互いの発言を促し、議論の方法が適切かどうかを問う」というものがあった。つまり、議論がどこに向かっているのかをつねに考え、討議の内容を随時まとめて共通認識を促し、認識の違いがあれば指摘する、ということだ。もう1つが、「聞く力を発揮する」。そしておそらく最も重要な規範が、「毎回会議の始めに全員で規範をおさらいし、何をすべきかを思い出す」だった。

これをきっかけに成果が上がり始めた。私たちは研究プロジェクトを次々と完了し、本や論文を執筆した。高い入会基準にもかかわらず、CREIOはいまや世界中に100人以上の会員を持つネットワークに発展している。

このエピソードには、チームに関する重要な教訓が現れている。CREIOの会員は長年EQを研究し、EQを開発し活用する方法についてコンサルティングやコーチングを行っている専門家だ。それなのに、「集団として力を合わせる」方法をきちんと話し合うまでは、オプティマルなパフォーマンスを発揮できなかったのだ。要するに、問題は個々の会員ではなく、お互いの関わり合い方にあった。全員で指針に合意し、やりとりの新しい規範を定めてからは、パフォーマンスが大いに向上した。

個人のEQを高めるには、何カ月もの持続的な訓練と練習が欠かせない。だがチームの

EQは、たった一度の会議をきっかけに、目に見えて高まることがある。メンバーの関わり合い方に関する認識を共有し、関わり合い方に関する規範を定めるだけでいいのだ。もちろん、一度の会議でいきなり変わるわけではない。問題意識を持ち続け、継続的に振り返り、実践をくり返す必要がある。また、感情コントロールや対人能力で手助けを必要とするメンバーもいるだろう。だがチームに焦点を当てることで、変革のプロセスをよりすばやく、より強力なものにできるのだ。

協働とチームワークが今ほど必要とされる時代はない。HBR誌の簡易調査では、ビジネスリーダーの89%が、協働とチームワークを「生産性とイノベーションの戦略に欠かせないもの」として重視していた。[*1] チームが最高レベルのパフォーマンスを発揮すれば、組織の業績は大きく押し上げられる。ギャラップの職場調査によると、エンゲージメントの高い組織は低い組織に比べて、生産性が14%から18%高く、離職率が18%から43%低かった。[*2] そして前述の通り、人材の入れ替えには、採用した人材の年収を大きく上回るコストがかかる場合がある。

また、チームがうまく機能していないと、組織全体に深刻な悪影響がおよぶことを示した研究もある。ラトガース大学のニシェル・カーペンターらが数十の研究を精査したところ、手抜きやいじめ、遅刻などの、いわゆる非生産的職務行動が多いチームは、顧客満足度も利益率も低かった。[*3]

そしてチームリーダーも、よかれ悪しかれチームに大きな影響をおよぼす。ある研究は、チームリーダーの自己認識と、チームの全般的な感情風土の間に強い関係があることを明らかにした。[*4] ＥＳＣＩ（感情的・社会的能力指標）でリーダーのＥＱを評価したところ、自己認識の低いリーダーは、チームの感情風土の低下を招きがちなことがわかった。感情の自己認識が低いリーダーのチームは、メンバー同士がお互いのパフォーマンスを支えない。だがリーダーの自己認識が高いチームは、メンバーがオプティマルゾーンに入れる頻度も高く、時間も長いのだ。

優れたチームに必要な要素とは？

グーグルのソフトウェアエンジニアは、優れたチームをつくる方法を心得ているつもりだった。「三人寄れば文殊の知恵」という日本のことわざの通り、超優秀なメンバーを集めれば、すばらしいプロダクトを生み出せると信じていた。

残念ながら、そうではなかった。そもそもグーグルには、とびきり優秀な人材しかいないのに、だ。そこでグーグルは、優れたチームとそうでないチームの違いを調べるために、社内の２００近いチームのデータを集めることにした。調査対象はエンジニアリングまたはセールスのチームで、生産性の高いチームもあれば低いチームもあった。[*5]

グーグルの研究者は、チームについて考え得るすべての側面に関するデータを収集した。たとえばチームの構成、メンバーの特性（勤続年数、階級、勤務地等）や性格（内向性、勤勉さ等）といったデータだ。また、「チームでは異なる意見を安心して発言できると感じる」といった項目に答えてもらうことによって、チームの集団的特性についても調べた。

結果、チームの成功に最も重要な要因は、「誰がチームにいるか」ではなく、「メンバーがどう協力しているか」だった。なかでも「群を抜いて」重要な要因は、心理的安全性だった。成功しているチームのメンバーは、「和を乱すと思われないだろうか」とか、グーグル社内ではさらに悪いことに「無知や無能だと思われないだろうか」などと心配することなく、安心してリスクを取れると感じていたのだ。

心理的安全性が高いチームは、恥ずかしい思いをしたり罰を受けたりすることはないという自信を持って、自分の間違いを認め、質問をし、新しいアイデアを提案することができる。[*6] それに、提案された多様なアイデアをうまく活用することができる。このグーグルの研究では、心理的安全性の高いチームは、より収益性が高く、「幹部から高く評価される機会が2倍多い」ことがわかった。[*7]

またこの研究では、集団としての有能さを予測する別の因子である「明瞭さ」も、心理的安全性との関連が示唆された。「何がチームに求められているか」「チームの目標は何か」といったことがはっきりわからないと、安心できないからだ。

ＩＱはあまり重要ではなかった。実際、チームメンバーのＩＱの平均値や経歴は、最も弱い予測因子の１つだった（そしていうまでもなく、組織全員のＩＱが高ければ、ＩＱは差別化要因にならない。グーグルは高ＩＱ人材を誇りとしている）。メンバーの性格特性もほぼ無関係だった。最も重要なのは、リーダーがチームの心理的安全性を確保するために努力しているかどうかだった。

帰属意識

あなたはチームに帰属意識を感じるだろうか？　チームを家族のように感じられるだろうか？　これらも、心理的安全性を生み出す手がかりとなる、重要な問いである。

「心理的安全性はすばらしいですが、それだけでは全員が自分の考えを率直に言えるようにはなりません」と、ＣＲＥＩＯの会員で、チームの研究を長年行っているヴァネッサ・ドリュスカットは言う。「人のやり方を批判して不愉快な思いをさせたくない、とメンバーは思っています。でもさらに重要なことに、彼らはよいアイデアを人に言いたくないんです。地位が高くなるほど、情報を手放そうとしない傾向が見られます。よいアイデアが彼らの武器なんですからね。『このアイデアをチームに共有したら、もう自分のアイデアではなくなってしまう』と、出し惜しみするんです。知識経済では、『知識は力なり』ですから」

したがって、チーム内でメンバーが重要情報を安心して共有できるような環境をつくることが課題だと、ドリュスカットは言う。ここでカギを握るのが、「帰属意識」だ。心理的に安全な場をつくるためには、帰属意識が欠かせない。「帰属意識があれば心を開きます」とドリュスカット。チームメンバーは、自分は何を求めているのか、どう感じているのかといったことを腹を割って話し合ううちに、心理的安全性を高め、ますます帰属意識を強めていく。

ドリュスカットによれば、チームに帰属意識を持つメンバーは、より自信を持って意見を述べ、アイデアを惜しみなく共有し、チームに全力で貢献する。帰属意識は、あらゆる組織が高業績チームの特徴とみなす、「効果的なチームワーク」を促す効果があるのだ。そのうえ、帰属意識を持つ人は、チームの一員であることに満足を感じ、助け合おうとする。

チームに属する人は、「誰が仲間かそうでないか」を示す、かすかな手がかりに注目する。ドリュスカットによると、それは言葉を介さない非言語的な手がかりが多いという。とくに強力なシグナルが、眉をひそめたり顔をしかめたりすることだ。人は誰かに賛成されていないと感じると、「自分はみんなに認められていない、仲間だと思われていない」と思い込みがちだ。

人は集団で活動する時、自分は認められている（または認められていない）という手がかりを、無意識に、そしておそらくつねに探している。そしてその手がかりをもとに、自分がどれだけ集団になじんでいるかを推し量ろうとする。どんな自信家でも、集団でいる時は「自分は重要で、価値があり、重視されている」という手がかりを定期的に得ることで、安心感を得ている。

こういった手がかりには、たとえばメンバーがあなたの発言に注目する、メモを取る、頷《うなず》く、といった単純なものもある。発言している時にこういう励ましがないと、不安になってガードを固めてしまう。自分の発言を自分で「検閲」して、リスクを取ろうとしなくなる。のけ者にされたと感じる人は、輪に入ろうと努力するのではないか、とあなたは思うかもしれない。だがドリュスカットによると、仲間はずれにされたと感じた人は、最初はなじもうと努力しても、そのうち怒りを爆発させる、怒りをぶつける、人の話に割り込む、大声を出す、といった問題行動を取り始めるという。こうした行動はすべて、帰属意識を取り戻したいという心の叫びなのだと、ドリュスカットは言う。

コロナ禍のせいで、帰属意識が希薄化する傾向にある。会議が対面ではなくリモートで行われるなど、非言語的手がかりが得にくい状況では、心理的安全性や帰属意識を育むのは難しいと、ドリュスカットは指摘する。「リモートの会議は対面と同じではありません。対面でのような感情の共鳴が起こらないのです。帰属感を覚えることもありませんね」。多くの人が、テレワークから少なくとも時々は職場勤務に戻れて喜んだのは、このためもあるのだろう。

全体は部分の総和に勝る

グーグルが優れたチームの研究を行う何年も前に、ドリュスカットは同様の研究を行っている。300のチームを抱える大規模な製造工場に行って、グーグルの研究者と同様、まず優れたチームを特定した。チームの業績指標を調べたほか、工場の幹部や、作業員からなるフォーカスグループに、「どのチームが最も優秀ですか?」と聞いて回った。そしてこれらの指標のすべてで上位10%に入っているチームを選び出し、ほかのチームとの違いを調べるために、チームメンバー全員をインタビューした。

ドリュスカットはそこで調査を終わりにしなかった。続いてスティーヴ・ウルフと組んで、同じ手法で他の数社のチームを調べた。たとえばジョンソン・エンド・ジョンソンの製薬開発部門やポリエステル繊維会社の工場現場で、優れたチームを特定した。[*8] このプロセスを数社でくり返すうちに、優れたチームをつくる条件が見えてきた。

優れたチームは、ポジティブな感情的環境をもたらすような「規範」、つまり合意された関わり合い方のパターンを生み出していたのだ。そうしたチームは、心理的安全性や信頼感を醸成するものなど、さまざまな規範を築いていた。高業績チームをつくるうえで欠かせないのは、チームの内外の感情を認識し、制御するための規範なのだ。これらの規範が、とりわけ優秀なチームが生み出す価値の最大30％を説明した。こうしたチームの強みは集団としてのＥＱの高さにあると、この研究は結論づけている。

ドリュスカットとウルフは、「チームＥＱ」と名づけたモデルを用いて、チームのさまざまな規範のレベルを特定した。[*9] この分析を通して、高業績チームが全体として持つＥＱに、３つの重要な「規範群」が含まれることが明らかになった。優れたチームはこれらの規範群を併せ持っている。

１つめは、チーム全体としての「自己認識」を生み出し、チームメンバーがお互いに助け合う方法を規定する規範群だ。この種の規範は、「メンバーのニーズや視点、スキル、感情」を認識し、理解するのに役立つ。チームがオプティマルなレベルで活動するためには、「メンバーが自分たちのニーズや、自分たちのこと、チームのことを話し合う必要があります。……つねにそうできなくても、定期的に話し合いの場を持つことが大切です」とドリュスカットは強調する。

多くのチームが「チェックイン」と称して、会議を始める前にお互いが今感じていることを簡単に報告している。この単純なエクササイズは、集団としての自己認識を高める効果がある。メンバーは気になっていることや、うれしかったことを報告するかもしれない。そういった話を聞いて、お互いの気心を知るようになる。

チームの「関わり合い方」、つまりチームについて学び、チームとしての自己認識を持ち、チームを運営する方法に関する規範も、この規範群に含まれる。集団としての自己認識を持つチームは、「チーム全体としての仕事ぶりや雰囲気を認識し、チームの協力の度合いを評価するための情報を収集する」。

一例として、ヒューレット・パッカードのあるチームには、「対人理解」に関する規範があった。このチームは、チーム内の業務を互いに代替できるように、日頃から部門横断的な研修を行っていた。だがチームには1人だけ、新しいスキルを学ぶことに不安を感じ、研修を拒むメンバーがいた。さいわいチームは、こうした問題への対処法をすでに学んでいた。メンバーのふるまいに腹を立てる代わりに、それを理解するよう務め、メンバーの不安に配慮して、チームとしてしっかりサポートし、安心してスキルを学べるようにした。お互いの感情を認識することは、チームの重要な規範だった。

2つめが、チームとしての「自己管理」に関わる規範群、いわば個人の自己管理のチーム版だ。お互いに思いやりを示すという規範も、その1つ。くわしく言えば、「チームのメンバーがお互いに敬意を持って接し、サポートし、意見を求め、努力を認めること」である。

また、個人の自己管理に心を乱す感情に対処することが含まれるのと同様、チームの自己管理には、規範を破ったりチームの足を引っ張ったりするメンバーに「向き合う」ことが求められる。と言っても、規範を破っていることに気づかせるなどのさりげない方法でやることもできる。

たとえばデザイン・コンサルティング会社のIDEOでは、会議で人の発言を遮ったメンバーは、全員から小さなぬいぐるみを投げつけられる。これは「全員の意見をじっくり聞く」という暗黙の原則を、楽しく守らせるための方法だ。お互いを思いやることと、規範を破るメンバーに向き合うことは両立する。

自己管理の規範群には、チームとして「問題をあらかじめ想定し、それを防ぐことに努めながら、不測の事態が起これば責任を持って対処する」という規範も含まれる。本章の冒頭で紹介した、CREIOの初期の会議がその好例だ。私たちはCREIOで壁にぶつかった時、立ち止まって状況を分析し、問題を解決するための規範を生み出した。この規範は、25年以上経った今も守られている。

この規範群に含まれるもう1つの規範が、同じ組織内のほかのチームとの関わり合い方に関するものだ。個人のEQで言う「人間関係の管理」に当たるもので、チームが重要な利害関係者をよく理解し、良好な関係を築くのを助ける規範である。

チームとしての力を最大限に発揮するには、チーム内の環境も重要だが、外からの視点を意識することが欠かせない。3つめの規範群は、チームとしての「組織感覚力」に関わる規範である。組織のほかの部署がどんな関心や問題を持っているのか、自分たちの活動がそれらにどんな影響を与えるのか、組織目標を達成する上でそれらがどんな意味を持つのかを、チームとして理解する力だ。そうした理解があれば、ほかのチームに協力して（たとえば何かの賞に推薦するなど）、関係を深めることもできる。

メーカーのあるチームは、競合に優位に立つために製品の製造を3カ月前倒しする必要があると考えた。社内の別のチームからは、それでは過剰在庫を抱えることになってしまうと反対の声が上がったが、チームは取り合わなかった。自分たちの業績の見栄えを優先して、他のチームの都合を理解せず、手を貸そうともしなかった。自分たちの行動が他の部署にどんな損害を与えるかを考えようとも理解しようともせず、そのせいで工場のライン全体の生産性が落ちてしまった。

他のチームのニーズを正しく認識することは、チーム間の関係管理の根底にある。高業績チームは、自分たちの業績に何らかの影響をおよぼす可能性がある他チームとの関係を、積極的に育もうとする（たとえばリソースを提供するなどして）。ドリュスカットも言っている。「つまり利害関係者を理解し、協力関係を築くということです。一般には、チームリーダーが1人で担っている仕事です。チームリーダーは境界マネジメントの責任者として、外へ出て行って必要なものを持ち帰ってくるのが役目だと思われていますから。でも私たちが調べたところ、トップチームではチーム全員がこの仕事をしていました」

その方法の1つが、一部のメンバーが「大使」となって、組織内の重要な利害関係者との良好な関係づくりに当たることだ。いつか支援やリソースが必要になった時のために、頼れる関係があると心強い。「ただ相手が来るのを待っているだけではダメなんです」とドリュスカットは言う。「自分から出かけていって、良好な関係を築かないと。そうすれば、必要な時に必要なリソースを提供してもらえますから」

これらのチームEQの規範は、たんなる理想というだけではない。ドリュスカットらはこのモデルを、あらゆるチームのEQを実際に高めるためのマップとして活用している。*10

チームEQ

チームが集団としてEQの規範を認識すれば、メンバーの個人としての自己管理、共感、対人能力も高まると、ドリュスカットは指摘する。チームの力学を利用して個人のEQ能力を高めるこのプロセスを、ドリュスカットは「チームEQ」と呼ぶ。[*11]

ドリュスカットはこの研究を実用的な手法に落とし込み、チームが集団的な習慣を通して、社会的知性と感情的知性（EQ）の高いやりとりを行い、生産性を高められるよう手助けしている。まず下調べとして、チームの規範についての体系的な質問に匿名で回答してもらう。たとえば「チーム全員がお互いを理解することに努めていますか？」といった質問だ。この調査を通して、チームがどの分野でよりよい集団的習慣を身につける必要があるのかを明らかにする。

この調査結果をチームで共有し、どうしたら改善できるかを全員で話し合う。それから、どの分野の規範から始めるかを決める。通常は手始めとして3つか4つの分野を選ぶ。そして重要なことに、どうしたらよりよい協働の方法を規範に変えられるかを考える。

誰もが時間に追われ、チームで過ごす時間が減っている昨今、新しい習慣が規範になるまでには何カ月もかかることがあると、ドリュスカットは指摘する。EQをどれだけ重視するのか、EQを高めるためにどれだけの時間と労力をかけるかは、主にチームリーダーが決めることだ。

ドリュスカットらはこれまで、軍隊からエネルギー企業、病院、銀行、金融サービス、大学、テクノロジー企業、小売事業までの多種多様な組織に協力して、チームEQの規範を開発する手助けをしてきた。またドリュスカットは同様の研究で、企業がチームの業績評価に用いる、組織目標の達成度に似た指標を使って、プロジェクトに取り組むMBA学生のチームを評価したところ、チームEQの高さと教員によるプロジェクトの評価が相関関係にあることがわかった。[*12]

より厳密な検証

ドリュスカットとウルフによる、この高業績チームの集団的EQのモデルは、彼らが多様なチームの実地研究から導き出したものだ。だが彼らは科学的手法の次の段階である、実験と検証は行わなかった。「集団のEQは高業績につながる」というドリュスカットの考えを厳密に検証したのは、カーネギー・メロン大学のアニータ・ウーリーだ。彼女はMITとユニオンカレッジの仲間とともに、チームの能力を予測する最も強力な要因を特定するために、2〜5人のチームで働く数百人を対象に研究を行った。[*13]
彼らもグーグルの研究者と同様、当初はチームメンバーの平均的な認知的知性が、チームの能力の予測因子になるだろうと考えていた。だがチームの平均ＩＱとパズル問題の得点の相関は弱く、高ＩＱのチームが高得点を取るとは限らなかった。

高業績の最良の予測因子は、ＥＱの領域にあった。具体的には、チームメンバーの社会的組織感覚力、公平な発言機会、そして（意外かもしれないが）チームの女性比率である。言い換えれば、最も優れたチームは、メンバーの感情やニーズを敏感に察知し、そしておそらく女性比率が高いために、会議で全員が貢献できるように順番に発言した（もし今後の研究によって、女性比率が高いほどチームの能力が高いという結果が再現されれば、「組織は職場の公平性を高めるべきだ」という主張の強力な論拠になるかもしれない）。

ウーリーの研究では心理的安全性は測定されなかったものの、その結果は心理的安全性が重要な背景要因であることを示唆している。チームのメンバーがお互いの気持ちやニーズに敏感であれば、みんなが安心できるような言動を取るだろう。「馬鹿にされたらどうしよう」と心配せずに全員が発言できるのは、集団内の心理的安全性が高い証拠である。

こうした高業績チームでは、チームの規範が心理的安全性を高め、心理的安全性が規範をさらに強化するという、「好循環」が起こるようだ。有力なメンバーがほかのメンバーの発言を遮らないよう気をつければ、控えめなメンバーも発言しやすくなる。全員が自由に発言できるチームからは、優れた解決策が生まれやすい。

チームの心理的安全性を高める要因、たとえば帰属意識や社会的感受性、公平な発言機会などのすべてで、チームEQがカギとなる。大半のメンバーが帰属意識を感じているチームでは、安心して本音を話せる。メンバーが建設的な方法で自分をさらけ出し、ほかのメンバーにもそれを促すことができれば、チームの心理的安全性と帰属意識はさらに高まる。またチームとしてEQを発揮すれば、メンバーが何を、なぜ感じているのかを敏感に感じ取り、自己管理を高め、少人数が発言を独占せず全員が気兼ねなく発言できる場を生み出すことができる。

ウーリーとチームは、EQと高業績の相関を裏づける具体的なエビデンスを得た。調査対象者に人の写真を見せて、その人が何を考え感じているかを当てる、「目で心を読む」テストをやってもらったところ、高業績チームほど得点が高く、低業績チームほど得点が低かった。[*14]

チームのEQがおよぼす影響を調べた研究の多くが、「チームメンバーの平均的なEQ」または「リーダーのEQ」をもとにしている。だが個人の姿勢や性格よりも、チームの文化（つまり規範の総和）の方が、行動におよぼす影響が大きいことが明らかになっている。チームの文化とは要するにチームの規範の集大成であり、それらの規範はチームのEQに大きな影響を受ける。このことも、チームとしてのEQの重要性を物語っている。

ＥＱとチームの能力との関連は、いくつかの研究で特定されている。たとえば大規模水力発電所のプロジェクトチームを調べた研究は、チーム全体のＥＱと業績の間に正の相関を認めた。[15] また同様の研究で、ＥＱ型のリーダーが率いるプロジェクトチームは、パフォーマンスがより高く、より真剣にプロジェクトに取り組んだ。[16] こうしたリーダーは、ＥＱを発揮して複雑なプロジェクトの運営にあたり、チームのパフォーマンスを高めた。たとえば、対立管理やチームワークなどの対人スキルを駆使して、共通の目標に向けてチームを導いた。

集団的ＥＱが実益をもたらすことも明らかになっている。軍事組織のチームに関する研究によれば、ＥＱが高いチームは原材料の廃棄率が低く、事故件数が少なく、飛行目標の達成率が高かった。[17] また個々のメンバーのＥＱのレベルとチーム全体のパフォーマンスの間には、相互作用があるようだ。ＥＱに優れたメンバーは、集団内の連携やコミュニケーション、目標設定を促すのだ。[18]

多様性、公平性、包括性（ＤＥＩ）

あるエンジニアリング会社は一見すると、多様性《ダイバーシティ》、公平性《エクイティ》、包括性《インクルージョン》（ＤＥＩ）の推進で優れた実績を上げているように見えた。エンジニアの男女比率はほぼ半々。工学部の学生に女性が少ないことを考えると、これは大変な成果だ。[*19] ところがくわしく見てみると、女性の昇進率は低く、離職率はかなり高かった。アフリカ系アメリカ人の離職率も、社内平均の3倍だった。つまり数字の見栄えはよかったが、実態が伴っていなかったのだ。

職場でのDEI推進の取り組みは、数十年前から進められている。DEI運動の根底にあるのは、「数字だけの多様性では最適な職場環境は生み出せない」という考えだ。女性や有色人種の採用数をいくら増やしても、彼らが公平に扱われ、職場の一員として受け入れられる保証にはならない。組織が何らかの指標を達成するためだけにマイノリティの採用を増やす「見せかけの多様性」は、心理的に裏目に出やすい。採用された人は、「自分は力不足なのではないか」と悩み、同僚は彼らが採用されたことを苦々しく思うかもしれない。

一方、帰属意識を感じられる職場は、多様性だけでなく包括性があり、「あなたは歓迎されている、あなたが来てくれてよかった」というメッセージを伝える。このメッセージは、職場やチームでしょっちゅう顔を合わせる人たちに最も強力に伝わる。

逆に、もしあなたが毎日8時間も過ごす場所で帰属意識を感じられなかったらどうだろう？　きっとあなたは身構え、警戒し、自由に感情を表せなくなるだろう。つまり、そうした職場は安全な空間ではない。全員が帰属意識を感じられる職場の方が、ずっと健全なのは明らかだ。

残念ながら、包括性と公平性に関する取り組みの多くが失敗に終わっている。[20] とくに、ダイバーシティ研修には問題が多い。その一端は、研修が義務づけられることが多いせいで、多くの受講者がそもそも最初から研修に腹立ちや抵抗を感じていることにある。また、なにかと槍玉に挙げられる白人男性の反発を買って逆効果を生み、状況をさらに悪化させてしまうこともある。

ニューヨーク・タイムズ紙にこんな投書が載った。「白人などの昔からの特権集団をとがめても、DEIの向上にはつながらない」。[21] 投書はこう続く。「DEI研修は、受講者が自分や他者のDEIに対する態度や考え方を誠実に見つめ、理解する手助けになるものであるべきだ。そのような研修であれば、文化や組織のレベルでの意識改革につながるだろう」。ひとくちにダイバーシティ研修といってもいろいろあるが、DEIの取り組みを促す上で、共感とチームワークをはじめとするEQが助けになると、私たちは考えている。

また、DEI研修はそれ単体では価値が限られる、とする研究もある。ただ研修を行うだけでなく、組織の一体性と公平性の問題に対処するための具体的な施策が欠かせないのだ。ハーバード大学ケネディ・スクールのロバート・リヴィングストンによれば、最も成功している組織は、「DEIに関する問題を診断し、それらを解決するための具体的な戦略を立てている」という。[22] たとえば、マイノリティ向けの指導教育《メンタリング》プログラムが、そうした戦略の一例だ。

先ほどのエンジニアリング会社に話を戻そう。CEOが同社のDEIに関して改善の余地があることを認めたため、ダイバーシティ担当副社長は信頼できる社外専門家に依頼して、EQに基づくDEI研修プログラムを開発してもらった。

このプログラムでは、まず7人の上級副社長を対象に半日間の研修を行った。最初に、過去に疎外感を感じた経験を思い出すために、次のような質問に答えてもらった。「あなたは過去に外見や話し方などのせいで、差別や偏見を受けたことはありますか？」。研修に参加したテキサス出身の幹部は、「テキサス訛りで話し始めたとたん、『頭が悪そう』と小馬鹿にされたことがありますよ」と、グループに打ち明けた。

幹部たちは疎外感や差別を経験した時の気持ちを思い出してから、CREIOの会員スティーヴン・ケルナーが開発した手法で、包括性や差別の問題への共感を高めるトレーニングを行った。「あなたはそのときどう感じましたか？　どう考えましたか？」といった、判断を差し挟まない中立的な質問をぶつけ合い、お互いの経験を掘り下げたのだ。[*23]

幹部たちは続いて、同じ構造的手法を用いて、部下やチームメンバーなどと個人面談を実施した。中立的な質問に沿って聞き取りをしたおかげで、不安を感じずにデリケートな問題を掘り下げることができた。幹部たちは個人面談の感想をこんな言葉で語る。「あれは人生が変わるような経験でした」「お互いにとって気づきの多い時間になりました」

そして重要なことに、幹部たちはこの難しい問題に正面から向き合ったことが、自分のためにも、部下や同僚のためにもなったと感じた。お互いの気持ちに寄り添ったことで距離が縮まり、多様性や公平性、包括性の問題にもっとオープンに取り組む覚悟ができた。

それは、彼らがＥＱを活用して難しい問題を考える方法を学んだおかげでもあった。自分の反応は脇に置いて、相手に共感を示し、人間としてのつながりを深める方法だ。おかげで、多様性や包括性などのデリケートな問題に対処する「ソフトスキル」が身についたという自信が持てた。また、自身が差別や偏見を持たれた経験を思い出すことは、「同じような問題が起こったら行動を起こさなければ」という潜在的なモチベーションにつながった。

このエンジニアリング会社では2年後にＣＥＯが引退し、後任のＣＥＯによってプログラムは廃止されたが、ダイバーシティ推進委員会はＤＥＩを高める必要性を説き続けた。ある幹部は、上層部25人が集まる会議で立ち上がってこう言った。「ＤＥＩのことは十分理解しているつもりでした。でも実際には、私の目に入らないこと、耳に入らないことがありました。私は間違っていたんです。みなさんの目や耳に入らないこともあるはずです。この問題への対処が必要です」

学びの輪

問題の元凶はビルだった。彼を除くチーム全員は息が合っていた。会議ではお互いの発言をじっくり聞き、議論を独占したり能力をひけらかしたりしないよう努めていた。だがビルは協調性に欠けていた。議論を独占し、能力をひけらかし、独断的だった。おまけに人を見下すような態度を取った。たしかにビルは頭が切れ、努力を惜しまず、つねに期待された以上の成果を出していた。だが彼の身勝手な態度が会議の和を乱すせいで、ほかのメンバーのパフォーマンスに悪影響がおよび、チームの生産性ががた落ちしていた。

ＣＲＥＩＯの会議の席で誰かがこの問題を取り上げ、どうしたものだろうかと相談した。ある出席者は、ＣＲＥＩＯが役立てている規範のフォーマットを使うことを提案した。チームで「関わり合い方のルール」を定め、毎回の会議でそれを確認し、全員に徹底させてはどうだろう？

また、そうしたルールの１つに、規律を乱す言動を取った人への対処法に関するルールを含めるべきだという提案もあった。たとえば、「あなたは今こういうことをしましたね、それにはこんな悪影響がありますよ」と指摘するなど。

３つめとして、チームメンバーがお互いをより深く、じっくり知り合えるように手助けをしてはどうか、という提案があった。ある出席者は自社での成功例を紹介した。「チーム会議で、メンバーがそれぞれ一番大切にしている信念を5つ発表するんです。こうやって価値観を理解し合うと、お互いを温かい目で見るようになりますし、信念に反するようなことをしたメンバーをたしなめて、有益な方法でお互いを高め合うことができるんです」

この議論が行われたCREIOの会議は、お互いから学ぶために定期的に開く会合、いわゆる「学びの輪」の好例だ。これに似た実験で、シカゴ周辺の企業の管理職や経営者を対象に、毎月少人数のグループに分かれてミーティングをしてもらった。多様な企業に所属する9人が毎月集まり、訓練を受けた講師のもとで、関わり合い方のルール（会議の規範）に沿って話し合いをした。

これらのルールは、安心して話せる環境をつくり、積極的な社会的交流を促すために設けられた規範で、たとえば情報を守秘する、傾聴する、助言はしない、攻撃的で侮辱的な言動は取らない、2度目の発言は全員が発言してから行う、などがあった。

毎月誰か1人が、今抱えている最大の問題や関心事、それに自分の置かれた状況や経歴を発表する。残りの参加者は、質問せずにじっくり耳を傾ける。発表が終わったら、状況を整理するための質問はしていいが、助言はしてはいけない。質問が一巡したら、残りの参加者は自分が似たような問題に対処した経験を語ってもいい。

学びの輪はこれでおしまいにすることもできるが、発表者はアドバイスを求めてもいい。

その場合、参加者は1分以内に「私があなたの立場だったらこうする」というアドバイスをする。ただし「あなたはこうするべきだ」ではなく、「私ならこうする」という言い方に徹する。

プログラムの2年目には、発表者は仕事だけでなくプライベートの問題を説明することもできる。また、全員に「EQの7つの習慣」のリストが配られ、毎月1つずつ練習する。たとえば「傾聴する」「毎日誰かを心からほめる」といった習慣だ。

この実験の結果、EQの規範に従うことは実際に役に立つことがわかった。学びの輪に参加したリーダーは、2年後の360度評価でEQが大幅に高まったのに対し、無作為に選ばれた対照群のリーダーはEQに変化がなかった。[*24]

要するに、EQを高めるための特別な研修を受けなくても、ただEQの規範を持つチームに参加するだけで、EQを伸ばせるのだ。

チームの能力はバーチャルでも高められる。スペインの研究者集団が、ドリュスカットとウルフの「チームEQ」モデルに基づくオンライントレーニングのプログラムを開発した。このトレーニングを受けたチームは、問題解決の課題で、対照群よりも高得点を挙げた。[*25]

グーグルも、こんなチーム向けワークショップの実験を行っている。まず講師が、ある行動によって心理的安全性が高まった、または下がったというシナリオを説明する。次に参加者はこのシナリオをロールプレイで演じ、心にしっかり焼きつける。結果、心理的安全性の高いチームをただ「演じる」だけで、チームの心理的安全性が実際に高まることがわかった。[*26]

また、チームに新しい規範を1つ与えるだけで、よい変化を起こせることもある。コンサルタントがクライアントのチームに、気配りと思いやりを持って建設的なフィードバックを与え合う方法を教えた。「あなたにあげたい贈り物があります」と言ってから、話し始めるのだという。ヴァネッサ・ドリュスカットが教える、帰属意識を高めるための規範はこうだ。「誰かが発言し始めたら、何があってもスマホを置くんです」。こんな実験もある。重症者の病棟では、患者が長い闘病の末に亡くなることが多く、医療スタッフは親しくなった患者が亡くなると心に大きな痛手を受ける。そこでスタッフに、自分たちの抱える葛藤を話し合い、それに対処する方法を考えるセッションを提供したところ、スタッフのストレス対処能力が向上した。[*27]

チームに関するまとめ

チームのパフォーマンスは、チームメンバーの関わり合い方、つまり「規範」に大きく依存する。グーグルの高業績チームは「心理的安全性」が高いことがわかった。これはすなわち、チームメンバーの「帰属意識」が高いということでもある。心理的安全性には、批判的な判断を交えない集団的な自己認識の規範が現れている。これは高業績チームに見られるＥＱ規範の１つである。こうしたチームの規範は、高ＥＱの個人が持つ規範に似ている。チームとしてのＥＱを高める方法はいろいろある。多様性と包括性を積極的に受け入れる雰囲気づくりも、その１つだ。

チームの文化がチームの持つ規範の総和によって決まるのと同様、組織文化も組織の規範に支えられている。そのすべてがトレーニングから始まる。

第12章 効果的なＥＱトレーニング

ジェリーが嫌なヤツなのはみんな知っていた。彼は前の会社で収益を拡大した実績を買われ、執行副社長として入社した。だが直属の部下たちにとって、彼は鬼だった。すぐにカッとなり、部下を人前で叱責し、よそよそしく高飛車だった。おまけに自分が悪いなどとはみじんも思っていなかった。

ジェリーの会社がこのような問題を避ける方法はあっただろうか？　高ＥＱ人材を雇う方法を見つけることは、企業の究極の目標になりつつある。そんな方法がもしあれば、すでに高いＥＱを持つ人材だけを雇うことができる。たとえば、採用や昇進の選考にＥＱテストを課すのはどうだろう？　だがこの方法はリスクが高い。自己申告式のＥＱ診断は当てにならないのだ。

現に、ジェリーは自分の欠点に気づいてもいなかった。こういう人は、傍から見ると欠点が明らかなのに、自分では厚かましくもEQが高いつもりでいることが多い。したがって、EQを正しく評価するためには、その人と日常的にやりとりをする人に聞き取りをすることが欠かせない。自己申告では自分を欺いてしまう。研究によれば、自己認識が低い人はEQ能力が全般的に低く、しかもその自覚がないのだ！

JPモルガン・チェースの会長兼CEOを務めるジェイミー・ダイモンは、もっと直感的な判別方法を勧める。「この人の下でわが子を働かせたいか？」と考えるのだ。[*1] 昇進や新規採用ではもちろん、ハードスキルを重視すべきだとダイモンは言う。金融部門で働く人は、「事実、分析、詳細」に細心の注意を払わなくてはならない。こうしたスキルは、金融業界で活躍するために「持っていて当たり前」の、必要最低限の能力だ。

だが数字に強いだけでは「真のリーダー」にはなれない。バランスシートを分析する能力だけでなく、EQも欠かせないのだと、ダイモンは強調する。リーダーに必要なEQとして、ダイモンは次の能力を挙げる。「ボディランゲージが読めるか？　人の痛みに気づけるか？　話の相手が本音を隠しているのがわかるか？　人の身になって考えられるか？」

採用志望者が基準を満たしているかどうかを調べるために、その人のことをよく知っていて率直に話してくれる人に直接尋ねることを、ダイモンは勧める。法にかなっているかどうかを確認する必要はあるが、できれば志望者の現在または過去の上司や同僚、部下、ときには配偶者や元パートナーなどから話を聞きたい。これは正式な360度評価ではないが、体系的な聞き取りをすればそれに劣らぬ情報が得られるだろう。

この方法なら、志望者自身からの偏った情報や、面接や試験での自己PRだけに頼らずに、志望者を多面的に知ることができる。

ただし、落とし穴がある。志望者の選別にEQをあからさまに利用すると、法に触れる恐れがあるのだ。アメリカ雇用機会均等委員会（EEOC）は次のように定めている。「認知テスト、性格テスト、および類似のツールの利用は……人種、性別、その他の隠れた基準によって、特定の集団を不釣り合いに排除する場合、連邦差別禁止法に違反する可能性がある。ただし、雇用者が検査や手順を法の下で正当化できる場合は、この限りではない」[*2]

つまり実際問題として、雇用者はEQテストがいかなる点でも偏っていないことを研究によって証明できない限り、それを志望者の選別に利用すべきではない、ということになる。現状では、そうした研究を行えるほどのリソースを持っている組織はほとんどない。

それに、「志望者をEQで選別する」という考えそのものが、EQを根本的に誤解している。EQはIQとは違って、生涯にわたって伸ばすことができる。つまり、誰かのある時点のEQは、その人の今後の成長や発展を表す「映像」ではなく、その時点での状態を表す「スナップ写真」でしかない。EQは固定的ではなく流動的な能力なのだ。

そんなことから私たちは、EQテストを採用決定に用いる代わりに、主に人材開発のために活用することを勧めている。EQで候補者を選別することにはリスクがついて回る。だから採用や昇進のプロセスでEQテストを利用するより、組織全体のEQを高めた方がいいのだ。それはそれとして、高EQ人材を採用するための方法を2つ紹介しよう。

1つめとして、人材募集の職務記述書や、会社の採用ページ、リンクトインのページなどに、会社がEQを重視していることを明記すれば、それに合った人材が来てくれる。たとえばMDアンダーソン癌センター（世界最高峰の癌研究拠点）は、求人広告にリーダーに求められる条件として「チーミング」［くわしくは次章で］と「積極的傾聴」を明記した上で、志望者にEQの自己診断テストを受けてもらっている。テストのねらいは、結果を採用判断に役立てることではなく、組織がEQを重視しているというメッセージを志望者に伝えることにある。

2つめとして、採用面接で志望者が過去に経験した「困難なできごと」について尋ねる方法もある（「あなたが過去に失敗した時のこと、そこから学んだことを教えて下さい」など）。実際に経験したできごとを直接話してもらうことで、志望者のEQをある程度把握できる。

この好例として、MDアンダーソン癌センターは、志望者のEQを評価するための面接のガイドラインを設けている。たとえば志望者の対人能力を測るための質問はこうだ。「あなたが仕事やそれ以外の状況で、意見の相違や対立を解消した時のことを教えて下さい。問題を解決するために、あなたはどんな行動を取りましたか？」「あなたが関わったチームで、プロジェクトの意思決定や活動から一部のメンバーが外されたことはありますか？　どんな状況でしたか？　あなたはそれにどう関わりましたか？」

要約すると、多くの組織がＥＱによって人材を選別しようとするが、私たちは違う戦略をお勧めしたい。職務に必要なスキルセットで人材を採用し、その人材が高業績リーダーに必要なＥＱ能力を高められるように、育成、開発するのだ。ＥＱの高い組織は、採用や昇進の決定にＥＱを適切に利用することができる。だが最も重要なのが、ＥＱのトレーニングと開発である。

まずトレーニングから始めよ

私たちはＥＱのトレーニングがカギを握ると考えているが、トレーニングを最も効果的に行うには、やり方に工夫が必要だ。傾聴などの「ソフトスキル」の開発は、昔から人事研修の定番だが、最近ではその重要性がトップリーダーによってますます認識されている。１０００人近いＣＥＯを対象とした調査で、回答者の90％が「組織改革を成功させるには経営幹部の自己変革が欠かせない」と答えた。この数字は、3年前の同じ調査ではわずか30%だった。[*3] 時代は変わっているのだ。

また、子ども向けのEQ教育の有効性を裏づける研究もある。今ではアメリカだけでなく世界中の幼稚園から高校までの学校が、生徒にEQスキルを教えている。こうしたプログラムは、うまく設計・実行されれば、生徒の精神的、社会的健康の増進や、学業成績の向上につながることが示されている。2万7000人超の生徒を対象とした213の研究のメタ分析によると、社会的・感情的学習プログラムを受講した生徒は、学業成績が11%ポイント上昇したほか、教室内での問題行動が改善し（粗暴な行動や授業妨害が減り）、ストレスや鬱への対処能力が高まり、自分や他者、学校に対してより肯定的な見方をするようになった。これらの結果は、その後の研究でもくり返し再現されている。[*4]

では、大人もトレーニングでEQを高められるのだろうか？　管理職や経営幹部向けのEQトレーニングの有効性に関しては、長らく研究が待たれていたが、今では数々の研究が強力な証拠を提供している。[*5] トレーニングプログラムはうまく設計・実行されれば（これはもちろん高いハードルだが）、大人のEQを高め、高い状態を長く保つことができるのだ。

本書を執筆している今、EQトレーニングの効果を調べる研究がプログレッシブ保険で行われている。[*6] この研究の早期分析では、同僚や部下に「EQが高い」と評価されたリーダーが指揮するチームは、メンバーの帰属意識がより高いことが示された。帰属意識がチームのパフォーマンスや包括性の取り組みで重要な役割を担うことを考えれば、EQトレーニングがチームメンバーやチーム全体のパフォーマンスに直接的なメリットをもたらすことを、この分析結果は示唆していると言える。

この研究では、対面のコーチングと、オンラインのEQトレーニングの効果も比較している。エグゼクティブコーチングの第一人者であるマーシャル・ゴールドスミスは、この研究を知って喜んだ。コーチングについてここまで徹底した研究が行われることはまれだが、そうした研究は必要だと彼は強調する。*7

EQトレーニングを行う方法はいろいろあるが、トレーニングの「設計方法」に関する実験はあまりにも少ない。前章でそうした数少ない研究の1つを紹介した。ランダムに介入群に振り分けられたリーダーは、定期的な会合で仕事やプライベートの問題を話し合ううちに安心感を覚え、ほかの誰にも話せない悩みを打ち明けるようになった。そして前述の通り、2年後に介入群のEQスコアは上昇した。*8

これはEQを高めるための多くの方法の1つに過ぎない。

ダンが共同開発したコースを紹介しよう。このコースでは1週間に数回のセッションを行う。受講者は各セッションでEQスキルを1つずつくわしく学び、自分の仕事やプライベートでそのスキルを活用する方法を考え、そして次のセッションまでの間に、スキルを高めるためのエクササイズをする。[*9] たとえば「感情バランス」のエクササイズは、感情に脳を「ハイジャック」された瞬間のことを思い出し、何が「トリガー（引き金）」になったのかを書き留める（これを「トリガーログ」と呼ぶ）。そして、その時自分がどう反応したか、どう反応すればよかったのかを考える。これをやっておくと、次にトリガーが発生した時にちょっと立ち止まって、衝動的に反応する代わりに、よりよい対応を考えて実行に移すことができる。経験豊富なコーチの指導を受けながら仲間と行うライブセッションは、よりよい対応を練習する場になり、「議論が白熱した時」などの厄介な状況に対処する方法を身につけられる。

この種のEQ開発プログラムの有効性が、2件のメタ分析（過去のさまざまな個別研究の結果をプールして分析する手法）によって検証された。これらのメタ分析が対象とした職業や仕事は、中小・大企業の管理職や経営幹部から、プロクリケット選手、MBAプログラムの学生までの多岐にわたった。[*10] どちらのメタ分析でも有効性が確認された。たとえば、トレーニングを受けたプロクリケット選手はEQスコアが13%上昇したのに対し、対照群の平均的なEQには変化が見られなかった。

ほとんどの研修プログラムにEQを高める効果が認められ、さらに重要なことに、組織の業績に対してもプラスの効果が認められた。たとえば、研修医の患者満足度や、銀行員の顧客満足度、製薬会社の営業担当者の売上成績などが、EQトレーニング後に高まった。[*11]

その上EQトレーニングは、従業員の心身の健康や職場の人間関係といった、組織の生産性に関わる重要な要素にも好影響をおよぼした。EQトレーニングを受けた軍需企業の従業員は仕事満足度が高まり、大手小売販売チェーンの中間管理職は仕事満足度とストレスレベル、全般的な健康レベルが改善した。プロジェクト責任者は、業務遂行に欠かせない、チームワークや対立管理のスキルが向上した。[*12] またEQトレーニングにはコーチングスキルを伸ばし、雇用可能性と再雇用率を高め、職場不作法を減らし、組織風土を改善する効果も認められた。[*13]

効果的なEQトレーニングプログラムに必要なもの

コンサルタントが2社の経営幹部と管理職を対象に、同じ定評あるトレーニングプログラムを実施したところ、一方の会社では効果が挙がったが、もう一方の会社ではうまくいかなかった。なぜだろう？

コンサルタントは、CEOの振る舞いが違いを生んだと考えている。失敗した方の会社では、最初のセッションが始まる前にCEOがEQの重要性を説き、そのまま部屋を出て行って二度と顔を見せなかった。成功した会社では、ＣＥＯが受講者に交じって積極的にトレーニングを受けた。

トップリーダーがＥＱトレーニングの重要性を身をもって示せば、社内に強力なメッセージが伝わる。有力なリーダーが積極的に擁護すれば、高ＥＱ文化への転換がより強力になることがわかっている。プログレッシブ保険の顧客関係管理部門（主力顧客に保険を販売する部門）の責任者や、ＢＬカンパニーズやＭＤアンダーソン癌センターのＣＥＯが、そうした擁護者の好例だ。それにこうした力添えは、経営幹部でなくてもできる。アマゾン・ウェブ・サービスでは、「ＥＱ伝道者《エバンジェリスト》」を名乗る社員たちが、草の根からＥＱへの関心を広げていった。

ＭＤアンダーソンのリーダーシップ研修は、以前は課長などの中間管理職のみを対象としていた。だが新社長はＥＱ文化の重要性を公言し、ＥＱトレーニングの取り組みを開始して、全社員に参加を求めた[*14]。

このトレーニングプログラムを主導するのは、ＭＤアンダーソンのリーダーシップ研究所だ。第１レベルのコースは自己認識に焦点を当てたもの、第２レベルは対人能力に主眼を置くものとなっている。主に課長クラス向けの第３レベルは、込み入った話し合いで感情に対処する方法を教える。そして部長クラスや研究機関のリーダーを対象とするリーダーシップコースでは、EQの模範を示すことや、感情がリーダーから組織全体にどう伝染するかなどを説明している。

MDアンダーソンは、その他の多くのトレーニングプログラムにも、EQの要素を盛り込んでいる。たとえば「難しい話し合いをする」と銘打つコースでは、「あなたはこの会話でどうEQを発揮しますか？」と問いかける。幹部はEQコースの受講を正式に義務づけられていないが、90％以上のリーダーが受講している。

有効な設計

もちろん、鳴り物入りで始まったのに有効な結果が出ないプログラムもある。そして多くのプログラムが、設計も実行もお粗末である。最も成功しているEQプログラムには、一般に次の5つの要素がそろっていることがわかった。

1　意欲的な受講者。

EQを高めるためには、かなりの時間と労力をかける必要がある。相当な関心と意欲がなければ、変化が起こる前にほとんどの人が脱落してしまうだろう。成功するプログラムは、受講者のやる気を高め、保つためのさまざまな工夫を凝らしている。あるプログラムは、受講者に4週間にわたって週2回メールを送り、コースで学んだ手法を実際に使うよう勧めている。[*15]

2　数回に分けて行う計10時間以上のトレーニングと、定期的なブースターセッション。分量は重要だ。トレーニングの時間が多ければ多いほど効果が高い。また可能なら数回に分けて行うとなおよい。とくに効果が高かったプログラムは、非上場企業の54人の上級幹部を対象に、週95分の対面セッションを7週にわたって行い、計約11時間のトレーニングを提供した。受講者はこれに加えて、セッションとセッションの合間に5時間のオンライントレーニングを受けることを求められた。[*16]

3　持続的な練習と強化。トレーニングセッションも重要だが、EQを身につけるためにはセッションの合間にも、フィードバックを受けながら練習をくり返すことが欠かせない。それに、正式なトレーニングが終わってからも長く練習を続けることが肝心だ。神経科学的に言えば、EQのトレーニングは学生時代の勉強とは違う方法で行う必要がある。予算や物流計画を策定するような認知スキルとは違って、EQは「行動スキル」だ。この種のソフトなスキルを強化するには、ゴルフのスイングや試合運びのように、模範型を研究し、指導を受けながらそれを試し、何度も練習しなくてはならない。

4　周囲のサポート。周囲に支えられているという感覚も重要だ。組織の幹部には1対1のコーチングが強力な学習手段だが、それ以外のレベルではチーム学習がより現実的で適切な手段となる。BLカンパニーズの研修では、全受講者が月1回の応用講習でスキルを練習し、研修中に立てた実地学習計画へのサポートを受ける。

5　有力な幹部による率先とサポート。これまで見てきたように、組織の最高幹部がEQ研修に参加すると、トレーニングが重要だというメッセージが伝わる。するとプログラムに参加しようという気運が高まるし、参加してよかったという思いにもつながる。逆に、幹部がEQトレーニングをあからさまに軽視すれば、参加意欲は地に墜ちる。尊敬される幹部が表から裏からサポートすれば、プログラムを勢いづけることができる。

すべてのプログラムが同じである必要はないし、5つの要素をすべて組み込む必要もない。だがこれらの要素が多く組み込まれていればいるほど、効果が高くなるのも確かだ。意欲的な受講者が効果的なプログラムに沿ってトレーニングすれば、オプティマルなパフォーマンスを発揮しやすくなるが、組織全体がEQ重視の方向性を打ち出すことで、さらに大きな効果が得られる。パフォーマンスを高めるための取り組みは、組織文化の支えがあってこそ、最大の効果を発揮する。そのため人事主導で行うよりも、経営サイドに擁護者がいることは、大きな助けになる。経営陣、とくにCEOがその価値をくり返し強調すれば、従業員の参加意欲が高まる。組織の規範を示すのはリーダーなのだ。

EQトレーニングを定着させるには

EQトレーニングの有望な手法を1つ紹介しよう。それはリチャード・ボヤツィスの「意図的な変容理論（ICT）」というもので、上記の5要素をすべて兼ね備えている。ボヤツィスはケース・ウェスタン・リザーブ大学ウェザーヘッド経営大学院のエグゼクティブMBAコースで、30年以上前からこの学習手法を教えている。すばらしいことに、MBA学生は在学中にEQ能力を高めただけでなく、7年後の調査でも（同僚による評価で）まだEQが高い状態を維持していた。[*17]

この手法のステップ1では、受講者が「理想の自分」を思い描き、これを強力な内発的動機づけにする。「あなたはこれからの5年間でどう変わりたいですか？」と講師は問いかける。

ステップ2では、受講者のEQを総合的に評価して、強みと弱みを診断する。具体的には、ＥＳＣＩ（感情的・社会的能力指標）という３６０度評価を使って、高業績従業員を平均的な従業員から区別する12のＥＱ能力をどれだけ持っているかを、多角的な観点から測定する。[*18]

ＥＱの測定方法は12種類かそれ以上あり、それぞれによさがあるが、その中でもＥＳＣＩは仕事のパフォーマンスを予測する最良の因子と考えられている。[*19] ＥＳＣＩを見れば、対象者のことをよく知っていて、対象者が意見を尊重して聞く評価者が、対象者の強みと限界をどう評価しているかがわかる。家族経営企業の社長１００人を対象とした調査では、ＥＱスコアとパフォーマンスの間に強い相関が見られた一方で、自己申告方式で測定したＥＱスコアとの相関は認められなかった。[*20] ＥＳＣＩのような、信頼できる人の匿名評価による診断の結果は、ＥＱを高めるために「何から始めればいいのか」を知るのに役立つ。

ステップ３では、講師の指導を受けながら、ステップ１の「理想の自分」と現在のＥＱとを照らし合わせることによって、ＥＱの学習課題を心の奥底の動機と結びつける。講師は「どのＥＱ能力を高めたら理想の自分に近づけるでしょう？」と問いかける。たとえば非言語能力を高めるには、共感のカギを握る傾聴力を改善する必要がある。カリフォルニア大学バークレー校の研究によると、権力者は人の発言を遮ることが多い。これは悪い聞き方で、学習によって改善できる。[*21]

最後のステップ4では、学んだ行動が自然にできるようになるまで、何度もくり返し練習する。たとえば傾聴なら、10代の子どもや配偶者との食事や、職場での部下との会話など、練習の場はいくらでもある。

練習をくり返して、新しく学習したことを大脳基底核に刷り込めば、それは自動的な習慣になり、いちいち考えて行動変容を起こす必要がなくなる。EQトレーニングにとってうれしいことに、この「神経可塑性」のおかげで、人生のどの段階にいても新しい習慣を身につけることができる。EQスキルセットを伸ばすのに遅すぎることはない。

ダンは、フロリダ州立大学の心理学者だった故アンダース・エリクソンと話をしたことがある。エリクソンは、いわゆる「1万時間の法則」がむやみに信じられていることに心を痛めていた。この俗説のもとになったエリクソンの研究が実際に示したのは、「スキルを習得するまでの練習時間は、スキルの内容によって大きく異なる」ということだ。たとえば交響楽団の首席バイオリニストは、名演奏をするためにさらに1万時間の練習を必要とするかもしれないが、長い数字を記憶するようなスキルは、数百時間でマスターできる。

それでも一般に練習と成果の間には「用量反応関係」が認められる。練習時間が多ければ多いほど、スキルがよく身につくのは確かだ。したがって、オプティマルゾーンに入りスキルをどれだけ発揮できるかは、そのスキルを磨くのにどれだけ時間をかけたかによって、ある程度決まる。生まれつきの才能があっても、熟達するためには練習が欠かせない。小さな改善も、積もり積もれば大きな前進になる。

ＥＱについても同じことが言える。リチャード・ボヤツィスは長年ＭＢＡの授業で、学生にＥＳＣＩの３６０度評価を受けさせ、ＥＱ能力の強みと弱みを診断して、改善すべき能力を選ばせている。ボヤツィスは学生の改善努力を、ＥＱの役に立たない行動習慣に取って代わる新しい習慣を練習する「時間」ではなく、「回数」で測っている。

コーチング

下級社員や新任リーダーのトレーニングは、講習や研修の形式で行われることが多いが、幹部のトレーニングは１対１のコーチングがより一般的である。前述の通り、コンファレンス・ボードが企業会員を対象に行った調査では、幹部コーチングの取り組みの大多数で、ＥＱが最重点項目に挙げられた（ただし、ＥＱ能力はいろいろな名称で呼ばれていた）。この調査が行われたのはコロナ禍の前だが、コンファレンス・ボードはコロナ感染が落ち着いた頃に調査結果を改めて検討し、リーダーたちにとっては今後も共感をはじめＥＱ能力全般が必要だと強調した。[*22]

コーチングの定番分野である戦略的思考やビジネススキルなどは、ＥＱよりもずっと優先度が低かった。共感や自己コントロールなどのEQスキルはかつてないほど必要とされていると、調査は結論づけている。

EQを高めるには、持続的なフィードバックが助けになる。一度限りのコースや社外研修で手法を学び、モチベーションを高めても、フォローアップがなければ定着しない。経営幹部なら、EQ専門のコーチについて継続的な個人指導を受けられるかもしれない。だが中間管理職の場合、EQの必要性は幹部に劣らず高いのに、コスト面での理由からコーチをつけてもらえないことが多い。

経営幹部クラスにはEQやソフトスキルのコーチングが普及しているが、それだけでは組織全体のパフォーマンスを最適なレベルに引き上げることはできない。その理由の1つは、チーム研究者のヴァネッサ・ドリュスカットが言うように、経営幹部は達成志向が強く、競争心が旺盛なため（だからこそ出世できたのだが）、組織全体の成功よりも個人としての「成果」を求める傾向にあるからだ。

幹部が経営チームとして機能し、組織全体の目標を推進するためには、高業績チームを特徴づける規範に従わなくてはならないと、ドリュスカットは強調する。「個別コーチングだけではチーム全体のEQを高めることはできません。チームとしての有効な規範をつくり上げることも、EQを伸ばす補足的な経路になるんです」

チームのEQは、個人のEQコーチングとは学習経路が異なる。幹部がチームEQを高めるためには、思っていることを率直に言い合える心理的安全性を育むことが不可欠である。

個人的な目標のためのコーチングを越えた次のステップは、経営チーム内の関わり合い方に関する規範を構築することだと、ドリュスカットは言う。そしてもちろん、この手法はあらゆるレベルのあらゆるチームに当てはまる。たとえばこれを書いている今、アマゾン・ウェブ・サービスがドリュスカットのチーム学習手法を用いて、部門全体のEQを高めようとしている。

チームEQを高める取り組みと、同じスキルセットの個人コーチングには、相乗効果がある。「EQに優れた人たちは、相手の気分をとてもよくする方法でやりとりをします」と彼女は言う。「高EQチームにいる人は、個人としてのEQも高まります。チームが学習の場となって、メンバーの最もよいところを引き出すんです」。心理的安全性の高いチームでは、メンバーがオープンに情報を共有する。

この章をまとめておこう。採用志望者をEQで選別することにはいろいろと問題があるが、それよりも効果が高いのが、雇った人材にEQを高めるトレーニングを提供することだ。EQを伸ばす手法はいろいろあるが、最も効果が高いものには次の共通の特徴がある。

受講者にモチベーションと励ましを与え、トレーニングに十分な時間をかけ、その場限りで終わらせずに継続的にトレーニングを提供し、受講者同士や同僚からのサポートがあり、そして組織のリーダーがＥＱの模範を示し、従業員がＥＱ能力をさらに伸ばせるよう励ましを与える。

そして次章で見ていくように、これら要因の効果が最大限に高まるのは、組織がＥＱの重要性をしっかり認識する時である。

第13章 EQ文化を築く

BLカンパニーズは長年高成長を続けてきたが、不況のあおりを受けて創業以来初のレイオフに踏み切った。CEOのキャロリン・スタンワースは、残った従業員を集めて話をした。平気を装ったり、意に介さないふりをして士気を上げるのではなく、まず自分の残念な気持ちを伝えた。

それから従業員にも、感じていることや不安に思っていることを打ち明け合うよう呼びかけた。そして全員の気持ちが落ち着いたのを見届けてから、ようやく今後の見通しを説明し始めた。

CEOは話をするうちに、自分の感情が悲しみや後悔から、未来への楽観と期待に変わっていくのを感じた。不安が払拭されたわけではないが、社内のムードは次第に未来への意気込みへと変わった。現実的な裏づけのある感情が伝染していった。彼らは厳しい現実に向き合い、そしてその先を見据えたのだ。

中規模の建設エンジニアリング会社であるBLカンパニーズは、10年以上にわたって同業他社を上回る業績を上げ続けていた。だが昔からそうだったわけではない。15年前は従業員離職率が高く、目立った成長を遂げられずに苦戦していた。何が変わったのだろう？

この間に、同社はEQを含むリーダーシップスキル開発プログラムを導入した。当時はこの業界の、とくに大組織がこの種の研修を行うのは異例だった。だがBLカンパニーズはこのプログラムを通して、ただリーダーのEQを伸ばすだけでなく、企業文化そのものを変革しようとした。人材採用や人事評価でもEQを重視した。そしてとくに重要なことに、CEOは企業文化にEQを組み込むつもりであることを社内に周知したのだ。

その甲斐あって、幹部や管理職はEQの根幹をなす対人能力やチームワーク、共感などのスキルを大きく高めることができた。そうした変化が、従業員多様性やエンゲージメント、そして定着率の諸指標（従業員満足度、顧客生涯価値、ひいては会社全体の業績と成長）の向上をもたらしたのだ。*1

今日、このような成功例はBLカンパニーズだけではない。MDアンダーソン癌センターからプログレッシブ保険、アマゾンまでのさまざまな組織が、従業員の感情の自己管理や対人能力を高めるための投資を行っている。アマゾンには社内の至るところに、EQトレーニングを従業員に提供するチームがいる。

組織のリーダーと従業員が、感情の自己管理と人間関係のスキルに長けていれば、組織にも、そこで働く人たちにも好影響がおよび、あらゆる点でパフォーマンスが向上することがわかっている。組織の利益と成長、従業員の定着率と忠誠心、モチベーション、感情風土、全体的なウェルビーイングが高まる。このような組織を、高EQ組織と呼ぼう。

リーダーはどうしたら組織や企業のEQを率先して高めることができるのか？　本章では、その方法について私たちが現時点で考えていることを紹介しよう。つまり、リーダーをどう採用、訓練して、模範的なリーダーに育て、企業文化になじませるかである。高EQ組織をつくるカギは、EQ文化の模範を示し、積極的に推進する上級幹部にある。

トレーニングプログラムを適切に設計し実行することは重要だが、その効果を最大限に高めるには、たんなるEQトレーニングを超えた取り組みが必要だ。高EQ組織は、人材募集や採用、人事評価、昇進の方法や判断にまでEQを組み込んでいる。

EQのパフォーマンスを評価する

ソフトスキルの重要性がこれだけ叫ばれているのに、今もほとんどの組織がリーダーの人事評価でハードスキルに重点を置いている。これでは感情の自己コントロールや共感などの重要なソフトスキルがないがしろになってしまう。BLカンパニーズの年次考課は、ハードとソフト両方のスキルを同等に重視する。管理職は、部下が「何を」達成したかだけでなく、「どうやって」達成したかも評価するのだ。「ものすごい成果を挙げても、そのために人を踏み台にしていたとしたら、昇給やボーナスの査定で高い評価は得られません」と、CEOのキャロリン・スタンワースは説明する。

第3章で見たEQ能力のモデルは、高業績従業員が持つスキルセットをまとめたもので、組織が求める「理想の人材像」を表している。組織が考える「リーダーシップコンピテンシー〔優れたリーダーになるためのスキルや行動特性〕」のモデルにEQを含めれば、こうしたスキルの重要性を組織全体に伝え、全員にEQを重視する意欲を与え、さらに重要なことに、EQ開発を年次考課のプロセスに正式に組み込むことができる。

MDアンダーソンが従業員全員の選考、研修、人事評価、昇進に用いるリーダーシップモデルには、「チーミング」と「積極的傾聴」のEQ能力が含まれている。「チーミング」とは、チーム全員が緊密に連携し、お互いの発言を尊重し、多様性を推進し、個人の目標をチームの目標に折り合わせる姿勢をいう。「積極的傾聴」とは、相手に注意を払い、異なる考え方を受け入れ、お互いの気持ちに寄り添おうとする姿勢である。

人事評価の面談は、ＥＱの重要性を従業員に伝える機会になるほか、それぞれのリーダーにどんなＥＱのトレーニングや能力開発が合うかを見きわめる場にもなる。

また人事評価で、部下に上司のＥＱを評価させることもできる。プログレッシブ保険では、従業員の人事評価で「職場で大切にされ尊重されていると感じますか？　エンゲージメントを感じますか？」と質問し、その結果で上司のＥＱリーダーシップ能力を測っている。

リーダーの関与が欠かせない

ＢＬカンパニーズのコロナ禍への対応には、共感と思いやりを重視するＣＥＯキャロリン・スタンワースの姿勢がよく現れている。彼女は当時こう語った。「今年は大変な1年でした。従業員には、配偶者がコロナで失職した人がたくさんいました。そして全員が与えられた以上の仕事をしてくれました。そこで、通常の年度末のボーナスに加えて、３０００ドルの『感謝ボーナス』を全員に支給したんです。贈り物を買えるように、感謝祭の祝日の前にね。費用は１００万ドルほどかかりましたが、その甲斐はありましたよ。従業員に感謝を伝えれば、10倍にして返してくれますから」

スタンワースは、自分の最も重要な仕事は「文化のリーダー」になることだと言う。自分が組織の価値観や規範を日々強調することが、組織のEQを高める助けになっていると信じているのだ。CEO自身が折に触れてEQの重要性を説くことが、同社のEQトレーニングや人事評価プログラムを後押ししている。

いわゆる「人事」部門だけが主導して従業員のソフトスキルを高めようとしても、たいして効果が上がらないことを、私たちの研究は示している。他方、有力なリーダーがEQの重要性を熱心に説き、率先してEQを発揮すれば、それが組織全体の規範と文化になる。さらによいのは、経営陣が一丸となってこの役割を担うことだ。これは前に紹介した、BLカンパニーズや、プログレッシブの保険販売および代理店を統括するCRM（顧客関係管理）部門の例にも現れている。

さらに有名な例もある。サティア・ナデラがマイクロソフトの3代目CEOに就任した時のことだ。ナデラは就任初日に全従業員に送ったメモに、「共感」（当時のマイクロソフトではめったに聞かれなかった言葉だ）が、「成長のマインドセット」とともに、今後のカギを握るスキルになる、と書いた。[*2] 彼はこれらの「ソフトスキル」を事業戦略に結びつけ、顧客に共感し（つまり顧客のまだ満たされていない、言葉にならないニーズを感じ取り）、開かれた心でさらなる開発に取り組むことが、イノベーションの源泉だと説いた。

また経営陣に対しては、共感をもって企業文化を変革し、信頼を重視する文化を育んでほしいと訴えた。その後の不況で多くのテクノロジー企業が数千人規模のレイオフを余儀なくされた時、ナデラは共感の模範を示した。数千人の従業員にツイッター（現X）でいきなり解雇通知を送りつける会社がある中、マイクロソフトでは違うやり方をする、と誓った。「解雇プロセスはできる限り思慮深い、透明性のある方法で行う」と宣言し、相場を上回る退職手当を支給したほか、医療保険と株式報酬受給権を半年間延長したのだ。

プログレッシブの企業文化にもEQが根づいている。これは元CRM部門責任者で現在は保険請求部門責任者を務める、ジョン・マーフィーの強力な後ろ盾のおかげだ。同社のEQトレーニングは、もとはCRM部門の管理職向けに開発されたが、今ではITや保険請求などの他部門にも導入されている。このトレーニングはマーフィーが部門責任者だった時代にCRM部門に提唱、推進、開発され、同部門の文化的象徴になっているが、今では社内全体でその真価が認められている。

高EQ組織を築くためには、こうしたビジネスサイドの（つまり人事以外の）リーダーがEQを擁護しなくてはならない。これまで見てきたBLカンパニーズやMDアンダーソンのCEOのほかにも、アメリカン・エキスプレス・ファイナンシャル・アドバイザーズ（現アメリプライズ・ファイナンシャル）では、上級幹部が会社のファイナンシャルアドバイザー全員のEQを指導している。

それよりずっと下層のリーダーがEQの擁護者になることもある。アマゾンの高収益を叩き出しているクラウドコンピューティング部門、アマゾン・ウェブ・サービスでは、EQへの関心が草の根で広がった。エンジニア兼ストラテジストのリッチ・ホワは、「EQエバンジェリスト（伝道師）」を名乗り、EQへの関心を分かち合う600人超のチームを率いて、これまでに30万人以上の従業員にEQトレーニングを提供している。

このチームは非公式な集団として始まったが、今では会社に活動を認められて、「EPIC（共感・目的・インスピレーション・つながり）」チームと称して独自の予算を持ち、ホワが世界の統括責任者を務める。彼らが実施するEPICリーダーシップ・プログラムは、EQそのものに重点を置いたトレーニングである。

最近ではEPICは、社内の遠く離れた最大で数千人規模の部門の上級幹部から、EQトレーニングを依頼されることが増えている。このボトムアップ手法は、上から支持されてではなく、意欲的で積極的な社員が主導して行う点に強みがある。

リーダーのための指針

「猛吹雪があった日、多くの社員の自宅が停電したのですが、さいわいオフィスは無事でした」と、BLカンパニーズのCEOキャロリン・スタンワースは語る。「自宅が停電して帰れない社員のために、みんなで食料品を差し入れました。ようやく帰宅できるようになった時も、食料を持ち帰らせましたよ。家に帰って食べるものがないと困りますからね」。そしてこう続けた。「この物語には、当社が大切にしている価値観がよく現れています」

スタンワースはこうした物語を、会社の価値観を効果的に伝える手段とみなしている。たとえば社を挙げて従業員の困難に対応したこの物語は、共感とチームワークの大切さを伝えている。

EQの旗振り役はEQの価値観を打ち出すにあたって、ただ口で言うだけでは足りない。最も効果的なのは、組織にとってEQが「どう役立つか」をはっきり示すことだ。EQと、とくに経営理念や業績目標などの事業課題との関係を示し、自分の職務におよぼした影響を具体的に説明するとよい。

リーダーへのヒントをいくつか挙げておこう。

- **EQが利益に結びつくことを示す。** アメリプライズ・ファイナンシャルの「感情コンピテンシー」チームは、社内調査の結果、同社のファイナンシャルアドバイザーが顧客に生命保険への加入を勧めるのに苦労していることを知った。死に備えることはもちろん、死そのものさえ話題にするのは気まずいし、縁起でもないと嫌がられることもある。

そこでチームは、一部のファイナンシャルアドバイザーとその上司を対象に、EQコンピテンシーの実験的なトレーニングプログラムを実施した。結果、上司と一緒にトレーニングを受けたアドバイザーは、受けなかったアドバイザーに比べて、15カ月間の売上が11％高く、会社全体では2億ドル（今日のお金で3億2000万ドルに相当）もの売上増につながった。

・EQの模範を示す。EQの擁護者となるリーダーは、みずから模範を示す必要もある。組織文化の全体的な気風を変えるには、次の4つの姿勢がカギになるようだ。

・自己制御。ある創業者はキレやすく、それが全従業員に悪影響をおよぼしていた。彼の直属の管理職はこう語る。「激しく怒鳴りつけてくるんです。彼にとってはいつものことで、5分も経ったらケロッとしています。でも私たちはたまったもんじゃありませんよ。だから彼にお伺いを立てる前には、顔色をうかがうようになりました。いいことじゃないですよね。相談する前にいちいちためらっていたら、問題はあっという間に大きくなりますから」

「自己制御」とは、自分の感情や言動をコントロールすることを示す専門用語で、この事例で言えば他者に怒りをぶつけないことをいう。上司が部下に怒りを爆発させれば、部下は嫌われたと感じ、上司から距離を置こうとする（一緒に働いている場合は、受動的抵抗のかたちを取ることもある）。上司の過剰な怒りは、部下とのつながりを断ち切ってしまう。

• 感情の透明性。 ある会社の社長が亡くなった時、同社のナンバーツーは涙ぐみながら従業員に悲しみを語った。これをきっかけに対話が生まれ、従業員と気持ちを率直に分かち合うことができた。リーダーが自分をさらけ出したことは、弱みではなく、率直さという「強み」の証しとして受け止められたのだ。自己認識と共感、感情の透明性を併せ持てば、周りの人にも感情に向き合う機会を与えることができる。

• 感情に寄り添う。 コロナ禍が始まった時、BLカンパニーズのCEOキャロリン・スタンワースは、毎週金曜の正午から1時間かけて、365人の従業員全員とオンラインミーティングをするようになった。ミーティング後はいつも従業員からメールが来たので、すぐに対応できるように午後の予定も空けた。これは共感の模範である。従業員の気持ちに寄り添い、メールの返事がすぐに来なかったら従業員がどんなに失望し、不安になるだろうと考えたのだ。

・**感情を受け止める。** 部下との関係がなれ合いにならないよう気をつけつつ、部下に共感を示し敬意を払う。それを規範として確立し、部下にも守らせる。デジタル時代にうってつけの例を紹介しよう。ジョン・マーフィーはプログレッシブ保険のCRM部門責任者を務めていた時、同社の保険を販売する全米の約7000人の代理人との関係をできるだけ深めたいと考えた。コロナ禍以前は、各地に足を運び、直接話をすることで関係を築いていた。こうやってつながっておけば、代理人のモチベーションを保てるし、難しい頼みごとも聞いてもらいやすい。そのほか、代理人に手書きのメモや、役に立ちそうなビデオをせっせと送っていた。だがコロナ禍が始まると1人ひとりを訪問できなくなった。そこで代理人たちの生活に関わるための手段として、フェイスブックのグループを立ち上げた。当初はほんの数人だったが、やがて大多数の代理人が参加した。

このページは代理人たちの仕事ではなく、「暮らし」をシェアするためのページだ。彼らは記念日や子どもの誕生など、暮らしの中のできごとを投稿する。都市封鎖《ロックダウン》やウイルス蔓延への不安が広がる中で、このページは代理人が不安を共有したり、感謝を表したりする場になった。たとえば景気低迷期に仕事を失わずにいられることへの感謝など。そしてマーフィーは彼らに結婚記念日の祝福や個人的なメッセージを送った。このページは全米に散らばる代理人をつなぐ役割を果たした。

リーダーが高EQ組織を築くことの大切さは、同社のCEOスタンワースの言葉に集約されている。あなたの仕事の大半を感情の管理が占めていますね、と私たちが指摘すると、彼女は「それこそが私の仕事なんです」と即答したのだ。

組織全体のEQ

EQを重視する文化への持続的な転換を起こすためには、根気がいる。ほとんどの企業にとって数年、ときには数十年の取り組みになるだろう。だが、こんなにいいことずくめだというのに、感情のような目に見えないソフトな側面に力を入れたがらない企業が多い。おまけにリーダーは、EQが足りないことを指摘されるのを嫌って、トレーニングを受けたがらないこともある。

今から20年近く前に、プログレッシブ保険のCRM部門責任者に就任したジョン・マーフィーがEQを提唱した時も、やはり抵抗に遭った。最高幹部にEQ診断を受けてほしいと要請したが、最初は聞き入れてもらえなかったという。同部門でリーダーシップ開発に関わった人はこう言っている。「うちの文化は、まだあれを受け入れる用意ができていませんでした。幹部たちは、自分のEQが思ったより低いだなんて、聞かされたくなかったんです」

だがマーフィーはひるまなかった。地域担当責任者との年次会議をＥＱにまるまる充て、保険販売という信頼関係に基づくビジネスには、自己認識と自己管理、共感が欠かせないと説いた。ＥＱ開発研修を受講した代理人の数は、７０００人中のたった２００人から、長年のうちに５０００人ほどにまで増えている。

「当初の組織文化は、計算ずくでビジネスライクでした」とマーフィーは言う。「今では関係重視型の文化に変わっています。これは、リーダーたちのＥＱレベルが上がったおかげなんです」。社内外の関係を育み、維持する秘訣はＥＱにあると、マーフィーは信じている。「当社のあらゆる活動の核にあるのが、人間関係ですから」

高ＥＱ組織――理想像

私たちはＥＱに関する研究を調べて、ＥＱを組織のパフォーマンス向上に役立てる方法を考え、高ＥＱ組織を差別化する特徴の暫定的なリストを作成した。ドリュスカットとウルフが高業績チームに見出した集団的規範にヒントを得て、彼らの洞察を組織レベルに当てはめたのだ。

このリストを作成するために、さまざまな研究を参考にしながら、私たち自身も「高ＥＱ組織とはどんなものだろう」と考えた。より確実なリストを作成するための適切な研究がまだ行われていないので、推測する必要があった。この状況は、EQと職場パフォーマンスの関係について十分な研究がまだ行われていなかった、25年前の状況と似ている。その後の数十年間で、EQが個人やチームのリーダーシップとパフォーマンスに役立つことがさまざまな研究で示されたおかげで、本書を書くことができた。これから説明するのは、高EQ組織の「理想像」である。

個人やチームと同様、高EQ組織は「自己認識」を持っている。つまり、組織のメンバーの感情やニーズ、動機を理解している。組織レベルの感情風土を調べる一般的な方法に、チームや事業部門の風土の実態調査がある。こうした調査を行えば、優れた成果を挙げている個人やチームを特定し、奨励することができる。また一方で、問題領域が明らかになれば、その根本原因を解明し解決することもできる。つまりこの調査は、組織内でストレスを体系的に生み出している原因を調べるためのプロセスになる。また、組織の方針や慣行が、従業員の感情によくも悪くもどんな影響を与えているかを、組織として認識することにもつながる。

組織レベルの自己認識とは、組織の強み（得意なこと）と限界を知り、成長と開発が必要な分野を特定する能力でもある。このためには、組織を構成する人々の感情とニーズを敏感に察知し、共感と思いやりをもって、適切なタイミングで、組織内の特定の集団とコミュニケーションを取ることが必要となる。

自己認識があれば、次のステップの「自己管理」に進むことができる。高ＥＱ組織にとっての自己管理とは、組織内の感情をコントロールすることに当たる。たとえば、適切な感情表現に関する規範を定め、全階層のリーダーに感情表現の模範を示させ、規範を破る者をとがめ、しかるべき処分を課すなど。「規範を破る」とは、無礼な言動を取る、人を怒鳴りつけるなど、怒りやパニックを表すことをいう。そうした規範があれば、リーダーはプレッシャーがかかる状況でも模範的な言動を取ることができる。障害や困難に遭遇しても、前向きで楽観的な姿勢を崩さずにいられる。

そのほか、高ＥＱ組織は従業員のストレス要因を把握し、取り除く方法を見つける。よくある体系的なストレス要因は、時間やリソースが限られた中で、負荷の高すぎる仕事をこなさなくてはならないことだ。そうしたストレス兆候の１つが、離職率の高さである。人は高すぎるストレスから逃がれようとするのだ。またマイノリティの組織的なストレス要因には、無意識の偏見があり、やはり高い離職率がその兆候である。こうした場合でも、組織風土の実態調査を行えば、組織のどこにプレッシャーやストレスがかかっているのかを知ることができる。

組織として体系的ストレスを和らげるもう１つの方法として、従業員が「レジリエンス」、つまりストレスや挫折からの回復力を高められるよう、手助けをしてもいい。ただし、そもそものストレス要因を無視して、「ストレスを受ける側が悪い」と決めつけ、ストレスに弱い人たちに責任を転嫁するようなことがないよう気をつけたい。

組織の期待や目標を明確に打ち出すことも、組織内の感情的混乱を抑える方法だ。目標が明確でないと混乱を招き、やる気やモチベーションを損なってしまう。組織が目標を明確に打ち出せば、1人ひとりが全力を出し、それぞれのKPI（重要業績評価指標）を達成するだけでなく、より大きな目標の実現に向けて協力できる。組織内に目標に関する共通認識があれば、あらゆる階層の従業員を鼓舞し、導くことができる。

また、組織として従業員間の協力と協調を促すのもいい。このために、情報共有を奨励する簡単な規範を課したり、さらに踏み込んで、部下や上司がお互いを人間として知り合える場を設けている組織も多い。毎週仕事帰りに近くの店で集まったり、週末に社外イベントを開くなど。儀式やお祝いで士気を盛り上げてもいい。よくあるのが成果や成功を祝う会だが、士気を盛り上げるイベントは年中いつでも行うことができる。

そして、帰属意識を育む努力も欠かせない。ヴァネッサ・ドリュスカット（やグーグルの研究者）が指摘した通り、「安全な居場所がある」という感覚は、高業績チームの特徴だが、EQ組織についても同じことが言える。心理的な帰属意識は、DEI目標の数字や割合を追いかけるだけで醸成できるものでは到底ない。DEIを成功させるのは、心からの帰属意識だ。メンバー全員が「自分はこの組織の一員だ」と心から感じられなければ、マイノリティ比率を引き上げたところで何の意味もない。

それに、職場の人たちが感情風土について共通の認識を持っていることも助けになる。こうした共通認識があれば、次の重要なステップに進むことができる。すなわち、同僚の死や離職の悲しみといった、動揺するできごとを乗り越えられるよう、お互いを助け合うことだ。高EQ組織は、そうした喪失がもたらす心の乱れを放っておかず、集団として認識し、お互いの感情的な反応を話し合い、それに対処できるよう手助けする。前述のようにBLカンパニーズのCEOキャロリン・スタンワースは、厳しい市場環境により人員削減を余儀なくされた際に、従業員のためのミーティングを開いて、お互いの気持ちを話し合える場を設けた。

ハイブリッドワークも難しい問題を生み出している――テレワークや非同期コミュニケーション、バーチャル会議、スラックでの内輪の会話、上司の目につかない派閥や少数派の形成等々。こうした状況下でも、リーダーはEQを発揮し、折に触れて文化や風土を伝え、自己管理や対人能力の大切さを説き、みずから模範を示すことができる。

また、リーダーが部下の感情の自己管理を手助けすることには、部下同士が教え合い、お互いを高める方法を身につけられるというメリットもある。コーチングはリーダーが行うべき仕事だが、同僚同士でもコーチングはできるのだ。[*3]

それに、高EQ組織は失敗という避けられない事態からも学習できる。残念ながら、多くの組織は失敗すると「犯人捜し」を行い、人や過失に失敗の原因を押しつけて終わりにしてしまう。高EQ組織は挫折を「学習の機会」ととらえ、何が悪かったのかを明らかにし、今後同様の挫折にどう立ち向かえばよいかを考える。こうした学習を重ねるうちに、めまぐるしく変化する環境により柔軟に対応する力を身につける。そして、組織の活動から学び続け、改善する方法を従業員全員で考える、「学習する組織」になれるのだ。

また高EQ組織は、他の組織との関わり合い方に関する規範を持っている。組織は事業を円滑に行うために、サプライチェーンや顧客、競合、規制当局などの多種多様な組織とうまくやっていく必要がある。この能力の根底にあるのが、組織レベルの「共感」だ。つまり、他の組織が自分たちの組織をどう見ているのか、彼らは何を感じ必要としているのか、何が彼らを突き動かしているのかといったことを理解する能力である。場合によっては、他組織が地域社会や環境に与える影響を監視することも必要になるだろう。重要なすべての外部組織と、適切で思いやりのあるコミュニケーションを、タイムリーかつ継続的に取らなくてはいけない。

最後に、高EQ組織は高EQリーダーと同様、他組織との関係から生じる感情をうまくコントロールする。たとえば、有力な組織と協力関係を築くことも、その方法の1つだ。ここで重要な役割を担うのが、マーケティングやコミュニケーションの部門である。これら部門の協力のもとに、説得力が高く、送る側と受け取る側の両方の心を揺さぶるようなメッセージを伝えたい。高EQ組織は、対立にも建設的に対処する。そして自分たちのためだけでなく、他組織や地球全体の環境のためにも、持続可能な社会づくりに貢献できれば理想的だ。

本章をまとめておこう。未来を見据えた組織は、EQを組織文化のDNAに組み込んでいる。高EQ組織は、組織の利益や成長率、従業員の定着率や忠誠心、モチベーション、エンゲージメントなど、多くの指標から見たパフォーマンスが高いことがわかっている。高EQ組織は、EQをはじめとするソフトスキルの指標を、その他のハードスキルとともに人事評価に組み込んでいる。またEQトレーニングを提供し、あらゆる階層の従業員に奨励する。

「EQが組織のDNAに組み込まれている」とは、組織のリーダーがEQの旗振り役となって、EQの模範をみずから示すということだ。リーダーがEQを提唱し、人事部門がEQ能力を高める方法を提供すれば、百人力だ。ただし忘れないでほしいのは、EQを初めて導入する組織が本質的な変容を遂げるまでには、時間と粘り強さ、忍耐が必要だということだ。高ＥＱ組織をつくるために、リーダーが果たすべき役割はいろいろある。たとえば、ＥＱが組織の目標と利益にとって重要であることを伝え、リーダー自身が感情や人間関係にうまく対処して模範を示し、自分の感情を隠し立てせずに表し、部下のつらい感情に共感を示すなど。

次の第Ⅳ部で見ていくように、これらの対人スキルは、これからの時代の問題や危機に向き合うために欠かせないスキルセットである。

第 Ⅳ 部

EQの未来

第14章 未来に欠かせない能力

ここまで、EQの基本とは何か、EQの助けを借りるとなぜオプティマルゾーンに入りやすいのか、EQが仕事生活にとってどう重要なのかを見てきた。ここからはEQから目を移して、人類が今後直面するさまざまな課題に対処するために必要な、EQとの相乗効果が期待できるその他の能力について考えていきたい。

こうした幅広い視点を持つ必要性にダンが気づかされたのは、数年前のことだ。ダンはセールスフォース・ドットコムの上層部にEQに関する話をしてから、同社の創業者CEOのマーク・ベニオフと夕食をともにした。この時マークは、「EQ」と、「ハードスキル」、「創造性（クリエイティビティ）」、「強い目的意識（スピリチュアリティ）」との相乗効果について、ぜひ本を書いてほしいとダンにしきりに勧めた。マークはこれらをEQ、IQ、CQ、SQ

の「4つのQ」と呼んでいる。

アップルCEOのティム・クックも、新規採用者に求める能力に、同様のスキルを挙げている。[*1] クックはイタリアのフェデリコ2世ナポリ大学から名誉学位を授与された際のスピーチで、アップルが採用した人材の中でも、次のスキルを併せ持つ人たちは、とくに高い業績を上げていると語った。

- **専門分野の技術的知識。**この認知能力には、幅広い「好奇心」、つまり多様なものごとへの関心も含まれる。CREIOの会員クラウディオ・フェルナンデス＝アラオスも数年前、未来に必要な資質として好奇心を挙げた。[*2] これから見ていくように、既存の専門知識を土台として幅広い情報を収集することは、イノベーションの第一歩である。

- 強い**目的意識**と、環境への配慮、自分が生まれた時よりも世界をよりよい状態にしてこの世を去るという決意。自分を超えた目的や使命は、最高の仕事をしようというやる気を掻き立てる。組織にも同様に、目的意識と人々の生活向上というビジョンを従業員に持たせるような使命が必要だ。これがなければ、どんなに報酬をもらってもやりがいのある仕事にならない。

・イノベーションのための協働。 チームとして協力し合えること。ＣＥＯのクックによれば、アップルのプロダクトイノベーションが他の追随を許さないのは、個人の創造的なひらめきというより、人々が力を合わせて生み出す新しいアイデアのおかげである。創造性とは「発想を転換」して（シンク・ディファレント）、安易で月並みな解決法にとらわれずに、「違う角度から」考えることをいう。

私たちはベニオフとクックの考え方を参考にして、少々肉づけをした。とくに、未来のさまざまな難題に対処するためには、これらのスキルセットに加えて、「システム」という視点が有用だと考える。

もちろん、EQ

時代を追うごとに、ＥＱの異なる側面が新たな注目を浴びており、ＥＱの重要性が今後も高まることは間違いない。同じＥＱ能力でも、これまでよりも重視される側面が出てくるだろう。「適応力」もその１つだ。未来のリーダーには、マルチタスクをこなす能力よりも、変わりゆく要求に敏捷に対応し、不透明で不確実な環境でも落ち着きを失わない能力がさらに求められる。

今後は生成ＡＩの導入が雇用に激震をもたらし、仕事の内容も大きく変わっていくと予想される。だが、ＡＩの普及が消し去る仕事や、補助する仕事、生み出す仕事があっても、対人能力の必要性は変わらないどころか、さらに増すはずだ。

また、「誰が、いつ出社するか」といった基本的なことを含む、職場の変化も考慮に入れなくてはならない。複数の働き方を組み合わせたハイブリッドワークでは、メールやビデオ会議のような仮想《バーチャル》コミュニケーションの比重が高い。人間の脳は、対面のやりとりから社会的手がかりを読み取るように発達したが、今後はますますバーチャルなやりとりが増えるだろう。他者の感情を読み取るための情報が減るから、感情のシグナルに今以上に敏感になることが求められる。ここでも、ＥＱはあらゆる認知能力を増強する働きがある。

ＥＱは未来においても、優れたリーダーや組織を差別化する能力であり続けるだろう。その理由はこうだ。業務自動化やチャットボット導入などによって、ロボットやＡＩが担う仕事が増えれば、人間はデザインや創造といった、よりハイレベルの仕事を担うようになる。工学系の定型的な業務も、ＡＩに補助されるようになるだろう。すべての企業がほぼ同じ技術やハードスキルを活用する中で、企業の人材管理能力がさらに重要な差別化要因となるのは明らかだ。

コンファレンス・ボードのグローバル調査はこう指摘する。「職場の自動化が進みつつある中でも、チームを構成するのはまだ人間であり、チームの『人間的な側面』の価値を大切にしていくことが、かつてないほど求められている」*3

そして、新世代のリーダーがどんな経験を経て、特有の「未来観」を形成するに至ったかを見ていこう。

目的

「ダック・アンド・カバー」と呼ばれる訓練を覚えている人がいるだろうか？

知らない人のために説明すると、これは1950年代から60年代にかけてアメリカの学校で毎月行われていた避難訓練で、机の下に身を隠してうずくまり（ダック）、片手で目を覆い（カバー）、もう一方の手を首の後ろに当てるというものだ。こうすれば核爆発から身を守れると、教師は教えた。

これを覚えている人は、ベビーブーマー世代だ。冷戦時代はこの訓練が全米で行われ、人々は核シェルターの話で持ちきりだった。

だが学校でダック・アンド・カバーではなく「銃乱射対応」訓練を通して、教室に隠れ、廊下を走って逃げる練習をした人は、Z世代以降だろう。一番若い人は今もこの訓練をしているし、一番年長の人はちょうど就職したばかりだ。

こうした世代共通のトラウマが、共通の目的意識になることがある。ブーマー世代とZ世代の目的意識の違いには、ブーマー世代が経験した恐れと、若い消費者や入社して間もない社会人（とその上のX世代）が抱える、より現実的な恐れとの違いが現れている。ブーマー世代の現役経営者は、そのことに気づいていない。

まず、若い世代と年配の世代の明らかな違いを考えてみよう。これらの世代は、まったく異なる集団的トラウマを経験してきた。戦後世代は冷戦と核戦争の恐怖を生き延びた。当時は新聞の見出しが破壊的な爆弾や発射システムの不安を煽り、多くの住宅に核シェルターが設置された。

一方1980年頃以降に生まれた世代は、学校銃乱射事件のほか、環境破壊にも大きな危惧を抱いている。最近は生態系に関する不穏なニュースが後を絶たない。オーストラリアやカリフォルニアなどで大規模な山火事が発生し、ヨーロッパから南極までを記録的な熱波が襲い、都市の一部や街全体が巨大ハリケーンによって浸水する。こうしたニュースが日々不安を掻き立てている。

これらの世代の違いは明らかだ。とくに、「気候変動の抑制」に目的意識を見出すか、見出さないかの違いは大きい。年配の世代は経済成長期を経験し、地球環境の問題にそれほど目を配ってこなかった。これに対し若い世代は、環境危機を強く意識している。環境破滅に向かう死の行進を食い止めるまでは行かなくても、遅らせる方法を探すことに意味を見出す若者は多い。

ギャラップ世論調査の数字にも、この世代間ギャップが現れている。「地球温暖化の影響を懸念している」と答えたアメリカ人は、18歳から34歳までの若年層では70%に上ったが、55歳以上の高年層では56%でしかなかった。若い年齢層ほど環境問題への関心は高い。「生きている間に気候変動による悪影響を受けると思うか?」という質問への回答では、世代間ギャップはさらに拡大した。

最も若いZ世代の場合、環境問題は「企業に対処してほしい問題」のトップに挙がる。若い消費者や人材が環境保全を急務と感じているのであれば、企業は生き残るためにも、そうした目標を掲げるべきだろう。このためには投資家の意識を変えて、短期的利益への圧力を弱めることも必要だ。そうすれば、CO_2の排出量削減をはじめとする、環境改善の目標を掲げやすくなるだろう。

地球環境全体を視野に入れた、より大きな使命を推進する企業は増えている。活動家や投資家の要請で取り組む場合もあるが、消費者が果たす役割も大きくなっている。したがって、地球温暖化防止のために手を尽くすことは、企業の成功につながるだろう。この戦略は、消費者の地球温暖化に対する問題意識が今ほど高くなかった頃は通用しなかったが、潮目は変わっている。難しいのは、消費者の真意をくみ取り、投資家の期待との着地点を見つけることだ。この難題に対処するためには、リーダーが公平でバランスの取れた考え方をしなくてはならない。これも、ＥＱがカギを握る状況の一例である。

Ｚ世代にとって環境問題は、企業に最も取り組んでほしい課題の１つだ。企業が環境配慮を経営理念に掲げれば、優秀な若年人材を採用し、確保するうえで大いに役立つだろう。多くの若者が、自分の目的意識にそぐわない会社で働きたくないと考えている。Ｚ世代やミレニアル世代に「善良」とみなされる企業は、今後これらの世代をクライアントや顧客として獲得できる可能性が高いだろう。

いわゆる「エコ不安症」［地球環境への不安から生じる慢性的な恐怖心］が、最若年層の新しい消費スタイルに影響を与えているように思われる。彼らはものを購入することよりも、再利用することに高い価値を置く。環境心理学ジャーナルが１３３８人を対象に行ったオンライン調査では、回答者の46％が「未来の環境に強い不安を持っている」と答え、最若年層が最も不安が高かった。[*4] そして、エコ不安症を抱える最若年層の多くが、倹約志向が高かった。この不安は若い世代の間でさらに高まるだろうと、専門家は予測する。

「環境保全は公共の問題であって、環境負荷を引き起こす者の責任ではない」という古い考えはもはや通用しない。よりよい世界の実現を経営理念に掲げる企業は増える一方だ。この理念に沿って、地球をよりよくし、若者の価値観に訴えるような行動を取ることが、賢明な戦略になるだろう。

バス乗車

あれは数十年前のことだった。ニューヨーク・マンハッタンの蒸し暑い夏の日、ダンはM１０１番のバスで三番街を走っていた。あの陽気で明るい中年のアフリカ系アメリカ人のバス運転手のことを、ダンは今も覚えている。運転手はバスが通り過ぎる場所を、誰に言うともなしに楽しげに解説していた。ほら、あそこでバーゲンをやっていますよ、あの建物や店にはこんな歴史があるんです、今通った映画館でやっている映画の評判はこうですよ、そこの美術館でやっている展覧会は必見ですね。

ダンが覚えているのは、運転手が語った内容ではない。彼からほとばしるように広がっていた、はつらつとした気分だ。明るいムードはバス全体に伝染した。あの暑苦しい８月の日、ほとんどの人が陰鬱な気分でバスに乗ってきた。だがバスを降りる時、運転手の「よい１日を！」の言葉に返した笑顔は、彼らがすでによい１日に向かっていることを物語っていた。

このできごとの数年後、ダンはニューヨーク・タイムズ紙の死亡記事で、運転手の名がゴヴァン・ブラウンだったと知った。記事によれば、ブラウンはロングアイランドの黒人教会の元牧師で、乗客を自分の信徒のように見ていたという。彼はこの仕事に、「信徒を導く」という大きな目的を持ってのぞんでいたのだ。

ゴヴァン・ブラウンの目的意識は、雇用主である都市交通公社（MTA）のニューヨーク市交通局が掲げる使命とは対照的だった。交通局の使命はひと言で言えば、「乗客を効率的に目的地まで運ぶこと」であり、乗客の心身の幸福への配慮とは無関係だった。MTAの無味乾燥な公式使命には、こうある。「安全、正確で、信頼性の高い、清潔な交通手段をコスト効率よく提供して、地域の生活の質と経済活力を高めます」

だが意外にも、個人の目的と組織の使命の不一致は、それほど問題ではないかもしれない。働く人にとっては両者が一致していることよりも、自分の目的意識をはっきり持つことの方がずっと重要な場合があるのだ。

CREIOの会員、コーン・フェリー研究所のシーニュ・スペンサーが行った研究は、自分の目的を明確に意識し、組織でどんな仕事をしていようとも、それを自分の目的と折り合いをつけようとする姿勢、すなわち「パーパスフルネス」の重要性を強調する。パーパスフルネスは、仕事意欲とも、組織への愛着とも相関が高い。[*5]

たとえば化石燃料企業が、CO_2排出ゼロを訴える気候変動活動家を雇うことの意外なメリットを考えてみよう。企業は活動家の先見性と精力に助けられて、代替エネルギーによるCO_2排出削減をめざす部門を立ち上げ、それが会社の主要戦略になるかもしれない。

要するに、個人の目的が所属組織の使命と完全に一致する必要はないのだ。ゴヴァン・ブラウンの例が示すように、組織はその使命と必ずしも一致しない、強い目的意識を持つ人材を招き入れることで、恩恵を得られることもあるのだから。

もちろん、自分の仕事に意味を見出せたゴヴァン・ブラウンのような、幸運な人ばかりではない。心と仕事の価値観の対立は大きなストレスになりかねない。ある学校の養護教諭は、職業倫理に反する仕事を校長にくり返し要求され、耐えられなくなって仕事を辞めてしまった。

このように、個人としての価値観と仕事の価値観の折り合いは、目的意識を持ち、「この努力は自分の使命に役立っている」と感じられることの大切さを物語っている。

あなたがオプティマルゾーンにいて最大限の力を発揮していた時のことを思い返してみよう。きっとあなたはやる気と情熱に燃えていたはずだ。私たちが最も豊かな経験ができるのは、誰かに課された目標に向かって努力する時ではなく、やりがいのあることをしている時、私利を超えた大きな目的の実現に取り組んでいる時だ。

思いやりや友情、帰属意識、忠誠心など、他者を思いやる価値観を持つ人は、自分磨きや自分の幸せだけを気にかけるのではなく、他者が意欲的に仕事に取り組み、よき組織市民になれるよう、手を貸すだろう。こうした人間志向の価値観は、パーパスフルネスや、ひいては組織コミットメントやエンゲージメントとの相関性が高い。スペンサーの研究では、周りの世界の向上や貢献を目的とする組織は、業績向上だけをめざす組織よりも成功していた。

スペンサーはこう言う。「組織で働く人は、必ずしも個人の目的を組織の目的と折り合わせる必要はありません。でも、自分の仕事が有意義な目的に役立っているという感覚は、よい影響をおよぼすんです」

個人としての倫理観や道徳観、目的意識をないがしろにして、報酬だけを追求すると、ウェルビーイングが低下することがある。個人的利益や経済的報酬を超えた目的を追求することに、より大きなやりがいを感じる人が多い。

ダンが『ＥＱ　こころの知能指数』の冒頭で紹介した、ゴヴァン・ブラウンの運転するバスに乗った時のできごとは、ハーバード大学の心理学者ハワード・ガードナーの共感を呼んだ。ガードナーはスタンフォード大学のウィリアム・デーモンと、当時クレアモント大学にいたミハイ・チクセントミハイとの共同研究で、「グッドワーク」と彼らが名づけたもの好例にブラウンを挙げた。グッドワークとは、「第一級のパフォーマンスと、完全な没頭、指針となる倫理的目的」の組み合わせであり、これらがそろった状態にあれば、楽しみと深い満足を覚える仕事で、高いパフォーマンスを発揮できるという。

実際、ブラウンはバス運転手として非常に優秀だった。彼が退職した際には、数百人のファンが送別会に詰めかけた。ニューヨーク市交通局が従業員の退職を祝う会を開いたのは、後にも先にもこの時だけである。ブラウンの元には退職までに１４００通以上の感謝状が寄せられ、苦情は１件もなかった。

目的vs報酬

意外かもしれないが、自分の価値観に合う仕事を求める人は、報酬よりも組織の目的を重視することがある。[*6] つまりこのことは、企業が自社の商品やサービスの社会における存在意義や目的をより前面に打ち出すべき、戦略的な理由になる。自分の目的意識に合った会社で働きたいと考える若者はますます増えているのだから。

目的意識が人生に対する満足度に大きな影響を与えることを、研究は示している。肩書や年収などの客観的基準で成功しても、幸福になれる保証がないのは誰でも知っている。現に、企業や組織の幹部にも、苦悩する不幸な人たちはたくさんいる。

老年学ジャーナルで報告されたデータによれば、社会的地位の高い仕事に就くことよりも、仕事に目的と意味を見出すことの方が、人生の満足度を高める効果が高かった。高い満足度をもたらすのは仕事に対する感じ方という、主観的現実なのだ。

たとえば、重度発達障害者の入居施設を運営する修道女を考えてみよう。これはほとんどの人が「きつい」と感じる仕事だ。汚物の後始末に追われ、入居者に「自分のことは自分でやるように」と噛んで含めるように言い聞かせなくてはならない。こうした施設の職員のバーンアウト率が高いことはよく知られている。

しかしケアリーがこの施設の修道女たちを調査したところ、バーンアウト率はゼロに近かった。その大きな理由は、「神に仕える」という目的意識にあった。ある修道女は、入居者の粗相の後始末のような厄介事を含め、仕事の1分1秒を愛しています、とケアリーに語った。お給料が少ないことは問題ではありません、天国に行けば大きな見返りが得られるのですから、と。

第1章で説明したように、人は「目標に向かって前進した」と感じる最良の日には、内発的なモチベーションに突き動かされていた。修道女たちは何かの報酬を得るためではなく、「好きだから」この仕事をしていた。彼女らを駆り立てていたのは、お金でも昇進でもなく、仕事そのものの楽しみだった。これは無気力や無関心とは対極の状態である。

人類を月に送る

こんな逸話がある。1960年代にNASAで働く清掃担当者が、「どんな仕事をしているんですか」と聞かれ、「人類を月に送る手伝いをしています」と答えた。彼もあのバス運転手と同じで、自分の仕事に大きな目的を見出していたのだ。[*7]

報酬や地位に引かれて仕事に就いたとしても、その仕事にどれだけの意欲と情熱を持って取り組めるかは、目的意識にかかってくる。年収が仕事満足度に与える影響は限定的であることが、大規模研究でも示されている。[*8]

仕事を「やりがい」でランクづけすると、医療や福祉関係などの明らかに利他的な仕事が上位に挙がる。[*9] だがNASAの清掃担当者のエピソードが示すように、どんな仕事にも自分なりの意味を見出すことはできるのだ。

自分の仕事に意味を見出せる人には、オプティマルゾーンのあらゆる兆候が見られる。つまり、より心身が健康的で、仕事への意欲が高い。活躍し、成長する。ちなみにこの場合の「仕事」は、一般的な意味でいう仕事に限らない。子育てや親の介護のようなことにも意味は見出せる。

目的意識が主な動機づけ要因だという見方は、給料やボーナス、昇進などの誘因《インセンティブ》によってモチベーションを高めようとする、一般的な管理手法とは相容れないように思われる。実際、「人は報酬があるとよい仕事をする」という標準的な仮定に対し、「報酬はかえってパフォーマンスを阻害する」という過激な反論が長らく唱えられてきた。

報酬とパフォーマンスの関係に初めて疑問を投げかけたのは、報酬よりも情熱や目的意識の方がモチベーションに大きな影響を与えることを示した、数十年前の研究だ。[*10] この研究をもとに書かれたアルフィ・コーンの1993年の著書、『報酬による罰』（タイトルがすべてを物語っている）は、「成績などの報酬は学生の学習意欲を奪う」と論じた［コーンの著者の邦題は『報酬主義をこえて』］。コーンの主張は数々の研究結果によって裏づけられ、その後も多くの支持を得て有力な考え方となった。学生や社会人のモチベーションに関する常識に異議を唱えたこの見解は、今ではビジネス界や教育界の隅々にまで浸透している。

この「反報酬主義」の最も強力な根拠が、学生の成績評価（状況次第で報酬にも罰にもなる）と達成度との関係を調べた、膨大なデータである。たとえばコーンの著書では、当時の有力な心理学者だった、エドワード・デシやリチャード・ライアンなどが行った、よい成績を取るために頑張ることよりも、学びたいという内発的動機づけを持つことの方が強力なモチベーションになることを示した研究が紹介されている。[*11] この議論を職場に当てはめたのが、ダニエル・ピンクのベストセラービジネス書、『モチベーション3・0』だ。[*12] ピンクは、今も多くの企業が報酬で従業員のパフォーマンス向上を図ろうとする、時代遅れの管理手法を取っていることを、説得力豊かに示した。モチベーションが内面から湧き上がり、自分の意志で仕事をしていると感じられる時の方が、誰かに命じられてやる時よりもずっといい。そんな時は達成感や前進感を味わい、仕事が自分の重要な目的に役立っていると感じることができる。

ハーバード・ビジネススクールによる仕事日誌の調査研究は、ビジネスで一般的に用いられている動機づけ要因が、モチベーションをかえって阻害することを示した。この結果はダニエル・ピンクの結論を裏づけている。ピンクは、脅しや手厳しい評価、無理な期限、それにボーナスなどの報酬の約束はすべて、他者に課された「外発的な」動機づけ要因であり、とくに長期的にはパフォーマンス向上につながらないと論じた。

毎日の仕事を通じて人々の内面で起こっていることを調べた日誌研究の知見の1つを考えてみよう。一般に「高いプレッシャーと恐れが生産性を高める」と考えられているが、データはその正反対を示した。人々は、自分の仕事ぶりに最も満足した日に、とてもポジティブで幸せな気持ちになった。そして最も重要なことに、誰かが決めたことを「やらされている」のではなく、自分にとって最も大事なことに「導かれている」ように感じた。

ここに、大きな矛盾がある。人は仕事に自発的に取り組む時、同じ仕事を脅しや圧力をかけられてする時よりもずっとうまく、ずっと楽しんで仕事をする。だがその一方で、学生はよりよい成績を取ろうとして頑張るし、働く人は昇給や昇進を得るためにより一層努力する――少なくともこれが、モチベーションに関する主流の考え方となっている。

最近の研究のおかげで、モチベーションに関する理解が進んでいる。外発的報酬はたしかに仕事の強力なモチベーションになることもある。だがそれが最も強力な効果を発揮するのは、内発的モチベーションと相乗的に作用して、好きでやっている仕事への意欲を一層高める時なのだ。[*13]

たとえばあなたが仕事に意味と目的を見出しているとしよう。その場合、心の奥から湧き上がる思いに駆られているから、自分の仕事が人からどう見られているかは気にしないだろうか？　実際には、あなたにとって重要な人――学生なら教師、働く人なら職場の上司など――が、あなたの仕事ぶりについてフィードバックを与える「方法」もまた、モチベーションに大きな影響を与えるのだ。

たとえあなたが「この仕事は自分にとって意味がある」という感覚に駆り立てられているとしても、ネガティブなフィードバック（悪い成績や悪い人事評価など）にやる気をそがれることはある。[*14]　だがネガティブなフィードバックは、与え方次第で、内発的モチベーションを高めることもある――もしそれが改善のヒントを示し、納得できる評価基準に沿い、タイムリーに対面で与えられるフィードバックであるならば。[*15]

「改善の方法を示す」「公平な評価基準」「的確なフィードバック」という3条件は、あらゆる人にパフォーマンスに関する情報を与え、強みを伸ばす手助けをする、効果的な方法である。

大文字のPと小文字のpの目的《パーパス》

イェール大学でおそらく最も人気の高い講座の「幸福論」を教えるローリー・サントスは、先ほどのアルフィ・コーンの本を課題図書にしている。サントスによると、超優秀な学生がこの本を読むと、勉強だけの日々に疑問を感じ、「自分はなんのために生きているのだろう?」と考えるようになるという。

彼女の答えはこうだ。「朝コーヒーの香りをかぐこと。子どもを愛すること。セックス、ヒナギク、春。人生のあらゆるよいことが目的になりますよ」

サントスが挙げたのは、気分を上げてくれる日々の楽しみ、いわば「小文字の」目的《パーパス》だ。だが、私たちを突き動かし、人生に本当の意味と目的を与えるのは、より深い内発的モチベーション、すなわち「大文字の」目的であることが示されている。

あなたの目的意識の核にあるのは、あなたの行動に意味を与える「価値観」だ。この価値観が、あなたの「心の羅針盤」になり、あなたの最も重要な決定を導く。このことはとくに大文字の目的、つまりあなたにとって最も特別な意味を持つ使命について言える。

大文字の目的を持つことの大切さを提唱したのが、ウィーンの精神科医で、ナチスの強制収容所から生還した数少ない1人である、ヴィクトール・フランクルだ。フランクルは両親と兄、そして身重の妻を強制収容所で亡くした。アウシュヴィッツ（彼が経験した4つの収容所のうちの1つめ）に連行された時、どうしても出版したい原稿を上着の裏地に縫いつけて隠し持っていた。上着は着いたその日に没収されてしまったが、いつかその本を出したいという燃えるような思いを、4年間の監禁生活の間持ち続けた。

フランクルが収容所から解放されてから出した『夜と霧』は、世界的ベストセラーになり、世代を超えた読者の人生の羅針盤となっている。フランクルはこの本の中で、生きる意味と目的を見出せばどんな苦しみも生き延びられると説き、その証拠として4つの収容所で九死に一生を得た経験を示した。[*16]

フランクルは、生きる目的を持つことによって、最悪の状況でさえも乗り越えられると書いた。彼はドイツの哲学者フリードリヒ・ニーチェの一節を引用している。「生きる理由を持つ者は、ほとんどどんな生き方にも耐えられる」

自己中心的な価値観（苦痛を避け、快楽を求めるなど）を手放すことによって、より大事な価値観に導かれた人生を生き、「どう感じるか」だけでなく、「どんな人間になりたいか」を考えた上で、選択を下せるようになるのだ。[17]

昨今は多くの企業が、Z世代などの若手人材を採用するにあたり、経営理念を前面に押し出している。製薬会社メルクの人材採用担当副社長トレイシー・フランクリンも、こんなことを言っていた。「若い人たちが聞きたいのは、当社が癌の問題にどう取り組んでいるのか、オンコセルカ症（河川盲目症）のために何をしているのかといったことです。彼らは自分の手で世界を変えられると信じ、世界を実際に変える会社で働きたいのです」[18]

地球温暖化が進む中、持続可能な環境の実現を主要理念に掲げる組織は、優秀な若手人材を獲得できる可能性が高い。持続可能性だけでなく、美しい地球を取り戻すために環境再生などの取り組みを行う組織もだ。[19]

もちろん、私たち自身の価値観や使命も、人生とともに変わっていく。

ダンは大学卒業50周年の同窓会で１００人ほどの同級生に、「自分の利益のためだけでなく、何らかのかたちで他者を助ける活動に関わっている人はいますか」と尋ねてみた。ほぼ全員の手が上がった。

このことは、ＣＲＥＩＯの会員で、ボストン大学クエストロム経営大学院名誉教授のキャシー・クラムの言っていたこととも重なる。彼女はほかの引退した研究者と共同で、俗に言う「引退」に関する研究を行っている。近年は従来の意味で引退する（少なくとも、仕事をまったくしなくなるという意味での引退）人は減る一方で、むしろ晩年は目的意識が変化することがわかった。長年の仕事を辞めた人はもちろん、仕事というアイデンティティを失ったことを悲しむが、やがて仕事から解放されたことで心が開かれ、自分にとって意味のある、新しい目的を探し求めるようになるという。

多くの人はキャリアも終盤にさしかかると、人生の目的をより真剣に考え始める。なぜなら、「何年生きてきたか」ではなく、「あと何年残されているか」という視点で、自分の人生を考えるようになるからだ。世界に何を残すかが、より重要になってくる。日々の仕事を引退した人は、最初は仕事のアイデンティティを失ったことを嘆いても、やがて「自分のスキルや才能を、意味のある目的のために使えないだろうか？」と考え始める。

「仕事上の目的のために生きる、人生の『借家人』から、自分で人生の意味を生み出す『建築家』に変わるのです」とクラムは言う。「自分の専門知識を使って、信じる大義を支援する。そうすれば、喜びが多く苦悩が少ない日々を過ごせるでしょう[*20]」

なんのためのＥＱか

バス運転手のゴヴァン・ブラウンの生きざまには、高ＥＱの見過ごされがちな兆候が現れている。彼は会う人会う人の気持ちを癒やした。彼の存在そのものが、周りの人を元気にした。彼は殺伐とした街によい感情をさざ波のように広げる、都会の聖人だった。

ＥＱの最初の２つの要素（「乱れた感情を管理できるように、自分を見つめること」と、「レジリエンスなどのポジティブな感情を発揮すること」）は、より冷静な見方を生み、自分と他者に成長のポテンシャルを見出し、目的に向かって進み続けるマインドセットを育む。こうして心のバランスを保つことによって、相手に共感を持って寄り添い、心を通じ合わせることができる。うまく行けば、相手もあなたとのやりとりを通してポジティブな気分を高め、オプティマルゾーンに近づくことができるだろう。

ゴヴァン・ブラウンがバスの乗客に温かく接してよい気持ちを伝染させた方法には、「ＥＱの目的」が現れている。それは、自分と周りの人をオプティマルゾーンに近づけることなのだ。

本章をまとめよう。ＥＱは、今後世界が直面するさまざまな課題に対処するために不可欠な能力だが、それだけでは足りない。ＥＱとほかの能力を相乗的に組み合わせることによって、今後人類を待ち受ける危機や課題、機会に、よりよく対処できるだろう。たとえば強い目的意識は、解決策を生み出す意欲を掻き立てる。また、とくに若い人たちは、世のため人のためになる目的を持つ組織に魅力を感じている。では最後に次章では、そうした相乗効果をもたらすもう２つのスキルである、「システムの理解」と「イノベーションの精神」を見ていくとしよう。

第15章　イノベーションとシステム

2人の生物学者、フランスのフランソワ・ジャコブと南アフリカのシドニー・ブレナー（のちに別々にノーベル賞を受賞）は、勤務先のカリフォルニア工科大学から1日休みを取って、近くの浜辺を散策していた。[*1] 彼らは遺伝的活性のカギを握るリボソーム――RNA（リボ核酸）から遺伝情報を読み取りタンパク質を合成する指示を出す、細胞内器官――を生体内で再現しようとして、何カ月もの間失敗し続けていた。

複雑な生化学に必死に取り組んでいたが、正しい分子をとらえているのに、リボソームを安定化させることができなかったのだ。リボソームの構造を維持している化学的な「糊《のり》」が、自然界にあることはわかっていたが、それは一体何なのか？　浜辺で物思いにふけっていたブレナーは、それがあらゆる生物組織に存在する、単純な化学物質に違いないと確信していた。するといきなり、何の前触れもなくひらめきが訪れた。彼は急に飛び起きて、飛び散る砂の中で叫んだ。「マグネシウムだ！」

実際、そうだった。

2人は研究室に戻り、マグネシウムを加えてみた。そして試行錯誤の後にとうとう正しい濃度を突き止め、リボソームの安定化に成功した。これは今日のゲノム科学へと向かう、長い道のりにおける小さな勝利だった。（他の科学分野と同様）遺伝科学をつくっているのは、あまたの小さな勝利、すなわち創造的洞察なのだ。こうした洞察はどれも、先人たちの知識を活かしながら、それらを新しい方法で組み合わせたものである。

イノベーションにおいては、ある種の「精神的敏捷性（メンタルアジリティ）」が重要な役割を担う。思いがけない変化や課題、機会や障害が待ち受ける未来に向かう中、イノベーションの力は重要性を増すばかりだ。そして創造的洞察のカギとなるのが、精神状態を切り替える精神的敏捷性なのだ。

あの浜辺でのひらめきの瞬間には、古典的な「創造性の3段階」が現れている。第1段階は、問題それ自体に没頭する。このエピソードでは、研究者たちがリボソームの生化学に取り組み、試行錯誤を重ねながらも成果を挙げられずにいた。第2段階は、心がニュートラルになって自由にさまよい、やがて創造的洞察、いわゆるひらめきに至る。浜辺で起こったのは、これだった。第3段階は洞察を実行に移す、つまり実際に役に立つかたちに変えるという、大変な作業を行う。

これらの各段階で、脳は異なる状態にある。第1段階では、好奇心を働かせ広範な情報を収集するために、大脳新皮質が活性化される。第2段階（「孵化」段階とも呼ばれる）では、第1段階の活動を止めて、代わりに「デフォルト・モード・ネットワーク（DMN）」と呼ばれる、特定のタスクに集中していない時に使われる神経領域が活発化する。[*2] 脳がこのモードにあると、創造的洞察が生まれやすく、新奇なアイデアがどこからともなく湧いてくるような気がする。第3段階では、洞察を実行に移し有用なかたちに変えるタスクに集中するために、再び大脳新皮質が活発になる。

要するに、創造性を発揮するためには、脳を実行モードから、白昼夢のような受動的なDMNモードへと切り替える、精神的敏捷性が必要なのだ。脳が後者の状態にあれば心を自由にさまよわせ、新しい要素を今までになかった方法で組み合わせることができる――「マグネシウムだ！」

続いて脳は再び切り替わり、創造的なひらめきを有用なかたちに変える「実行」段階に必要な、タスク集中型の神経活動に移行する。ブレナーとジャコブの例で言えば、これはマグネシウムの適切な濃度を探し当てるという、骨の折れる作業に当たる。第1、第2段階は、お互いを補完し合う関係にある。創造的洞察段階は実行段階の指針となり、実行段階の試行錯誤は、洞察を実現するための正しい方法を導き出す。

ある研究で、創造的なアイデアを思いつきやすい人とそうでない人の脳をスキャンして比較したところ、脳の働き方に大きな違いがあることがわかった。[*3] さまざまな脳部位の結びつきの強さを調べてみると、創造性の高い人は前頭前皮質の主要な部位（とくに左《さ》下《か》前頭《ぜんとう》回《かい》）とDMNとの連結の度合いが高かった。柔軟な創造性は、想像的思考を司るDMNや、実行機能を司る部位と関連しているようだ。

第2、第3段階の脳は、まったく異なる時間軸で動く。孵化段階を担当するDMNを急がせることはできないが、実行段階を司る部位は時間を気にする。高級ファッション会社の幹部がダンに言うには、クリエイティブなデザイナーと、彼らの所属部門（どれもが有名ブランド）のCEOたちの間には、緊張が絶えないのだという。それは仕方のないことなのかもしれない。デザインには孵化段階のひらめきが欠かせないが、ひらめきを時間通りに生み出すことなどできない。片やCEOは、何が起ころうと新しいデザインを年に3、4度発表する必要があり、発表のはるか前に生産を開始しなくてはならない。両者はまったく異なる時間軸で動いており、これが軋轢のもとになっているのだ。

創造のプロセスが3段階に分かれているという考えは、数学者で哲学者のブレーズ・パスカルが創造性の3段階を提唱した、17世紀にまで少なくともさかのぼることができる。科学では今もパスカルのモデルが通用する。創造性劇場の第一幕は、たいてい好奇心から始まる。創造的な解決策が必要な問題を頭の片隅に置きながら、幅広く探求し広範な情報を収集する。

第1段階——好奇心

フランシス・ベーコンは、雪の日にロンドンを移動しながらふと考えた。死んだ鶏を冷たいまま保てば、腐らせずに保存できるのではないだろうか？　17世紀の哲学者で、科学的手法の生みの親としても知られるベーコンは、これを確かめようとして、死んだ鶏の腹に雪を詰め込んだ。だが彼自身が寒さにやられて肺炎にかかり、命を落としたという。

このおそらくはつくり話を、「好奇心が強すぎるのも考えもの」という訓話として伝えたのは、別の17世紀の哲学者トーマス・ホッブズだ。現代で言えば、ネットの誘導広告や陰謀論、科学者が「たわごと」と呼ぶエセ科学などに騙されるな、といったところだろう。

だが健全な好奇心は創造性を促すことを、研究は明らかにしている。人間には生まれつき、人生の不確かさに対処するための情報を貪欲に探し求める、「情報食《インフォボア》」の性向がある。この本能にどう対処するかが重要だ。好奇心のなすがままやみくもに探せば、直接役に立たない情報が集まってしまうが、人間には理解の穴を埋めたいという自然な欲求がある。私たちはこれに駆られて、思いがけない有用な情報を探し当てることがあるのだ。

この欲求には、脳の働きが関係しているようだ。情報の欠落という不確実性が、前頭前皮質の神経回路を活発にし、その回路が続いてポジティブな感情を呼び覚まし、記憶を活性化させる。[*4]

この種の健全な好奇心には、創造性を促す効果がある。好奇心に駆られて、より幅広く新しい事実やアイデア、視点に触れるうちに、厄介な課題を解決するひらめきや方法が見つかることがある。だが、正しい種類の好奇心を働かせることが大切だ。最悪なのは、病的な好奇心に駆り立てられて、おぞましい犯罪を調べたり、ネット上の怪しい説や悪い情報ばかり読みふけったりすることだ。対して最良の好奇心は「喜びの探求」とも呼ばれ、幅広い関心と、学習の楽しみ、深い内省が組み合わさったものをいう。[*5]

第2段階——孵化

ダンはある晩餐会で、ワシントンDCのベトナム戦争戦没者慰霊碑を設計したことで知られる、建築家のマヤ・リンと向かい合わせに座った。リンは、これからパリに行ってインスタレーションを制作するのだと話した。だがそれがどんなものになるかはまったくわからず、現地に行けばインスピレーションが湧くだろう、と言っていた。

ダンの隣に座っていたのはイアン・チェン。ビデオゲーム技術と認知科学、自由な想像力、AIを融合させた、まったく新しい芸術形態を生み出したアーティストだ。[*6] チェンは創作活動を行う時は、無意識に導かれるまま動くのだという。

脳科学の観点から見れば、リンとチェンが説明したのは同じ精神の働きだ。それは、あらゆるイノベーションを生み出す「タネ」である、創造的洞察に心を開くことだ。この精神の働きが、今後一層重要な役割を果たすことは間違いない。

ある作家は、ひらめきを得る方法についてこう書いている。「書きたい題材がなかなか見つからない時がある。考えが浮かばない時は、気を散らすコンピュータの誘惑（ツイッター！インスタグラム！　メール！）から逃れて、心をさまよわせる」[*7]

この作家は、ポッドキャストを聴いたり、マルチタスクをしたり、誰かの考えに思いをめぐらせたりしていない、「プラグを抜いた時間」のよさを説く。さらによいのは、静かな散策だという。浜辺でくつろぐ、風呂やシャワーを浴びる、通勤中ボーッとする——そうした時間に脳を支配するのはDMNだ。問題に集中することをやめると、（運がよければ）無意識の奥底から解決策が浮かび、「これだ！」とひらめくことがある。よいアイデアはどこからともなく降ってくるように思われる。古代ローマの哲学者キケロは、こう言ったとされる。「力を抜く方法を身につけた者だけが創造できる。彼らの心にはアイデアが稲妻のように舞い降りる」

数百人の仕事日誌を調べたハーバードの研究によれば、時間に追われる日に創造的なアイデアが浮かぶことはめったになく、時間の余裕がある日に浮かぶことの方がずっと多かった。[*8] 強いプレッシャーにさらされながら画期的なアイデアを思いつくという、ごくまれな例外が起こったのは、重要なプロジェクトの期限が迫る中で、気を散らす誘惑をシャットアウトし、問題解決に全力投球していた時だった。おそらく、ほかの任務や責務を一時的に停止したことが、DMNの活性化をもたらしたのだろう。

第3段階――実行

馬の蹄《ひづめ》の健康管理を担う蹄鉄工にとって、蹄病《ていびょう》（蹄の障害や病気）の治療は永遠の課題だ。蹄病がもとで骨量が大きく減少したり、最悪の場合には馬の命が脅かされることもある。「割れた蹄を治すために、マジックテープや釘といった定番の方法をかたっぱしから試したよ」と、ベテラン蹄鉄工の故ダグ・アーマンは言う。「どれもうまくいかなかった」

アーマンはこれまで蹄鉄関連の画期的な発明品を次々と生み出しており、特許も6件取得している。特許になるようなアイデアは、真夜中にいきなり降りてくるのだという。「蹄に何かを打ちつけることが解決策になると考えた。でも近頃はマジックテープや、糊のような目止め剤が好まれ、蹄に釘を打ち込むようなことは嫌がられていてね」

アーマンは蹄鉄工向けに開発した商品「DEフーフタップ」に、「亜鉛」を使うというアイデアを思いついたのが、彼自身だったのか、共同経営者だったのかを覚えていない。フーフタップは、長さ2、3センチのわずかに湾曲した細いスチールの棒に、蹄を固定するための鉤《かぎ》状の突起が3つついたもので、抗菌効果のある亜鉛でメッキされている。アーマンと共同経営者が亜鉛を使った理由は、サビにくいからだった。サビは蹄病の大敵だが、蹄を濡らさないように馬をしつけることはできない。

だがDEフーフタップを使った蹄鉄工から、「タップのおかげで蹄病が治った」という、予想外の報告を受けるようになった。アーマンが亜鉛の特性をくわしく調べてみると、感染症の予防や抑制に効果があることがわかった。

亜鉛めっきの金属片は、感染症を治せはしないが、蹄をつなぎ止めることで、新しい細胞の成長を促し、健康な蹄壁を取り戻すことができる。アーマンと共同経営者は「亜鉛を使う」というひらめきを実行に移すうちに、予想もしなかった効果を発見し、新しい売り出し方を思いついたのだ。

アーマンが特許を保有するDEフーフタップは、蹄葉《ていよう》炎から裂蹄《れってい》までのさまざまな蹄病の特効薬のようだ。ある200万ドルの競走馬は、キャリアを脅かす慢性的な裂蹄に悩まされていたが、DEフーフタップのおかげで完治した。コーネル大学獣医学部とハーバード大学獣医学部の教授も、馬の治療にDEフーフタップを使っている。

ハーバード大学の心理学者ハワード・ガードナーが指摘するように、新しいアイデアを創造的なものにする要素は2つある。要素の「新奇な組み合わせ」と「有用性」だ。[*9] 新奇な組み合わせを生み出すのが孵化段階、それを有用なものにするのが実行段階である。

新奇なひらめきを得ることが、創造のプロセスの一番大変な部分だと、あなたは思うかもしれない。だがクリエイターは往々にして、実行段階が最も難しいと言う。実行とは、新奇なアイデアを有用なかたちに変えることであり、そのためには適切な技術スキルだけでなく、規律や集中、周囲の人を巻き込む力など、ひとことで言えばEQが欠かせない。

実行を正しく行うには、発明品を別の視点からとらえ直して使い道を宣伝する（たとえば「DEフーフタップは蹄病の治癒に役立つ」）といった単純なことから、実験をくり返してマグネシウムの正しい濃度を求めるといった複雑なことまで、さまざまなことが求められる。

遺伝科学におけるマグネシウムのエピソードが示すように、アイデアを最終的に実現するためには、次から次へと起こるトラブルや問題を解決し、想定外の困難を乗り越えなくてはならないことがある。だがハーバードの「よい日」の研究が明らかにしたように、「多くの人が小さな前進を積み重ねていけば、すばらしいことを実現できる」のだ。[*10]

イノベーションに欠かせない精神的敏捷性の最大の敵は、硬直性だ。ブルームバーグ・ビジネスウィークの調査によると、世界最大級のある石油会社は、巨額の棚ぼた利益が生じたにもかかわらず、より持続可能な事業運営の研究への投資を怠り、社内のとくにＩＴ部門の不満を呼んだ。[*11]この結果、優秀な技術専門家の多くが流出したという。

それに、初期のスマートフォン市場を支配していたブラックベリー（旧リサーチ・イン・モーション）の例もある。当時は多くの企業が、セキュリティに優れ使いやすいキーボードのついたブラックベリーを従業員に支給していた。ブラックベリーの2人の共同ＣＥＯは、技術改良に研究開発を集中させ、企業が従業員にアンドロイド端末やｉＰｈｏｎｅの職場への持ち込みを容認し始めたことを気にもとめなかった。市場シェアが急落していたのに、エンジニア出身の2人の共同ＣＥＯは、以前と変わらぬ硬直的なフォーカスに社運を託した。最近ではブラックベリーを使っている人をとんと見かけなくなってしまった。

ニューヨーク証券取引所の上場企業の変遷を見れば、どの企業が適応に長けているのか、いないのかが一目瞭然だ。１００年前の上場企業のほとんどが、今は存在していない。それらに取って代わったのが、革新的思考を武器に、画期的な製品・サービスを市場に投入して、かつての競合を駆逐した企業である。だがこうした企業も、イノベーションを続けなければやがて滅んでしまう。創造とイノベーションによって生き延びて成功する重圧も、そのチャンスも、今後ますます高まるだろう。

システムがカギを握る

「私の故郷の島は、今日が選挙です」と、カリブ海出身の女性がダンに話した。「私も島に帰れば投票できます。政党は2つあって、どちらの党も旅費を出してくれるんです」ただし、問題があるのだと彼女は続ける。「旅費を出してくれた党に投票することを期待されます。そして、どちらの党も腐敗しています」

選挙に勝った政党は、息のかかった人材を政府に送り込み、権力の座に就いた者は賄賂で私腹を肥やす。島では金持ちはますます金持ちになり、貧乏人は掘っ立て小屋に住み続けるのだと、彼女は嘆く。

金持ちの権力階級と貧しい下層階級という構図は、今日多くの国に見られる。腐敗がこの問題に輪をかけてはいるが、トマ・ピケティは著書『21世紀の資本』の中で、経済格差拡大の経済的根拠を指摘した。彼の研究結果は、資本所有者にますます富が集中し、労働者が相対的に貧しくなるという、過去数世紀の厳然たる傾向を示している。

富裕層の慈善活動は、貧困層の窮状を多少は和らげるかもしれないが、事態は慈善だけで救える範囲を超えている。なぜなら、あのカリブ海出身の女性が言うように、問題は体制《システム》全体に蔓延しているからだ。考えられる解決策の1つは、実現するとは考えにくいが、システムの根本的な改革である。

EQ能力の「組織感覚力」には、システム的視点が現れている。この能力は、一般には家庭や組織の力学を理解する力と説明されるが、システムのどのレベルにも通用する。経済、政治システムもだ。それは、あの女性が故郷の島に対して持っていたような、地球規模の共感である。

誰もが幼い頃から、親戚や周囲の人のシステム力学《ダイナミクス》にさらされる。誰が誰に対して影響力を持っているのか？　親に大きな影響力を持つ叔父や叔母はいるか？　兄弟で一番発言力を持っているのは誰か？　そして10代になれば、友人や仲間の力学にさらされる。誰が「イケてる子」なのか？

言い換えれば、家族や親戚、仲間の中には必ずと言っていいほど、1人または少数のとびぬけて影響力の大きい人がいる。組織も基本の力学は家族と同じで、内部に隠れた社会的ネットワークが存在する。「誰が誰に影響を与えているか」を理解する力が、組織感覚力の根幹をなしている。

誰がどの社会的ネットワークに属しているかを言える人は、組織感覚力、つまり身の回りの社会的システムを見抜く力がある。変化を起こし、それを組織全体に広げていくには、高い肩書は必ずしも必要ないが、組織の社会的ネットワークの内外の人々を変化に向かって動かす力は欠かせない。[*12]

したがって組織感覚力の要となるのは、集団内の感情の流れや力関係を読み取り、「誰が誰に対して影響力を持っているか」を察知する力だ。[*13] つまりこれは、社会システムとしての組織のなり立ちを理解する力でもある。そしてこの力を持てるかどうかは、「システム思考」ができるかどうかにかかっている。

システム思考と影響力のネットワークと組み合わせれば、現実社会の暗黙のルールや行動指針を身につけ、カギとなる人脈を見抜き、重要な決定を下すキーパーソンを見つけ、成果を挙げるために連携を図ることもできる。

地球温暖化や貧富の格差、政治的腐敗といった世界的危機を考えれば、システム思考の必要性は今後さらに高まることは疑いようがない。

気候や経済、社会などのシステムに混乱が予想される中、より幅広いネットワークを理解することが不可欠となっている。そうしたネットワークは機会をもたらすこともあれば、選択の幅を狭めることもあるだろう。システム感覚力の助けを借りれば、技術革新や経済循環、文化や社会の傾向、避けられない地球温暖化といった要素が、私たちの目標やそれらを実現するために取れる方法にどう影響するかを、よりよく理解できるはずだ。

そしてもう1つ、万人の生活に影響をおよぼす、システミックな問題がある。私たちは周囲の環境から、汚染大気や有害化学物質、水や食品中の汚染物質、放射能、医薬組成物、重金属、微粒子などをつねに取り入れている。これらの化学物質は体内に徐々に蓄積し、生涯にわたって健康に影響をおよぼし、癌や喘息、認知症、心臓病のような病気、それに老化を加速させる。*14

こうした有害物質は、一度に取り入れるのは微量でも、生涯にわたって体内に蓄積されていく。毎年最大1200万人が、こうした曝露の累積的影響で死亡しているという推計もある。これは全死亡の約20%、早死(30歳から69歳までの死)の約3分の1を占め、感染症や暴力、喫煙による死よりも多い。

遺伝的素因ももちろんあるが、多様な環境有害物質への日常的な曝露の方が、健康により重大な影響を与えることがわかっている。こうした曝露が人間の生理に与えるさまざまな影響を解明する、「エクスポソミクス」という新しい研究分野もある。

1950年代以降新たに合成された数十万種類の工業化学物質が環境に排出されているが、それらが健康に与える悪影響はほとんど理解されていない(少なくともアメリカでは。ヨーロッパ諸国はこうした危険をより警戒している)。私たちは何も考えずに化学物質を衣服や化粧品に使用し、作物に散布し、日常的に使用する多種多様なものに加えている。

私たちはこれらがもたらす生物学的コストにほとんど気づいていないが、化学物質やその派生物が徐々に体内に蓄積すると、炎症や細胞死、組織損傷を促し、糖尿病などの慢性病や癌を引き起こし、体の老化を速める。また内分泌機能を攪乱させ、アレルギーや感染症を起こりやすくし、認知能力を妨げる。

それなのに、これらの問題がどんな生物学的経路を介して起こっているのかははっきりわかっていない。こうした曝露の「何が」問題を引き起こすのかは、定かではない。今後も決定的な確証が得られないまま、さまざまな方法で私たちに悪影響をおよぼし続けるだろう。

全人類の健康が深刻に脅かされるこの状況で、どうしたら身を守れるだろう？ ここでカギを握るのが、EQ能力と強い目的意識、イノベーション能力、そしてシステム思考の組み合わせである。まず、あまりにも多くの製品に有害物質が含まれている現状では、製造者や販売者が公表を拒むと考えられるため、透明性を高めるという強い決意を一致団結して持たなくてはならない。また、有害成分を特定し、公表するためのイノベーションが必要だ。より大局的な、システム的視点に立てば、私たちが環境のあらゆる面から受ける曝露を調べることができる。こうしたすべてをEQを発揮して行えば、不愉快で対立的になりがちな解明と公表のプロセスを、円滑に進めやすくなるだろう。

これほどの難題に取り組むにあたっては、「関心」と「影響」の重要な違いを考える必要がある。私たちが関心を寄せる対象（「関心の輪」）は、最も大切な人たち（「思いやりの輪」の中の人たち）から、さまざまな危険要因、地球温暖化まで、非常に幅広い。その一方で、私たちが実際に影響力を行使できる人や問題、すなわち「影響の輪」もある。*15 影響の輪の大きさを決める要因の1つが、地位だ。たとえば下院議員や世界的食品会社のCEOは、一般人よりも大きな影響の輪を持っている。

私たち1人ひとりが、影響をおよぼせる範囲に集中すること（あるいは哲学者で道化師のウェイヴィー・グレイヴィーが言うように、「一番効果が得られる部分に力を注ぐこと」）が大切だ。影響の輪の外にある、変えられないものを変えようとすると、労力が分散し、時間が無駄になってしまう。

他方、1人ひとりにそれほどの影響力がなくても、同じ小さな行動を大勢で行えば、それらが積もり積もって大きな変化を起こせることもある。選挙がこの好例だ。株主が投票を通して企業戦略の変更を迫ったり、消費者が製品をボイコットしたりするのもそうだ。

また、それぞれの分野の有力者と手を組んで、影響の輪を広げていくこともできる。1人では目標に近づけなくても、力を持っている人と手を組めばいい。ダライ・ラマは、「あらゆる手を尽くして、あなたにとって意味のある目標に向かいなさい」と励ましてくれる。たとえ成果を見届けるまで生きられなくても、少なくともゴールに向かってボールを進められるよう、自分の責任を果たせばいいのだ。

これを書いている今、世界人口はちょうど80億人に達したところだ。地球はこれほどの人口を抱えながら存続できるのだろうか？　現時点ではまだわからない。ダライ・ラマは、人間は本質的には同じだと言う。それでも、「私たちは共存する方法を学ばなくてはならない」と、彼はくり返し説いている。

このためには、長い間当然視されてきた体制や仕組みを、根本から考え直す必要があるのは間違いない。本書を書き終えようとしている今、コロンビア大学ビジネススクールの学長がこう指摘した。「気候変動や、社会正義の諸問題、グローバル化が社会に与える影響を考慮すると、従来の経済のあり方そのものの基盤さえもが疑わしくなっています」。そして彼はこうつけ加える。「こうしたすべてが、未来の展望を大きく揺るがしているのです」[*16]

地球温暖化、希少化する資源の奪い合い、貧富格差の拡大、信念やイデオロギーの分極化などによって世界が不確実性を増す中、自分の感情を管理することは、迫り来る危機に対処するための第一歩となる。この能力があれば、どんなに厳しい状況にあっても賢明な決定を下し、モチベーションを保ち、目標を見失わずに、ポジティブな人間関係を維持することができる。もちろん、協働とチームワークの能力も欠かせない。

インドのヨガ行者の賢人が、かつてダンを諭してこう言った。「１００年の計画を立てることはできても、次の瞬間何が起こるかを知ることはできないのですよ」。昔の流行歌「ケ・セラ・セラ」も、「なるようになる、未来は見えない」と教えている。未来のイノベーションが大きな転機になるかもしれないし、ならないかもしれない。ひと言で言えば、どうなるかは誰にもわからないのだ。

これらを踏まえると、ＥＱが未来にどんな役割を担うかは、深い霧に包まれていると言える。その濃い霧の中に何があるかは知りようがないが、それでもここに挙げたスキルセットとＥＱが、未来に起こるどんな嵐の中でも指針になってくれるはずだと、私たちは考えている。

謝辞

まず最初に、ＨＢＲ誌でかつて私たちを担当してくれた、編集者のアニア・ウィエクフスキーに心から感謝する。彼女の問いかけや働きかけのおかげで、ＨＢＲ誌上の短い論文よりも、長い本書の方が、私たちのメッセージを伝えるのにふさわしい媒体だと気づくことができた。アニアは、もしかすると無意識のうちに私たちをそう導いてくれたのかもしれない。そして、「組織におけるＥＩ研究コンソーシアム（ＣＲＥＩＯ）」の会員たちにも感謝を捧げたい。彼らの長年にわたる研究は、私たちのメッセージを裏づけるとともに、考えを整理するのに役立った。本書では彼らの研究をくり返し引用させてもらった。

ダンは、自身が執筆するコラム「コーン・フェリー・ブリーフィングス」と、ブログ「コーンフェリー・ドットコム」の一部を本書に使用する許可を与えてくれた、ジョナサン・ダールに感謝している。また、この本を書くよう後押ししてくれた、セールスフォース・ドットコムのマーク・ベニオフＣＥＯにも感謝を捧げたい。

さらに、本書の参考にした洞察やデータ、その他の知見を提供してくれた、リチャード・ボヤツィス、マイケル・スターン、R・J・サドウスキ、ジョージ・コールライザー、リチャード・デイヴィッドソン、ダイアナとジョナサン・ローズ、ビル・ジョージ、ロナルド・ハンフリー、シグニー・スペンサー、ルース・マロイ、マット・リッピンコット、リッチ・ホワ、エリザベス・レッサー、エマ・ベナ、ビラル・ガリブをはじめ、多くのみなさんに感謝している。

ケアリーがCREIOで指揮をとりながら、このプロジェクトに全力を注ぐことができたのは、ロブ・エマーリングのおかげだ。また、本書に影響をおよぼした多くの研究を行った、コーネリア・ロッシュにも感謝する。ケアリーのプロジェクトを今もサポートし続けてくれる、ラトガース大学応用・職業心理学大学院のララ・デルモリーノ・ガトレーと、その他の管理スタッフにも感謝を述べたい。

ハーパーコリンズの編集者、ホリス・ハイムボウチに特別な感謝を捧げる。彼女の後ろ盾のおかげで、私たちは本書で提起した問題や論点を自由に考察することができた。

最後に、私たちの妻に感謝を伝えたい。ダンはいつものように妻タラ・ベネット・ゴールマンの生まれつきの豊かな感情的知性と、心温まる助言、そしてこれまで彼女から学んだことのすべてに感謝したい。ケアリーは、EQ型リーダーシップの模範となり、つねに慈愛と支えを与えてくれる、妻のデボラに感謝を捧げる。

6 (2013): 1150–1159, doi:10.1037/a0033278.
18. Tracey Franklin, quoted in Adam Piore, "Wanted: College Grads Seeking Adventure," *Newsweek*, June 28, 2019, 30.
19. Paul Hawken, *Regeneration: Ending the Climate Crisis in One Generation* (New York: Penguin, 2021).
20. キャシー・クラムが2019年5月3日にボストンのCREIOで行ったプレゼンテーション。

第 15 章

1. Siddhartha Mukherjee, *The Gene: An Intimate History* (New York: Scribner, 2016).
2. M. E. Raichle, "The Brain's Default Mode Network," *Annual Review of Neuro science* 38 (2015): 433–447, doi:10.1146/annurev-neuro-071013-014030.
3. R. E. Beaty et al., "Creativity and the Default Network: A Functional Connectivity Analysis of the Creative Brain at Rest," *Neuropsychologia* 64 (2014): 92–98, doi:10.1016/j.neuropsychologia.2014.09.019.
4. M. J. Gruber and C. Ranganath, "How Curiosity Enhances Hippocampus-Dependent Memory," *Trends in Cognitive Science* 23 (2019): 1014-1025, doi:10.1016/j.tics.2019.10.003.
5. T. B. Kashdan et al., "The Five-Dimensional Curiosity Scale," *Journal of Research in Personality* 73 (2018): 130–149.
6. Frank Rose, "Very Personal Computing: In Artist's New Work A.I. Meets Fatherhood," *New York Times*, August 27, 2021, https://www.nytimes.com/2021/08/27/arts/design/ian-cheng-shed-life-after-bob.html.
7. Melissa Dassori, "Inspiration vs. Perspiration," Writersdigest.com, July 30, 2022.
8. Amabile and Kramer, *The Progress Principle*.
9. Howard Gardner, *Creating Minds* (New York: Basic Books, 2011).
10. Teresa M. Amabile and Steven J. Kramer, "The Power of Small Wins," in *Purpose, Meaning, and Passion* (Boston: Harvard Business Review Press, 2018), 120.
11. Kevin Crowley, "Exxon's Exodus: Employees Have Finally Had Enough of Its Toxic Culture," *Bloomberg Businessweek*, October 13, 2022, https://apple.news/AU93JES9cRIGbBO0CLCAzCw.
12. Julie Battilana and Tizania Casciaro, "The Network Secrets of Great Change Agents," *Harvard Business Review*, July 1, 2013, https://hbr.org/2013/07/the-network-secrets-of-great-change-agents.
13. Key Step Media, *Organizational Awareness: A Primer* (Florence, MA: More Than Sound, 2017), 23.
14. くわしくは以下を参照。Graham Lawton, "Our World Against Us," *New Scientist*, January 29, 2022, 44–47.
15. 関心の輪と影響の輪の違いは、スティーブン・コヴィーによって以下で示されている。*The 7 Habits of Highly Effective People* (New York: Simon & Schuster, 1989)（邦訳：スティーブン・R・コヴィー『7つの習慣　成功には原則があった！』ジェームス・スキナー、川西茂訳、キングベアー出版）
16. James S. Russell, "At Columbia's $600 Million Business School, Time to Rethink Capitalism," *New York Times*, January 6, 2023.

第 14 章

1. Chloe Taylor, "Tim Cook Says He Uses 'a Very Good Formula' to Look for Apple Employees— These Are the Four Traits He Seeks Out," *Fortune,* October 3, 2022.
2. Claudio Fernández-Aráoz et al., "From Curious to Competent," *Harvard Business Review*, September–October, 2018.
3. Conference Board, "Key Themes and Trends Emerging in 2018," in *Global Executive Coaching Survey 2018*, https://www.conference-board.org/topics/executive-coaching/global-executive-coaching-s urvey-2018-report.
4. Lorraine Whitmarsh et al., "Climate Anxiety," *Journal of Environmental Psychology* 83
5. Guangrong Dai et al., "They Who Have a 'Why' to Live For: Purpose Facilitates Positive Employment Experience," Research Association for Interdisciplinary Studies, June 2020, doi:10.5281/zenodo.3909861.
6. Shawn Achor et al., "9 Out of 10 People Are Willing to Earn Less Money to Do More-Meaningful Work," *Harvard Business Review*, November 6, 2018.
7. A. M. Carton, "'I'm Not Mopping the Floors; I'm Putting a Man on the Moon': How NASA Leaders Enhanced the Meaningfulness of Work by Changing the Meaning of Work," *Administrative Science Quarterly* 63, no. 2 (2018): 323–369.
8. T. A. Judge et al., "The Relationship Between Pay and Job Satisfaction: A Meta-analysis of the Literature," *Journal of Vocational Behavior* 77, no. 2 (2010).
9. たとえば以下。"The Most and Least Meaningful Jobs," Payscale, http://www.payscale.com/data-packages/most-and-least-meaningful-jobs.
10. アルフィー・コーンの画期的な主張は、エドワード・デシなどによるさらなる研究によって裏づけられている。たとえば以下を参照。Edward Deci et al., "A Meta-Analytic Review of Experiments Examining the Effects of External Rewards on Intrinsic Motivation," *Psychological Bulletin* 125, no. 6 (1999):692–700.
11. Edward L. Deci and Richard M. Ryan, *Intrinsic Motivation and Self-determination in Human Behavior* (New York: Plenum Press, 1985). A summary of their work is in R. M. Ryan and E. L. Deci, "Self-determination Theory and the Facilitation of Intrinsic Motivation, Social Development, and Well-being," *American Psychologist* 55, no. 1 (2000): 68–78, doi:10.1037/0003-066X.55.1.68.
12. Daniel H. Pink, *Drive: The Surprising Truth about What Motivates Us* (New York: Riverhead Books, 2009).
13. Beth Hennessey et al., "Extrinsic and Intrinsic Motivation," in Cary L. Cooper, ed., *Wiley Encyclopedia of Management* (London: Wiley, 2014).
14. C. J. Fong et al., "A Meta-analysis of Negative Feedback on Intrinsic Motivation," *Educational Psychology Review* 31 (2019): 121–162, doi:10.1007/s10648-018-9446-6.
15. C. J. Fong et al., "When Feedback Signals Failure but Offers Hope for Improvement: A Process Model of Constructive Criticism," *Thinking Skills and Creativity* (2018), doi:10.1016/j.tsc.2018.02.014.
16. フランクルの死後に出版された、彼がナチスの強制労働収容所から解放されたわずか数カ月後にウィーンで行った講義をもとにした著書で、この物語が紹介された。これらの忘れられていた講義は再発見され、先般初めて英語で出版された（ダンは光栄にも前書きを書かせてもらった）。この本のタイトル（『それでも人生にイエスと言う』、未邦訳）には、フランクルの姿勢がよく表れている。*Yes to Life: In Spite of Everything* (Boston: Beacon Press, 2020).
17. T. B. Kashdan and P. E. McKnight, "Commitment to a Purpose in Life: An Antidote to the Suffering by Individuals with Social Anxiety Disorder," *Emotion* 13, no.

and Performance," *Stress & Health* 19 (2003): 233–239; N. Clarke, "The Impact of a Training Programme Designed to Target the Emotional Intelligence Abilities of Project Managers," *International Journal of Project Management* 28 (2010): 461–468, doi:10.1016/j.ijproman.2009.08.004.

13. I. Kotsou, M. Mikolajczak, A. Heeren, J. Grégoire, and C. Leys, "Improving Emotional Intelligence: A Systematic Review of Existing Work and Future Challenges," *Emotion Review* 11 (2019): 151–165.

14. MDアンダーソン癌センターに関する情報のほとんどは、リーダーシップ研究所副所長のコートニー・ホラデイから得た。

15. D. Nelis, I. Kotsou, J. Quoidbach, M. Hansenne, F. Weytens, P. Dupuis, and M. Mikolajczak, "Increasing Emotional Competence Improves Psychological and Physical Well-Being, Social Relationships, and Employability," *Emotion* 11 (2011): 354–366.

16. Gilar-Corbi et al., "Can Emotional Intelligence Be Improved?"

17. Boyatzis and Cavanagh, "Leading Change." リチャード・ボヤツィスが執筆中の「意図的な変容理論」に関する著作に、このEQトレーニングについてのくわしい説明が掲載される予定だ。

18. ESCに関するくわしい情報は以下を参照。 https://store.kornferry.com/en/search?search=ESCI.

19. たとえば、ESCIはほとんどのEQ指標に比べて、職場の有効性を測るのにより適しているように思われる。R. E. Boyatzis, "The Behavioral Level of Emotional Intelligence and Its Measurement," *Frontiers in Psychology* 9 (2018), doi:10.3389/fpsyg.2018.01438.

20. Stephen P. Miller, "Developing Next-Generation Leadership Talent in Family Businesses" (PhD diss., Case Western Reserve University, 2014).

21. D. H. Gruenfeld, D. J. Keltner, and C. P. Anderson, "The Effects of Power on Those Who Possess It: How Social Structure can Affect Social Cognition," in G. V. Bodenhausen and A. J. Lambert, eds., *Foundations of Social Cognition: A Festschrift in Honor of Robert S. Wyer, Jr.* (Hilldale, NJ: Erlbaum, 2003), 237–262.

22. Amy Lui Abel and Vivian Jaworsky, "COVID-19 Reset & Recovery: Coaching Leaders into the Future with Empathy and Emotional Intelligence," Conference Board, February 12, 2021.

第 13 章

1. ここに示した情報のほとんどは、同社の社長兼CEOのキャロリン・スタンワースから提供された。

2. Satya Nadella, *Hit Refresh: The Quest to Rediscover Microsoft's Soul and Imagine a Better Future for Everyone* (New York: HarperBusiness, 2017)（邦訳：サティア・ナデラほか『Hit Refresh(ヒット リフレッシュ) マイクロソフト再興とテクノロジーの未来』山田美明、江戸伸禎訳、日経BP). ナデラはたとえば経営陣に以下を読むよう勧めた。Marshall B. Rosenberg, *Nonviolent Communication: A Language of Life* (Encinitas, CA: PuddleDancer Press, 2003)（邦訳：マーシャル・B・ローゼンバーグ『NVC　人と人との関係にいのちを吹き込む法　新版』安納献監訳、小川敏子訳、日本経済新聞出版）

3. 「ピア・コーチング（同僚同士のコーチング）」についてくわしくは以下を参照。 P. Parker, D. T. Hall, and K. E. Kram, "Peer Coaching: A Relational Process for Accelerating Career Learning," *Academy of Management Learning & Education* 7 (2008): 487–503.

第 12 章

1. 以下のポッドキャストでのジェイミー・ダイモンの発言。*Coffee with the Greats*, July 15, 2021, https://cnb.cx/32N4W1C.

2. https://www.eeoc.gov/laws/guidance/employment-tests-and-selection-procedures.

3. David Noble et al., *Real-Time Leadership: Find Your Winning Moves When the Stakes Are High* (Boston: Harvard Business Review Press, 2023).

4. くわしくはCollaborative for Academic, Social, and Emotional Learning (CASEL)のウェブサイトを参照。https://casel.org/fundamentals-of-sel/what-does-the-research-say/.

5. たとえば以下を参照。R. Gilar-Corbi et al., "Can Emotional Intelligence Be Improved? A Randomized Experimental Study of a Business-Oriented EI Training Program for Senior Managers," *PLOS One* (2019), doi:10.1371/journal. pone.0224254.

6. プログレッシブ保険でのEQトレーニングの成果に関する研究は、組織開発コンサルタントのローラ・グリアムによって行われている。この研究はEQトレーニングの相対的なメリットを、ESCI（感情的・社会的能力指標）のテストや、EQ開発の自己診断ウェブサイトによる評価、ESCIおよび個人コーチングによる評価によって考察している。

7. Marshall Goldsmith commented on the Progressive study on the *M&M Show*, February 22, 2022.

8. Cherniss, Grimm, and Liautaud, "Process-Designed Training."

9. ダニエル・ゴールマンのEQ講座については以下を参照。https://www.keystepmedia.com/emotional-intelligence/.

10. 南アフリカのクリケット選手の研究では、サンプル数は比較的少ないが、別々の年に別々の集団に対して2回トレーニングが実施された。トレーニングを受けた群はどちらの回でもEQが13%以上高まったのに対し、対照群のEQはある回は2%高まり、別の回は3%下がった。以下を参照。D. Crombie, C. Lombard, and T. Noakes, "Increasing Emotional Intelligence in Cricketers: An Intervention Study," *International Journal of Sports Science and Coaching* 6 (2011): 69–86. MBA学生の調査については、リチャード・ボヤツィスとケースウェスタン大学ウェザーヘッド経営大学院の同僚たちによる画期的研究を参照のこと。以下にもうまく要約されている。R. E. Boyatzis and K. V. Cavanagh, "Leading Change: Developing Emotional, Social, and Cognitive Competencies in Managers During an MBA Program," in K. V. Keefer, J. D. A. Parker, and D. H. Saklofske, eds., *Emotional Intelligence in Education: The Springer Series on Human Exceptionality* (New York: Springer, 2018), 403–426.

11. J. W. Dugan et al., "A Longitudinal Study of Emotional Intelligence Training for Otolaryngology Residents and Faculty," *JAMA Otolaryngology Head & Neck Surgery* 140 (2014): 720–726, doi:10.1001/jamaoto.2014.1169; M. Beigi and M. Shirmohammadi, "Effects of an Emotional Intelligence Training Program on Service Quality of Bank Branches," *Managing Service Quality: An International Journal* 21 (2011): 552–567, doi:10.1108/09604521111159825; G. E. Gignac, R. J. Harmer, S. Jennings, and B. R. Palmer, "EI Training and Sales Performance During a Corporate Merger," *Cross Cultural Management: An International Journal* 19 (2012): 104–116, doi:10.1108/13527601211195655.

12. R. Turner and B. Lloyd-Walker, "Emotional Intelligence (EI) Capabilities Training: Can It Develop EI in Project Teams?" *International Journal of Managing Projects in Business* 1 (2008): 512–534, doi:10.1108/17538370810906237; M. Slaski and S. Cartwright, "Emotional Intelligence Training and Its Implications for Stress, Health

Multilevel Study," *International Journal of Project Management* 36, no. 8 (2018): 1034–1046, doi:10.1016/j.ijproman.2018.08.002.
16. F. Zhu, X. Wang, L. Wang, and M. Yu, "Project Manager's Emotional Intelligence and Project Performance: The Mediating Role of Project Commitment," *International Journal of Project Management* 39, no. 7 (2021): 788–798.
17. E. S. Koman and S. B. Wolff, "Emotional Intelligence Competencies in the Team and Team Leader: A Multi-level Examination of the Impact of Emotional Intelligence on Team Performance," *Journal of Management Development* 27, no. 1 (2008): 5575.
18. A. Mazur, A. Pisarski, A. Chang, and N. M. Ashkanasy, "Rating Defence Major Project Success: The Role of Personal Attributes and Stakeholder Relationships," *International Journal of Project Management* 32, no. 6 (2014): 944–957; A. C. Troth, P. J. Jordan, S.A. Lawrence, and H. H. M. Tse, "A Multilevel Model of Emotional Skills, Communication Performance, and Task Performance in Teams," *Journal of Organizational Behavior* 33 (2012): 700–722. 以下の2つの研究は、チームEQとチームパフォーマンスの間に正の相関を見出している。P. J. Jordan, N. M. Ashkanasy, C. E. J. Hartel, and G. S. Hooper, "Workgroup Emotional Intelligence: Scale Development and Relationship to Team Process Effectiveness and Goal Focus," *Human Resource Management Review* 12 (2002): 195–214. J. W. Chang, T. Sy, and J. N. Choi, "Team Emotional Intelligence and Performance: Interactive Dynamics between Leaders and Members," *Small Group Research* 43 (2012): 75–104, doi:10.1177/1046496411415692.
19. フォーブス誌の2022年の報道によると、近年は上昇が見られるものの、女性は「工学および工学技術の学士号取得者の21%を占めるに過ぎない」。https://www.forbes.com/sites/markkantrowitz/2022/04/07/women-achieve-gains-in-stem-fields/?sh=225ef085ac57.女性は工学部を敵対的環境と感じている。女性技術者協会の2019年の発表によると、「大学在学中に 32%以上の女性が理系から文転する」。https://alltogether.swe.org/2019/11/swe-research-update-women-in-engineering-by-the-numbers-nov-2019/.
20. A. G. Greenwald et al., "Implicit-Bias Remedies: Treating Discriminatory Bias as a Public-Health Problem," *Psychological Science in the Public Interest* 23 (2022): 7–40, doi:10.1177/15291006211070781; Jesse Singal, "What If Diversity Trainings Are Doing More Harm Than Good?" *New York Times*, January 17, 2023, https://www.nytimes.com/2023/01/17/opinion/dei-trainings-effective. html.
21. Michael Jacoby Brown, letter to the editor, *New York Times*, January 27, 2023.
22. Singal, "What If Diversity Trainings Are Doing More Harm Than Good?"
23. https://ascent.net/stephen-kelner.
24. このプログラムとその評価についてくわしくは以下を参照。C. Cherniss, L. G. Grimm, and J. P. Liautaud, "Process-Designed Training: A New Approach for Helping Leaders Develop Emotional and Social Competence," *Journal of Management Development* 29 (2010): 413–431.
25. K. Holtz, V. Orengo Castella, A. Zornoza Abad, and B. González-Anta, "Virtual Team Functioning," *Group Dynamics: Theory, Research, and Practice* 24, no. 3 (2020): 153–167, doi:10.1037/gdn0000141.
26. "Guide: Understand Team Effectiveness," https://rework.withgoogle.com/print/guides/5721312655835136/.
27. P. M. Le Blanc et al., "Take Care! The Evaluation of a Team-Based Burnout Intervention Program for Oncology Care Providers," *Journal of Applied Psychology* 92 (2007): 213–227, doi:10.1037/0021-9010.92.1.213.

of Organizational Justice Research," *Journal of Applied Psychology* 86 (2001): 425–445.
37. この調査研究についてくわしくは以下を参照。C. Cherniss and C. W. Roche, "How Outstanding Leaders Use Emotional Intelligence," *Leader to Leader* 98 (Fall 2020): 45–50, doi:10.1002/ltl.20517. チャーニスとロッシュは125のインシデントを、さまざまな組織に属する25人のリーダー（男性12名、女性13名）から集めた。
38. 感情の自己管理を高めるこの戦術についてくわしくは以下を参照。Marilee Adams, *Change Your Questions, Change Your Life: 10 Powerful Tools for Life and Work*, 2nd ed. (San Francisco: Berrett-Koehler, 2009).

第 11 章

1. 以下も参照。Gerardo A. Okhuysen, David Lepak, Karen Lee Ashcraft, Giuseppe (Joe) Labianca, Vicki Smith, and H. Kevin Steensma, "Theories of Work and Working Today," *Academy of Management Review* 38, no. 4 (2013): 491–502.
2. 以下を参照。Vipula Gandhi and Jennifer Robison, "The 'Great Resignation' Is Really the 'Great Discontent,' " Gallup, July 22, 2021, https://www.gallup.com/workplace/351545/great-resignation-really-great-discontent.aspx.
3. N. C. Carpenter, D. S. Whitman, and R. Amrhein, "Unit-Level Counterproductive Work Behavior (CWB): A Conceptual Review and Quantitative Summary," *Journal of Management* 47 (2020): 1498–1527, doi:10.1177/0149206320978812.
4. Spencer and Barnfield, "Emotional Intelligence: Why Now?"
5. チームの能力は以下の方法で計測した。メンバーの協働の度合いをメンバー自身とリーダー、チームをよく知る幹部によって評価してもらうとともに、売上成績等の客観的データも参照した。
6. 集団における心理的安全性についてくわしくは以下を参照。A. Edmondson, "Psychological Safety and Learning Behavior in Work Teams," *Administrative Science Quarterly* 44, no. 2 (1999): 350–383, doi:10.2307/2666999.
7. "Guide: Understand Team Effectiveness," in *re:Work*, https://rework.withgoogle.com/print/guides/5721312655835136/. この調査研究についてくわしくは以下を参照。Charles Duhigg, "What Google Learned from Its Quest to Build the Perfect Team," *New York Times*, February 28, 2016, https://www.nytimes.com/2016/02/28/magazine/what-google-learned-from-its-quest-to-build-the-perfect-team.html.
8. N. Campany et al., "What Makes Good Teams Work Better: Research-Based Strategies That Distinguish Top-Performing Cross-Functional Drug Development Teams," *Organization Development Journal* 25, no. 2 (2007): 179–186.
9. V. U. Druskat and S. B. Wolff, "Building the Emotional Intelligence of Groups," *Harvard Business Review* 79, no. 3 (2001): 81–90.
10. ドリュスカットのチームEQ研究についてくわしくは以下を参照。https://golemanconsultinggroup.com/.
11. チームEQについては以下を参照。https://golemanconsultinggroup.com/.
12. Vanessa Druskat et al., "The Influence of Team Leader Competencies on the Emergence of Emotionally Competent Team Norms," これは以下の会議で発表された。Annual Academy of Management Conference, San Antonio, TX, August 2011.
13. A. W. Woolley et al., "Evidence for a Collective Intelligence Factor in the Performance of Human Groups," *Science* 330 (2010): 686–688.
14. Duhigg, "What Google Learned from Its Quest to Build the Perfect Team."
15. A. Rezvani, P. Khosravi, and N. M. Ashkanasy, "Examining the Interdependencies Among Emotional Intelligence, Trust, and Performance in Infrastructure Projects: A

women-manage-the-gendered-norms-of-leadership.
22. 職場の感情を研究するペンシルベニア大学ウォートン校のナンシー・ロスバード教授によると、彼女の研究は、女性と非白人のリーダーが感情をあらわにすることにはより大きな代償が伴う可能性を示唆している。引用元は以下。Rubinstein, "The No. 1 Skill Eric Adams Is Looking for (It's Not on a Résumé)."
23. K. Lanaj, R. E. Jennings, S. J. Ashford, and S. Krishnan, "When Leader Self-care Begets Other Care: Leader Role Self-compassion and Helping at Work," *Journal of Applied Psychology 107*, no. 9 (2022): 1543–1560, doi:10.1037/apl0000957.
24. C. Cherniss, L. Grimm, and J. P. Liautaud, "Process-Designed Training: A New Approach for Helping Leaders Develop Emotional and Social Competence," *Journal of Management Development* 29 (2010): 413–431.
25. R. Gilar-Corbi et al., "Can Emotional Intelligence Be Improved? A Randomized Experimental Study of a Business-Oriented EI Training Program for Senior Managers," *PLOS ONE* 14, no. 10 (2019): e0224254, doi:10.1371/journal.pone.0224254.
26. Dina Denham Smith and Alicia A. Grandey, "The Emotional Labor of Being a Leader," *Harvard Business Review*, November 2, 2022.
27. ジェームズは、ケアリーが研究仲間のコーネリア・ロシュとともに調査したリーダーの1人である。以下を参照。Cherniss and Roche, *Leading with Feeling*.
28. G. Cummings, L. Hayduk, and C. Estabrooks, "Mitigating the Impact of Hospital Restructuring on Nurses: The Responsibility of Emotionally Intelligent Leadership," *Nursing Research* 54, no. 1 (2005): 2–12.
29. リーダーたちのEQは、以下の方法で計測した。まず看護師に、リーダーを「ゴールマン=ボヤツィスモデル」の13のEQ能力について評価してもらった。この能力プロフィールをもとに、リーダーを4つのEQ型リーダーシップ（ビジョン型、コーチ型、関係重視型、民主型）のうちの1つまたは複数に割り当てた。以下を参照。Daniel Goleman, Richard Boyatzis, and Annie McKee, *Primal Leadership: Realizing the Power of Emotional Intelligence* (Boston: Harvard Business Review Press, 2002).
30. R. E. Boyatzis, K. Thiel, K. Rochford, and A. Black, "Emotional and Social Intelligence Competencies of Incident Team Commanders Fighting Wildfires," *Journal of Applied Behavioral Science* 53 (2017):498–516, doi:10.1177/0021886317731575. Sixty critical incidents from interviews of fifteen incident commanders were analyzed for emotional and social intelligence competencies in incident management leadership.
31. カルーゾの発言の引用元は以下。"The No. 1 Skill Eric Adams Is Looking for (It's Not on a Résumé)."
32. 引用元は以下。 Emma Goldberg, "When Your Boss Is Crying, but You're the One Being Laid Off," *New York Times*, August 24, 2022.
33. E. L. Carleton, J. Barling, A. M. Christie, M. Trivisonno, K. Tulloch, and M. R. Beauchamp, "Scarred for the Rest of My Career? Career-Long Effects of Abusive Leadership on Professional Athlete Aggression and Task Performance," *Journal of Sport and Exercise Psychology* 38 (2016): 409–422.
34. Allie Caren, "Why We Often Remember the Bad Better Than the Good," *Washington Post*, November 1, 2018, https://www.washingtonpost.com/science/2018/11/01/why-we-often-remember-bad-better-than-good/.
35. Shawn McClean, Stephen H. Courtright, Troy A. Smith, and Junhyok Yim, "Stop Making Excuses for Toxic Bosses," *Harvard Business Review* , January 19, 2021, https://hbr.org/2021/01/stop-making-excuses-for-toxic-bosses.
36. J. A. Colquitt et al., "Justice at the Millenium: A Meta-Analytic Review of 25 Years

8. J. S. Allen, R. M. Stevenson, E. H. O'Boyle, and S. Seibert, "What Matters More for Entrepreneurship Success? A Meta-analysis Comparing General Mental Ability and Emotional Intelligence in Entrepreneurial Settings," *Strategic Entrepreneurship Journal* 15 (2021): 352–376, doi:10.1002/sej.1377.
9. Cherniss, *Beyond Burnout.*
10. Mary Abbajay, "What to Do When You Have a Bad Boss," *Harvard Business Review*, September 7, 2018, cited in the McKinsey report, https://www. mckinsey.com/business-functions/people-and-organizational-performance/our-insights/the-boss-factor-making-the-world-a-better-place-through-workplace-relationships.
11. McKinsey Quarterly Five Fifty, "Better Bosses." September 22, 2020, https://www.mckinsey.com/business-functions/people-and-organizational-performance/our-insights/five-fifty-better-bosses; https://www.mckinsey.com/business-functions/people-and-organizational-performance/our-insights/the-boss-factor-making-the-world-a-better-place-through-workplace-relationships.
12. C. Miao, R. H. Humphrey, and S. Qian, "Leader Emotional Intelligence and Subordinate Job Satisfaction: A Meta-analysis of Main, Mediator, and Moderator Effects," *Personality and Individual Differences* 102 (2016): 13–24, doi:10. 1016/j.paid.2016.06.056.
13. Miao, Humphrey, and Qian, "A Cross-Cultural Meta-Analysis."
14. Falahat N. Mohammad, Lau T. Chai, Law K. Aun, and Melissa W. Migin, "Emotional Intelligence and Turnover Intention," *International Journal of Academic Research* Part B, 6, no. 4 (2014): 211–220, doi:10.7813/2075-4124.2014/6-4/B.33.
15. Microsoft WorkLab, "Great Expectations: Making Hybrid Work *Work,*" Work Trend Index Annual Report, https://www.microsoft.com/en-us/worklab/work-trend-index/great-expectations-making-hybrid-work-work.
16. B. A. Scott, J. A. Colquitt, E. L. Paddock, and T. A. Judge, "A Daily Investigation of the Role of Manager Empathy on Employee Well-being," *Organizational Behavior and Human Decision Processes* 113 (2010): 127–140.
17. J. Skakon, K. Nielsen, V. Borg, and J. Guzman, "Are Leaders' Well-being, Behaviours and Style Associated with the Affective Well-being of Their Employees? A Systematic Review of Three Decades of Research," *Work & Stress* 24, no. 2 (2010): 107–139, doi:10.1080/02678373.2010.495262. 以下も参照。F. Rasulzada, I. Dackert, and C. R. Johansson, "Employee Well-being in Relation to Organizational Climate and Leadership Style," in *Proceedings of the Fifth European Conference of the European Academy of Occupational Health Psychology, Berlin* (Nottingham, UK: Institute of Work Health & Organisations, University of Nottingham, 2003), 220–224.
18. R. S. Vealey, L. Armstrong, W. Comar, and C. A. Greenleaf, "Influence of Perceived Coaching Behaviours on Burnout and Competitive Anxiety in Female College Athletes," *Journal of Applied Sport Psychology* 10 (1998): 297–318.
19. P. Moyle, "Longitudinal Influences of Managerial Support on Employee Well-being," *Work & Stress* 12, no. 1 (1998): 29–49, doi:10.1080/02678379808256847.
20. Sigal Barsade and Olivia A. O'Neill, "Manage Your Emotional Culture," *Harvard Business Review*, January–February 2016.
21. このジレンマがとくに深刻なのは、「有能で厳しく、かつ温かく人当たりがよいこと」を期待される、女性のリーダーである。以下を参照。Wei Zheng, Ronit Kark, and Alyson Meister, "How Women Manage the Gendered Norms of Leadership." *Harvard Business Review*, November 28, 2018, https://hbr.org/2018/11/how-

の高い相関性を見出した研究もある。Philip L. Roth and Richard L. Clarke, "Meta-Analyzing the Relation Between Grades and Salary," *Journal of Vocational Behavior* 53, no. 3 (1998): 386–400. IQは必ずしも学業成績に反映されず、勤勉や動機といった要素のほうが強い影響を与えている。
7. P. L. Roth, C. A. BeVier, F. S. Switzer, and J. S. Schippmann, "Meta-Analyzing the Relationship Between Grades and Job Performance," *Journal of Applied Psychology* 81, no. 5 (1996): 548–556, doi:10.1037/0021-9010.81.5.548.
8. Jeffrey S. Zax and Daniel I. Rees, "IQ, Academic Performance, Environment, and Earnings," *Review of Economics and Statistics* 84, no. 4 (November 2002); 600–616. IQが過大評価されていることについては、以下を参照。Richard J. Herrnstein and Charles Murray, *The Bell Curve: Intelligence and Class Structure in American Life* (New York: Free Press, 1994).
9. たとえば以下を参照。Bryan J. Pesta, "Discounting IQ's Relevance to Organizational Behavior: The 'Somebody Else's Problem' in Management Education," *Open Differential Psychology*, May 26, 2015. Ken Richardson and Sarah H. Norgate, "Does IQ Really Predict Job Performance?" *Applied Developmental Science* 19, no. 3 (2015): 153–169.
10. Signe Spencer and Heather Barnfield, "Emotional Intelligence: Why Now?" Korn Ferry Thought Leadership, 2021, https://www.kornferry.com/content/dam/kornferry-v2/pdf/institute/kfi-thought-leadership-emotional-intelligence-why-now.pdf.

第 10 章

1. Dana Rubinstein, "The No. 1 Skill Eric Adams Is Looking for (It's Not on a Résumé)," *New York Times*, December 18, 2021.
2. Brookes Barnes et al., "Iger's Sudden Return to Disney Shocks a Discontented Kingdom," *New York Times*, November 21, 2022, https://www.nytimes.com/2022/11/21/business/media/disney-bob-iger.html.
3. D. Rosete and J. Ciarrochi, "Emotional Intelligence and Its Relationship to Workplace Performance Outcomes of Leadership Effectiveness," *Leadership and Organization Development Journal* 26 (2005): 388–399, https://www.emerald.com/insight/content/doi/10.1108/01437730510607871/full/html.
4. R. E. Boyatzis, D. Good, and R. Massa, "Emotional, Social, and Cognitive Intelligence and Personality as Predictors of Sales Leadership Performance," *Journal of Leadership & Organizational Studies* 19 (2012): 191–201, doi:10. 1177/1548051811435793.
5. R. Boyatzis, T. Brizz, and L. Godwin, "The Effect of Religious Leaders' Emotional and Social Competencies on Improving Parish Vibrancy," *Journal of Leadership & Organizational Studies* 18 (2011): 192–206, doi:10.1177/1548051810369676.
6. S. V. A. Araujo and S. N. Taylor, "The Influence of Emotional and Social Competencies on the Performance of Peruvian Refinery Staff," *Cross Cultural Management: An International Journal* 19 (2012): 19–29, doi:10.1108/13527601211195600.
7. C. Miao, R. H. Humphrey, and S. Qian, "A Cross-Cultural Meta-Analysis of How Leader Emotional Intelligence Influences Subordinate Task Performance and Organizational Citizenship Behavior," *Journal of World Business* 53 (2018): 463–474, doi:10.1016/j.jwb.2018.01.003. この分析が対象としたのは12の研究の2764人である。以下も参照。R. J. Emmerling and R. E. Boyatzis, "Emotional and Social Intelligence Competencies: Cross Cultural Implications," *Cross Cultural Management: An International Journal* 19 (2012): 4–18.

第 8 章

1. https://www.trustacrossamerica.com/documents/index/Return-Methodology.pdf.

2. Key Step Media, *Building Blocks of Emotional Intelligence. Coach and Mentor: A Primer* (Florence, MA: More Than Sound, 2017), 24.

3. Amy Lui Abel and Rebecca L. Ray, *Global Executive Coaching Survey 2018*, Conference Board, March 2019, https://www.conference-board.org/topics/executive-coaching/global-executive-coaching-survey-2018-report.

4. Anthony I. Jack et al., "Visioning in the Brain: An fMRI Study of Inspirational Coaching and Mentoring," *Social Neuroscience* 8, no. 4 (2013): 369–384, doi:10. 1080/17470919.2013.808259.

5. Richard Boyatzis et al., *Helping People Change: Coaching with Compassion for Lifelong Learning and Growth* (Boston: Harvard Business Review Press, 2019).

6. C. Cherniss, "Instrument for Observing Supervisor Behavior in Educational Programs for Mentally Retarded Children," *American Journal of Mental Deficiency* 91 (1986): 18–21.

7. Peter Senge, in Key Step Media, *Building Blocks of Emotional Intelligence, Influence: A Primer* (Florence, MA: More Than Sound, 2017), 38.

8. フランクリンが祖国のために影響力を行使したその他の方法については、ケン・バーンズのドキュメンタリーを参照。

9. Key Step Media, *Building Blocks of Emotional Intelligence, Influence: A Primer* (Florence, MA: More Than Sound, 2017), 24.

10. https://motivationalinterviewing.org/understanding-motivational-interviewing.

11. https://www.keystepmedia.com/emotional-intelligence/.

12. Blake Mycoskie, "The Founder of TOMS on Reimagining the Company's Mission," *Harvard Business Review*, January–February 2016.

13. Key Step Media, *Building Blocks of Emotional Intelligence, Inspirational Leadership: A Primer* (Florence, MA: More Than Sound, 2017), 5.

14. Daniel Goleman, "Leadership That Gets Results," *Harvard Business Review*, March–April 2000.

15. Albert Bourla, *Moonshot: Inside Pfizer's Nine-Month Race to Make the Impossible Possible* (New York: Harper Business, 2022).

16. Cary Cherniss and Cornelia W. Roche, *Leading with Feeling: Nine Strategies of Emotionally Intelligent Leadership* (New York: Oxford University Press, 2020).

17. Amy Gallo, *HBR Guide to Dealing with Conflict* (Boston: Harvard Business Review Press, 2017).

第 9 章

1. Raffaella Sadun et al., "The C-Suite Skills That Matter Most," *Harvard Business Review*, July–August 2022, 42–50.

2. Sadun et al. "The C-Suite Skills That Matter Most."

3. Amy Lui Abel and Rebecca L. Ray, *Global Executive Coaching Survey 2018*, Conference Board, March 2019, https://www.conference-board.org/topics/executive-coaching/global-executive-coaching-survey-2018-report.

4. Jeremy Hunter, "Is Mindfulness Good for Business?" *Mindful*, April 2013, 54.

5. Sadun et al., 47.

6. L. L. Baird, "Do Grades and Tests Predict Adult Accomplishment?" *Research in Higher Education* 23 (1985): 3–85, doi:10.1007/BF00974070. 一方で学業成績と給与

15555240.2014.999079.
8. H. Riess et al., "Empathy Training for Resident Physicians: A Randomized Controlled Trial of a Neuroscience-Informed Curriculum," *Journal of General Internal Medicine* 27 (2012): 1280–1286, doi:10.1007/s11606-012-2063-z.
9. BusinessSolver, "2022 State of Workplace Empathy," https://www.businessolver.com/resources/state-of-workplace-empathy#gref.
10. Jamil Zaki, "Making Empathy Central to Your Company Culture," *Harvard Business Review*, May 30, 2019, https://enterprisersproject.com/sites/default/files/empathy_culture.pdf.
11. Erik C Nook et al., "Prosocial Conformity: Prosocial Norms Generalize Across Behavior and Empathy," *Personality and Social Psychology Bulletin* 42, no. 8 (August 2016): 1054–1062, doi:10.1177/0146167216649932.
12. Tracy Brower, "Empathy Is the Most Important Leadership Skill According to Research," *Forbes*, September 19, 2021.
13. たとえば以下を参照。Scott Speier et al., "Leadership Run Amok," *Harvard Business Review*, June 2006.
14. Amabile and Kramer, *The Progress Principle*.
15. Rob Cross and Andrew Parker, *The Hidden Power of Social Networks: Understanding How Work Really Gets Done in Organizations* (Boston: Harvard Business Review Press, 2004).
16. Jamil Zaki, "Integrating Empathy and Interpersonal Emotion Regulation," *Annual Review of Psychology* 71 (2020): 517–540, doi:10.1146/annurev-psych-010419-050830.
17. Sigal G. Barsade et al., "Emotional Contagion in Organizational Life," *Research in Organizational Behavior*, 38 (2018): 137–151, doi:10.1016/j.riob.2018.11.005.
18. Ed Yong, "Why Health-Care Workers Are Quitting in Droves," *The Atlantic*, November 16, 2021.
19. Patricia L. Lockwood et al., "Distinct Neural Representations for Prosocial and Self-Benefitting Effort," *Current Biology* 32, no. 19 (2022), doi:10.1016/j.cub.2022.08.010, https://www.cell.com/current-biology/fulltext/S0960-9822(22)01287-8.
20. Tania Singer and Olga M. Klimecki, "Empathy and Compassion," *Current Biology* 24, no. 18 (2014): 875–878, doi:10.1016/j.cub.2014.06.054.
21. L. Ramarajan, S. G. Barsade, and O. R. Burack, "The Influence of Organizational Respect on Emotional Exhaustion in the Human Services," *Journal of Positive Psychology* 3 (2008): 4–18.
22. K. Schabram and Y. T. Heng, "How Other-and Self-Compassion Reduce Burnout through Resource Replenishment," *Academy of Management Journal* 65, no. 2 (2022): 453–478. doi:10.5465/amj.2019.0493.
23. Le Blanc et al., "Take Care!" 以下も参照。C. Maslach, W. B. Schaufeli, and M. P. Leiter, "Burnout," *Annual Review of Psychology* 52 (2001): 397–422.
24. Richard Boyatzis, in *Organizational Awareness: A Primer* (Florence, MA: More Than Sound, 2017), 36.
25. Vinson Cunningham, "Blacking Out," *The New Yorker*, July 20, 2020, 64.
26. George Packer, *Last Best Hope: America in Crisis and Renewal* (New York: Farrar, Straus & Giroux, 2021).
27. たとえば以下を参照。https://www.benjerry.com/whats-new/2022/06/americans-agree-on-issues.

ていたが、後年には自身の発見に疑問を呈し、脳と感情との関係性を研究するにあたって動物モデルを使うことに異論を唱えた。以下も同様の見解を述べている。Anderson, *The Nature of the Beast*.

15. Judy Lief, "Unraveling Anxiety," *Lion's Roar*, March 2022, 47.

16. Marc Brackett, *Permission to Feel: The Power of Emotional Intelligence to Achieve Well-being and Success* (New York: Celadon Books, 2019).

17. Kostadin Kushlev et al., "Do Happy People Care About Society's Problems?" *Journal of Positive Psychology* 15, no. 4 (2020): 467–477.

18. Maslach and Leiter, "Understanding the Burnout Experience."

19. American Psychological Association, "Stress in America," annual survey, 2021, https://www.apa.org/news/press/releases/stress/2021/decision-making-october-2021.pdf.

20. M. L. Jordano and D. R. Touron, "Priming Performance-Related Concerns Induces Task-Related Mind-Wandering," *Consciousness and Cognition* 55 (2017): 126–135, doi:10.1016/j.concog.2017.08.002.

21. たとえば以下を参照。Steven J. Spencer et al., "Stereotype Threat and Women's Math Performance," *Journal of Experimental Social Psychology* 35, no. 1 (1999): 4–28.

22. Stacey M. Schaefer et al., "Purpose in Life Predicts Better Emotional Recovery from Negative Stimuli," *PLOS ONE* 8, no. 11 (2013).

23. Goleman and Davidson, *Altered Traits*.

24. Uta Klusmann et al., "Is Emotional Exhaustion Only the Result of Work Experiences? A Diary Study on Daily Hassles and Uplifts in Different Life Domains," *Anxiety, Stress, & Coping* 34, no. 2 (2021): 173–190, doi:10.1080/10615806.2020.1845430.

25. Han Liu and Richard E. Boyatzis, "Focusing on Resilience and Renewal from Stress: The Role of Emotional and Social Intelligence Competencies," *Frontiers in Psychology*, June 2021, doi:10.3389/fpsyg.2021.685829.

26. 以下を参照。https://www.keystepmedia.com/shop/psi/#.Y8bk2eLMJ_Q.

27. Fessell and Cherniss, "Coronavirus Disease 2019 (COVID-19) and Beyond."

第 7 章

1. Jean Decety, "The Neurodevelopment of Empathy," *Developmental Neuroscience* 32 (2010): 257–267.

2. James Shaheen in conversation with Jacqueline Stone and Donald S. Lopez Jr., "How to Read the Lotus Sutra," *Tricycle*, Spring 2020, 66. そうした「巧みな能力」は認知的共感に大きく依存する。

3. たとえば以下を参照。C. Zahn-Waxler and M. Radke-Yarrow, "The Origins of Empathic Concern," *Motivation and Emotion* 14 (1990): 107–130, doi:10.1007/BF00991639.

4. Key Step Media, *Building Blocks of Emotional Intelligence, Empathy: A Primer* (Florence, MA: More Than Sound, 2017), 23.

5. Sarah D. McCrackin et al., "Face Masks Impair Basic Emotion Recognition," *Social Psychology* 54 (2022), https://econtent.hogrefe.com/doi/10.1027/1864-9335/a000470.

6. "Physician, Care for Yourself," *Lion's Roar*, March 2020, 23.

7. たとえば以下を参照。Rebecca A. Rudd and Livia M. D'Andrea, "Compassionate Detachment: Managing Professional Stress While Providing Quality Care to Bereaved Parents," *Journal of Workplace Behavioral Health* 30, no. 3 (2015): 287–305, doi:10.1080/

November 16, 2021.

2. たとえば以下を参照。https://www.kornferry.com/insights/this-week-in-leadership/workplace-stress-motivation.

3. Infinite Potential, *The State of Workforce Burnout 2023*, https://infinite-potential.com.au/the-state-of-burnout-2023.

4. https://www.stress.org/stress-level-of-americans-is-rising-rapidly-in-2022-new-study-finds.

5. Emotional self-control or emotional balance: Key Step Media, *Building Blocks of Emotional Intelligence, Emotional Self-control: A Primer* (Florence, MA: More Than Sound, 2017).

6. R. S. Lazarus and S. Folkman, "Transactional Theory and Research on Emotions and Coping," *European Journal of Personality* 1, no. 3 (1987): 141–169, doi:10.1002/per.2410010304.

7. コニー（仮名）はケアリーが研究者集団と共に行った、若手専門家に関する調査研究の被験者の1人である。以下を参照。Cherniss, *Beyond Burnout*.

8. S. Toppinen-Tanner et al., "Burnout Predicts Hospitalization for Mental and Cardiovascular Disorders: 10-Year Prospective Results from Industrial Sector," *Stress & Health* 25, no. 4 (October 2009): 287–296, cited in C. Maslach and M. P. Leiter, "Understanding the Burnout Experience: Recent Research and Its Implications for Psychiatry," *World Psychiatry* 15, no. 2 (2016): 103–111, doi:10.1002/wps.20311.

9. Hannah Seo, "Stress Might Age the Immune System, New Study Finds," *New York Times*, June 17, 2022, https://www.nytimes.com/2022/06/17/well/mind/stress-aging-immune-system.html.

10. https://www.kornferry.com/insights/this-week-in-leadership/workplace-stress-motivation.

11. 以下を参照。P. M. Le Blanc et al., "Take Care! The Evaluation of a Team-Based Burnout Intervention Program for Oncology Care Providers," *Journal of Applied Psychology* 92 (2007): 213–227, doi:10.1037/0021-9010.92.1.213. 以下も参照。Maslach and Leiter, "Understanding the Burnout Experience"; W. Schaufeli and D. Enzmann, *The Burnout Companion to Study and Practice: A Critical Analysis* (London: Taylor & Francis, 1998). レビューについては以下を参照。C. L. Cordes, and T. W. Dougherty, "A Review and Integration of Research on Job Burnout," *Academy of Management Review* 18 (1993): 621–656; R. T. Lee, and B. E. Ashforth, "A Meta-Analytic Examination of the Correlates of the Three Dimensions of Job Burnout," *Journal of Applied Psychology* 81 (1996): 123–133; W. B. Schaufeli and B. P. Buunk, "Burnout: An Overview of 25 Years of Research and Theorizing," in *The Handbook of Work and Health Psychology*, edited by M. J. Schabracq, J. A. M. Winnubst, and C. L. Cooper (Chichester, England: Wiley, 2002), 383–425.

12. https://www.kornferry.com/insights/this-week-in-leadership/workplace-stress-motivation.

13. 神経回路と感情について、また脳領域と感情を調べる新しい方法についてくわしくは以下を参照。David J. Anderson, *The Nature of the Beast: How Emotions Guide Us* (New York: Basic Books, 2022). アンダーソンは恐怖感情を引き起こす脳の回路が複数存在する可能性を指摘しており、その一部では扁桃体が関与しないと指摘している。

14. 以下を参照。Joseph LeDoux, "Rethinking the Emotional Brain," *Neuron* 73 (2012): 653–676. ルドゥーの初期の研究では恐怖感情と扁桃体には強い関係性があるとし

10. 少年時代はシカゴで新聞配達をして貧しい家庭を助け、その後大学とロースクールに進学し、ビジネス法律事務所(D'Ancona, Pflaum, Wyatt & Riskind)を共同創業し、最終的にレンタカーのハーツ・コーポレーションの法律顧問を務めた。
11. A. E. Poropat, "A Meta-analysis of the Five-Factor Model of Personality and Academic Performance," *Psychological Bulletin* 135 (2009): 322–338, doi:10.1037/a0014996.
12. Patrick C. L. Heaven and Joseph Ciarrochi, "When IQ Is Not Everything: Intelligence, Personality and Academic Performance at School," *Personality and Individual Differences* 53 (2012): 518–522.
13. Angela Lee Duckworth, *Grit: The Power of Passion and Perseverance* (New York: Scribner, 2016).
14. Angela Lee Duckworth and Patrick D. Quinn, "Development and Validation of the Short Grit Scale (Grit-S)," *Journal of Personality Assessment* 91, no. 2 (2009): 166–174. これがダックワースのグリットに関する最も引用された論文である。ダックワースはマクレランドの達成動機との類似性を指摘しながらも、グリットは達成がより困難でより長期的な目標に当てはまるとしている。
15. Teresa Amabile and Steven Kramer, *The Progress Principle: Using Small Wins to Ignite Joy, Engagement, and Creativity at Work* (Boston: Harvard Business Review Press, 2011).
16. Suniya S. Luthar, Nina L. Kumar, and Nicole Zillmer, "High-Achieving Schools Connote Risks for Adolescents: Problems Documented, Processes Implicated, and Directions for Interventions," *American Psychologist* 75, no. 7 (2020): 983–995.
17. Emily Esfahani Smith, "Teen Anguish in the Pandemic," *New York Times*, May 9, 2021, Week in Review, 8.
18. 以下の調査。The American Institute of Stress, https://www.stress.org/stress-level-of-americans-is-rising-rapidly-in-2022-new-study-finds.
19. Key Step Media, *Building Blocks of Emotional Intelligence, Achievement Orientation: A Primer* (Florence, MA: More Than Sound, 2017), 24.
20. Angela Duckworth and James J. Gross, "Self-control and Grit: Related but Separable Determinants of Success," *Current Directions in Psychological Science* 23, no. 5 (2014), doi:10.1177/0963721414541462.
21. Colin O'Brady quoted in Alex Tzelnic, "Extremely Still," *Tricycle*, Spring 2022, 58.
22. Carol Dweck, *Mindset: Changing the Way You Think to Fulfill Your Potential* (New York: Avery, 2016).
23. Daeun Park et al., "The Development of Grit and Growth Mindset During Adolescence," *Journal of Experimental Child Psychology* 198 (2020), doi:10.1016/j.jecp.2020.104889.
24. Martin E. P. Seligman, *Learned Optimism* (New York: Vintage, 2006).
25. Key Step Media, *Building Blocks of Emotional Intelligence, Positive Outlook: A Primer* (Florence, MA: More Than Sound, 2017), 23.
26. Susan David, *Emotional Agility* (New York: Avery, 2016).
27. 適応力の定義は以下より。Key Step Media, *Building Blocks of Emotional Intelligence: The Twelve Crucial Competencies* (Florence, MA: More Than Sound, 2017).
28. EQオンライン能力講座については以下を参照。https://courses.keystepmedia.com/.

第 6 章

1. Ed Yong, "Why Health-Care Workers Are Quitting in Droves," *The Atlantic*,

フォード・ナスのNPRでの発言も参照。*Fast Company*, February 2, 2014.
14. Amishi P. Jha et al., "Short-Form Mindfulness Training Protects Against Working Memory Degradation over High-Demand Intervals," *Journal of Cognitive Enhancement* 1 (2017): 154–171, doi:10.1007/s41465-017-0035-2.
15. Mind and Life Education Research Network, "Contemplative Practices and Mental Training: Prospects for American Education," *Child Development Perspectives* 6, no. 2 (2012): 146–153, doi:10.1111/j.1750-8606.2012.00240.x.
16. Amishi P. Jha et al. "The Effects of Mindfulness Training on Working Memory Performance in High-Demand Cohorts: A Multi-study Investigation," *Journal of Cognitive Enhancement* 6 (2022): 192–204, doi:10.1007/s41465-02100228-1.
17. マーク・コナーはケアリー・チャーニスの研究の被験者である。以下を参照。C. Cherniss, *Beyond Burnout: Helping Teachers, Nurses, Therapists, and Lawyers Recover From Stress and Disillusionment* (New York: Routledge, 1995).
18. Susie Cranston and Scott Keller, "Increasing the 'Meaning Quotient' of Work," *McKinsey Quarterly*, January 1, 2013.
19. Daniel Kahneman, *Thinking, Fast and Slow* (New York: Farrar, Straus & Giroux, 2013).
20. Oprah Winfrey, *The Path Made Clear*: Discovering Your Life's Direction and Purpose (New York: Flatiron Books, 2019), 14.
21. https://www.keystepmedia.com/emotional-intelligence/.
22. Marc Brackett, *Permission to Feel* (New York: Celadon Books, 2020).

第 5 章

1. Gabriele Gratton et al., "Dynamics of Cognitive Control: Theoretical Bases, Paradigms, and a View for the Future," *Psychophysiology* 55 (2018), doi:10.1111/psyp.13016.
2. L. Pruessner, S. Barnow, D. V. Holt, J. Joormann, and K. Schulze, "A Cognitive Control Framework for Understanding Emotion Regulation Flexibility," *Emotion* 20, no. 1 (2020): 21–29, doi:10.1037/emo0000658.
3. たとえば以下を参照。Chai M. Tyng et al., "The Influences of Emotion on Learning and Memory," *Frontiers in Psychology* (2017), doi:10.3389/fpsyg.2017.01454.
4. Walter Mischel, *The Marshmallow Test: Mastering Self-control* (New York: Little, Brown, 2014).
5. Philip K. Peake, "Predicting Adolescent Cognitive and Self-Regulatory Competencies from Preschool Delay of Gratification," *Developmental Psychology* 26, no. 6 (1990): 978–986.
6. Angela Duckworth et al., "What *No Child Left Behind* Leaves Behind: The Roles of IQ and Self-control in Predicting Standardized Achievement Test Scores and Report Card Grades," *Journal of Educational Psychology* 104 (2012): 439–451.
7. Leah S. Richmond-Rakerd et al., "Childhood Self-control Forecasts the Pace of Midlife Aging and Preparedness for Old Age," *PNAS* 118, no. 3 (2021): e2010211118, doi:10.1073/pnas.2010211118.
8. V. M. Dotson et al., "Depression and Cognitive Control across the Lifespan: A Systematic Review and Meta-analysis," *Neuropsychology Review* 30 (2020): 461–476, doi:10.1007/s11065-020-09436-6.
9. Ulrike Zetsche et al., "Shedding Light on the Association between Repetitive Negative Thinking and Deficits in Cognitive Control— A Meta-analysis," *Clinical Psychology Review* 63 (2018): 56–65.

Ability and Specific Abilities: Their Relative Importance for Extrinsic Career Success," *Journal of Applied Psychology* 105, no. 9 (2020): 1047–1061.
7. Jared S. Allen et al., "What Matters More for Entrepreneurship Success? A Meta-analysis Comparing General Mental Ability and Emotional Intelligence in Entrepreneurial Settings," *Strategic Entrepreneurship Journal* 15, no. 3 (2020): 352–376.
8. この違いは、EQとIQのスキルセットがそれぞれ異なる脳システムによって担当されていることを示唆する証拠の1つである。これらを担当するシステムがどこにあるのかについては、現在研究が進められている。たとえば以下を参照。Chunlin Li et al., "Large-Scale Morphological Network Efficiency of Human Brain: Cognitive Intelligence and Emotional Intelligence," *Frontiers in Aging Neuroscience*, February 24, 2021, doi:10.3389/fnagi.2021.605158.
9. Cherniss, "Emotional Intelligence."

第 4 章

1. 以下に掲載されたジョージ・マムフォードのインタビュー。*Tricycle*, Summer 2003, 103.
2. Richard Huskey et al., "Flexible and Modular Brain Network Dynamics Characterize Flow Experiences During Media Use: A Functional Magnetic Resonance Imaging Study," *Journal of Communication* 72, no. 1 (February 2022): 6–32, doi:10.1093/joc/jqab044.
3. Daniel Goleman and Richard Davidson, *Altered Traits: Science Reveals How Meditation Changes Your Mind, Brain, and Body* (New York: Avery, 2018).
4. たとえば以下を参照。James Wagner, "For the Mets, Deep Breaths, a Little Chatter and a Lot of Wins," *New York Times*, June 26, 2022.
5. J. D. Rooks et al., "'We Are Talking About Practice': The Influence of Mindfulness vs. Relaxation Training on Athletes' Attention and Well-Being over High-Demand Intervals," *Journal of Cognitive Enhancement* 1 (2017): 141–153, doi:10.1007/s41465-017-0016-5.
6. Key Step Media, *Emotional Self-Awareness: A Primer* (Florence, MA: More Than Sound, 2017), 34.
7. たとえば以下を参照。Amishi P. Jha et al., "Mindfulness Training Modifies Subsystems of Attention," *Cognitive, Affective, & Behavioral Neuroscience* 7 (2007): 109–119, doi:10.3758/CABN.7.2.109. この効果を示す証拠は年々増えてきている。
8. David Fessell and Cary Cherniss, "Coronavirus Disease 2019 (COVID-19) and Beyond: Micropractices for Burnout Prevention and Emotional Wellness," *Journal of the American College of Radiology* 17 (2020), doi:10.1016/j.jacr.2020.03.013.
9. Matthew Killingsworth and Daniel Gilbert, "A Wandering Mind Is an Unhappy Mind," *Science*, November 12, 2010, 32.
10. J. G. Randall et al., "Mind-Wandering, Cognition and Performance: A Theory-Driven Meta-analysis of Attention Regulation," *Psychological Bulletin* 140, no. 6 (2014): 1411–1431, doi:10.1037/a0037428.
11. Michael Mrazek et al., "Mindfulness Training Improves Working Memory Capacity and GRE Performance While Reducing Mind Wandering," *Psychological Science* 24, no. 5 (2013): 776–781, doi:10.1177/0956797612459659.
12. マインドフルネスに関する研究についてくわしくは以下を参照。Goleman and Davidson, *Altered Traits*, 2018.
13. マルチタスキングが虚構であることについては、以下に引用されているクリ

23. T. M. Nielsen, G. A. Hrivnak, and M. Shaw, "Organizational Citizenship Behavior and Performance," *Small Group Research* 40, no. 5 (2009): 555–577, doi:10.1177/1046496409339630.
24. C. Miao, R. H. Humphrey, and S. Qian, "Are the emotionally intelligent good citizens or counterproductive? A meta-analysis of emotional intelligence and its relationships with organizational citizenship behavior and counterproductive work behavior," *Personality and Individual Differences* 116 (2017): 144–156, doi:10.1016/j.paid.2017.04.015. このメタ分析は1万6386人の従業員を対象に行われた56の研究を統合している。
25. 非生産的職務行動（CWB）に関するこのメタ分析は、17の研究と3914人の従業員を対象に行われた。
26. たとえば、1万9000人以上を対象とするメタ分析によって、EQと精神疾患、心因性疾患、身体疾患との間に関連性があることが示された。A. Martins, N. Ramalho, and E. Morin, "A Comprehensive Meta-analysis of the Relationship Between Emotional Intelligence and Health," *Personality and Individual Differences* 49, no. 6 (2010): 554–564, doi:10.1016/j.paid.2010.05.029. 以下も参照。K. V. Keefer, J. D. A. Parker, and D. H. Saklofske, "Emotional Intelligence and Physical Health," in C. Stough, D. H. Saklofske, and J. D. A. Parker, eds., *Assessing Emotional Intelligence: Theory, Research, Applications* (New York: Springer, 2009), 191–218; and G. Matthews, M. Zeidner, and R. D. Roberts, "Emotional Intelligence, Health, and Stress," in C. L. Cooper and J. C. Quick, eds., *The Handbook of Stress and Health: A Guide to Research and Practice* (London: Wiley-Blackwell, 2017), 312–326.
27. 被験者に研究室でスピーチしてもらったところ、EQの高い人はコルチゾール値が低かった。M. Mikolajczak, O. Luminet, C. Fillée, and P. de Timary, "The Moderating Impact of Emotional Intelligence on Free Cortisol Responses to Stress," *Psychoneuroendocrinology* 32 (2007): 1000–1012, doi:10.1016/j.psyneuen.2007.07.009.
28. Keefer, Parker, and Saklofske, "Emotional Intelligence and Physical Health." 以下も参照。S. Laborde, F. Dosseville, and M. S. Allen, "Emotional Intelligence in Sport and Exercise: A Systematic Review," *Scandinavian Journal of Medicine and Science in Sports* (2015), doi:10.1111/sms.12510.
29. H. S. Friedman and M. L. Kern, "Personality, Well-being, and Health," *Annual Review of Psychology* 65 (2014): 719–742.

第 3 章

1. Peter Salovey and John D. Mayer, "Emotional Intelligence," *Imagination, Cognition and Personality* 9, no. 3 (1990), 185–211, doi:10.2190/DUGG-P24E-52WK-6CDG.
2. Cliff Lansley, "What Scientists Who Study Emotional Intelligence Agree On," Emotional Intelligence Academy, April 2021, https://www.eiagroup.com/wp-content/uploads/2023/06/What-EI-scientists-agree-on-.pdf.
3. Cary Cherniss, "Emotional Intelligence: Toward Clarification of a Concept," *Industrial and Organizational Psychology: Perspective on Science and Practice* 3, no. 2 (2010), 110–126.
4. David C. McClelland, "Testing for Competence Rather than for Intelligence," *American Psychologist* 28 (1973): 1–14.
5. Lyle M. Spencer and Signe M. Spencer, *Competence at Work: Models for Superior Performance* (New York: Wiley, 1993).
6. たとえば以下を参照。Jonas W. B. Lang and Harrison Kell, "General Mental

Journal of Contemporary Hospitality Management 33 (2021): 2632–2652, doi:10.1108/IJCHM-04-2020-0323.
9. D. L. Joseph and D. A. Newman, "Emotional Intelligence: An Integrative Meta-analysis and Cascading Model," *Journal of Applied Psychology* 95 (2010): 54–78, doi:10.1037/a0017286.
10. W. Schaufeli, A. B. Bakker, and M. Salanova, "The Measurement of Work Engagement with a Short Questionnaire," *Educational and Psychological Measurement* 66, no. 4 (2006): 701–716.
11. J. K. Harter, F. L. Schmidt, and T. L. Hayes, "Business-Unit-Level Relationship Between Employee Satisfaction, Employee Engagement, and Business Outcomes: A Meta-analysis," *Journal of Applied Psychology* 87 (2002): 268–279, doi:10.1037/0021-9010.87.2.268. 以下も参照。B. L. Rich, J. A. LePine, and E. R. Crawford, "Job Engagement: Antecedents and Effects on Job Performance," *Academy of Management Journal* 53 (2010): 617–635. They found a strong link between worker engagement and performance in a study of 245 firefighters and their supervisors.
12. Gallup, *State of the Global Workplace: 2022 Report*, https://www.gallup.com/workplace/349484/state-of-the-global-workplace.aspx.
13. M. d. C. Pérez-Fuentes, M. d. M. M. Jurado, J. J. G. Linares, and N. F. O. Ruiz, "The Role of Emotional Intelligence in Engagement in Nurses," *International Journal of Environmental Research and Public Health* 15 (2018): 1915, doi:10.3390/ijerph15091915.
14. L. Wang, "Exploring the Relationship Among Teacher Emotional Intelligence, Work Engagement, Teacher Self-Efficacy, and Student Academic Achievement: A Moderated Mediation Model," *Frontiers in Psychology* 12 (2022):810559, doi:10.3389/fpsyg.2021.810559.
15. Y. Brunetto, S. T. Teo, K. Shacklock, and R. Farr-Wharton, "Emotional Intelligence, Job Satisfaction, Well-being and Engagement: Explaining Organisational Commitment and Turnover Intentions in Policing," *Human Resource Management Journal* 22 (2012): 428–441.
16. マギーは、ケアリーが行った10年間の経過観察研究の被験者である。この研究は、福祉機関の若手専門家が初期のキャリアでのバーンアウトからいかに立ち直ったかを調べた。以下を参照。Cary Cherniss, *Beyond Burnout: Helping Teachers, Nurses, Therapists, and Lawyers Recover From Stress and Disillusionment* (New York: Routledge, 1995).
17. C. Miao, R. H. Humphrey, and S. Qian, "A Meta-analysis of Emotional Intelligence and Work Attitudes," *Journal of Occupational and Organizational Psychology* 90 (2017): 177–202, doi:10.1111/joop.12167.
18. Miao, Humphrey, and Qian.
19. Gallup, *State of the Global Workplace: 2022 Report*.
20. 以下を参照。T.-Y. Park and J. D. Shaw, "Turnover Rates and Organizational Performance: A Meta-analysis," *Journal of Applied Psychology* 98 (2013): 268–309, doi:10.1037/a0030723.
21. 以下を参照。M. Riketta, "Attitudinal Organizational Commitment and Job Performance: A Meta-analysis," *Journal of Organizational Behavior* 23 (2002), doi:10.1002/job.141. このメタ分析は111のサンプルを統合している。以下も参照。Miao, Humphrey, and Qian, "A Meta-analysis of Emotional Intelligence and Work Attitudes."
22. Dennis W. Organ, *Organizational Citizenship Behavior: The Good Soldier Syndrome* (Lexington, MA: Lexington Books, 1988).

Flow," *Harvard Business Review,* May 2014.
13. Mihaly Csikszentmihalyi and Isabella Selega Csikszentmihalyi, eds. *Optimal Experience: Psychological Studies of Flow in Consciousness* (New York: Cambridge University Press, 1988).
14. Charles Duhigg, *The Power of Habit* (New York: Random House, 2012)（邦訳：チャールズ・デュヒッグ『習慣の力〔新版〕』渡会圭子訳、ハヤカワ文庫NF）
15. C. J. Fullagar and E. K. Kelloway, "Flow at Work: An Experience Sampling Approach," *Journal of Occupational and Organizational Psychology* 82 (2009): 595–615, doi:10.1348/096317908X357903.
16. S. Engeser and F. Rheinberg, "Flow, Performance and Moderators of Challenge-Skill Balance," *Motivation and Emotion* 32 (2008): 158–172, doi:10.1007/s11031-008-9102-4.

第 2 章

1. EQと職場のパフォーマンスをめぐるこの学術的議論は今も続いている。Marie T. Dasborough et al., "Does Leadership Still not Need Emotional Intelligence? Continuing 'the Great EI Debate,'" *The Leadership Quarterly* (2021), doi:10.1016/j.leaqua.2021.101539.
2. 以下を参照。J. C. Rode, M. Arthaud-Day, A. Ramaswami, and S. Howes, "A Time-Lagged Study of Emotional Intelligence and Salary," *Journal of Vocational Behavior* 101 (2017): 77–89, doi:10.1016/j.jvb.2017.05.001.
3. B. Kidwell, D. M. Hardesty, B. R. Murtha, and S. Sheng, "Emotional Intelligence in Marketing Exchanges," *Journal of Marketing* 75 (2011): 78–95.
4. R. E. Boyatzis, K. Rochford, and K. V. Cavanagh, "The Role of Emotional and Social Intelligence Competencies in Engineer's Effectiveness and Engagement," *Career Development International* 22 (2017): 70–86, doi:10.1108/CDI-08-2016-0136.
5. Business Wire, "MDRT Study Finds Americans Deem Emotional Intelligence the Most Trustworthy Quality in an Advisor," https://www.businesswire.com/news/home/20200507006157/en/MDRT-Study-Finds-Americans-Deem-Emotional-Intelligence-the-Most-Trustworthy-Quality-in-an-Advisor.
6. Business Wire.
7. J. Grobelny, P. Radke, and D. Paniotova-Maczka, "Emotional Intelligence and Job Performance: A Meta-analysis," *International Journal of Work Organisation and Emotion* 12 (2021): 1–47, doi:10.1504/IJWOE.2021.10037977.
8. 以下を参照。D. L. Van Rooy and C. Viswesvaran, "Emotional Intelligence: A Meta-analytic Investigation of Predictive Validity and Nomological Net," *Journal of Vocational Behavior* 65, no. 1 (2004): 71–95, doi:10.1016/S0001-8791(03)00076-9; D. L. Joseph and D. A. Newman, "Emotional Intelligence: An Integrative Meta-analysis and Cascading Model," *Journal of Applied Psychology* 95 (2010): 54–78, doi:10.1037/a0017286; E. H. O'Boyle Jr., R. H. Humphrey, J. M. Pollack, T. H. Hawver, and P. A. Story, "The Relation Between Emotional Intelligence and Job Performance: A Meta-analysis," *Journal of Organizational Behavior* 32 (2011): 788–818, doi:10.1002/job.714; D. L. Joseph, J. Jin, D. A. Newman, and E. H. O'Boyle, "Why Does Self-Reported Emotional Intelligence Predict Job Performance? A Meta-analytic Investigation of Mixed EI," *Journal of Applied Psychology* 100, no. 2 (2015): 298–342, doi:10.1037/a0037681; C. Miao, R. H. Humphrey, and S. Qian, "Emotional Intelligence and Job Performance in the Hospitality Industry: A Meta-analytic Review," *International*

原註

はじめに

1. 試合の説明と続く4段落内の引用は、以下より。David Waldstein, "How Ajla Tomljanovic Faced Down Serena Williams and 24,000 Others," *New York Times*, September 3, 2022.

2. CREIOは、企業や学校などの組織でEQを活用しようとするさまざまな専門家と、そうした試みに方法論的スキルを適用できる学術研究者とを結びつけることをめざしている。CREIOのウェブサイトwww.eiconsortium.org.を参照のこと。本書執筆中の今、ロブ・エマーリングがディレクターに就任したところである。

3. ジョージタウン大学医療政策研究所の子どもと家族センターによれば、不安症と診断された子どもは2016年から2019年までの間に27%、鬱と診断された子どもは24%増加した。行動・素行障害の子どもは2019年から2020年までの間に21%増加した。

第 1 章

1. これと似た内面の状態が、ほかの心理学者によっても特定されている。その1人で「ポジティブ心理学運動」を先導したマーティン・セリグマンが「持続的幸福 (flourishing)」と呼ぶものは、私たちの言う「オプティマルゾーン」といくつかの共通点がある。以下を参照。Martin Seligman, *Flourish* (New York: Atria, 2011)（邦訳：マーティン・セリグマン『ポジティブ心理学の挑戦』宇野カオリ監訳、ディスカヴァー・トゥエンティワン）

2. Alice Isen et al., "Positive Affect Facilitates Creative Problem Solving," *Journal of Personality and Social Psychology* 52, no. 6 (1987): 1122–1131, doi:10.1037/0022-3514.52.6.1122.

3. B. Fredrickson and C. Branigan, "Positive Emotions Broaden the Scope of Attention and Thought-Action Repertoires," *Cognition and Emotion* 19 (2005): 313–332.

4. Susie Cranston and Scott Keller, "Increasing the 'Meaning Quotient' of work," *McKinsey Quarterly*, January 1, 2013.

5. これらは主観的な数字である。オプティマルゾーンに入っている時間の割合や、その状態にある人がどれだけ生産性が高まるのかを判断するには、確かな研究が必要だ。これらの推定値は、さらなる研究のための仮説と考えてほしい。

6. Teresa Amabile and Steven Kramer, "The Power of Small Wins," *Harvard Business Review*, May 2011.

7. Teresa Amabile and Steven Kramer, *The Progress Principle* (Boston: Harvard Business Review Press, 2011).

8. Amabile and Kramer, 54.

9. Shannon Watts interviewed in *Tricycle*, Spring 2022, 85.

10. たとえば以下を参照。Amy Arnsten and P. S. Goldman-Rakic, "Noise Stress Impairs Prefrontal Cortical Cognitive Function in Monkeys: Evidence for a Hyperdopaminergic Mechanism," *Archives of General Psychiatry* 55 (1998): 362–368.

11. Mihaly Csikszentmihalyi, *Beyond Boredom and Anxiety* (San Francisco: Jossey-Bass, 1975).

12. たとえば以下を参照。Steven Kotler, "Create a Work Environment That Fosters

［著者］

ダニエル・ゴールマン
Daniel Goleman

国際的に著名な心理学者、ジャーナリスト。科学ジャーナリストとして、ニューヨーク・タイムズ紙で長年にわたり脳と行動科学について報道。1995年に出版した『EQ　こころの知能指数』は40カ国語に翻訳され、多くの国でベストセラーになった。これまで13冊を発表しており、2023年にはハーバード大学人文科学大学院（GSAS）から「科学と心理学を幅広い読者に伝える卓越した能力と、EQ概念の基礎を築いた」ことに対し、センテニアル・メダルを授与された。ゴールマンとチャーニスは「組織におけるEI研究コンソーシアム（CREIO）」の創設メンバーであり、25年以上にわたって共同代表理事を務めていた。

ケアリー・チャーニス
Cary Cherniss

ラトガース大学応用心理学名誉教授。1972年イェール大学で博士号（心理学）取得。ミシガン大学アナーバー校、イリノイ大学シカゴ校、シカゴ医科大学、イリノイ工科大学で教鞭をとる。1983年ラトガース大学に着任し、応用・職業心理学大学院の組織心理学博士課程の設立に携わる。数多くの論文、分担執筆のほか、8冊の著作を発表している。アメリカン・エキスプレス、ジョンソン・エンド・ジョンソン、AT&Tといった民間企業のほか、アメリカ沿岸警備隊といった政府部門でもコンサルティングを行っている。

［訳者］

櫻井祐子
Yuko Sakurai

翻訳家。京都大学経済学部卒。大手都市銀行在籍中にオックスフォード大学大学院で経営学修士号を取得。ロス『Who Gets What』、サンドバーグ&グラント『OPTION B』、フェファー『出世　7つの法則』（以上、日本経済新聞出版）、アセモグル&ロビンソン『自由の命運』（早川書房）、アイエンガー『THINK BIGGER「最高の発想」を生む方法』（NewsPicksパブリッシング）、シュミット他『1兆ドルコーチ』（ダイヤモンド社）、フリウビヤ&ガードナー『BIG THINGS』（サンマーク出版）など訳書多数。

ゾーンに入る

EQが導く最高パフォーマンス

２０２４年12月５日　１版１刷

著者　ダニエル・ゴールマン
　　　ケアリー・チャーニス
訳者　櫻井祐子
発行者　中川ヒロミ
発行　株式会社日経ＢＰ
　　　日本経済新聞出版
発売　株式会社日経ＢＰマーケティング
　　　〒１０５－８３０８　東京都港区虎ノ門４－３－12
装幀　装幀新井
本文ＤＴＰ　アーティザンカンパニー
印刷・製本　シナノ印刷株式会社

ISBN978-4-296-11582-2

本書籍に関するお問い合わせ、ご連絡は左記にて承ります。
https://nkbp.jp/booksQA

Printed in Japan